U0935292

文艺心理学

朱光潜 著

华东师范大学出版社

图书在版编目（CIP）数据

文艺心理学／朱光潜著．—上海：华东师范大学出版社，2015．3

ISBN 978－7－5675－3218－2

Ⅰ．①文…　Ⅱ．①朱…　Ⅲ．①文艺心理学　Ⅳ．①I0－05

中国版本图书馆CIP数据核字（2015）第053962号

文艺心理学

著　　者　朱光潜
项目编辑　许　静　储德天
特约编辑　邱承辉
审读编辑　陈卫平
封面设计　吕彦秋

出版发行　华东师范大学出版社
社　　址　上海市中山北路3663号，邮编200062
网　　址　www.ecnupress.com.cn
电　　话　021－60821666　行政传真　021－62572105
客服电话　021－62865537（兼传真）　门市电话　021－62869887（邮购）
地　　址　上海市中山北路3663号华东师范大学校内先锋路口
网　　店　http：//hdsdcbs.tmall.com

印 刷 者　北京鹏润伟业印刷有限公司
开　　本　880×1230　32开
印　　张　11
字　　数　250千字
版　　次　2015年6月第1版
印　　次　2018年1月第2次印刷
书　　号　978－7－5675－3218－2/I．1333
定　　价　38．00

出 版 人　王　焰

（如发现本版图书有印订质量问题，请寄回本社市场部调换或电话021－62865537联系）

目 录
Contents

序

八年前我有幸读孟实先生《无言之美》初稿，爱它说理的透彻。那篇讲稿后来印在《民铎》里，好些朋友都说好。现在想不到又有幸读这部《文艺心理学》的原稿，真是缘分。这八年中孟实先生是更广更深了，此稿便是最好的见证；我读完了，自然也感到更大的欣悦。

美学大约还得算是年轻的学问，给一般读者说法的书几乎没有；这可窘住了中国翻译介绍的人。据我所知，我们现在的几部关于艺术或美学的书，大抵以日文书为底本：往往薄得可怜，用语行文又太将就原作，像是西洋人说中国话，总不能够让我们十二分听进去。再则这类书里，只有哲学的话头，很少心理的解释，不用说生理的。像“高头讲章”一般，美学差不多变成丑学了。奇怪的是“美育代宗教说”提倡在十来年前，到如今才有这部头头是道、醰醰有味的谈美的书。

“美育代宗教说”只是一回讲演；多少年来虽然不时有人提起，但专心致志去提倡的人并没有。本来这时代宗教是在“打倒”之列了，“代替”也许说不上了；不过“美育”总还有它存在的理由。江绍原先生和周岂明先生先后提倡过“生活之艺术”，孟实先生也主张“人生的艺术化”。他在《谈美》的末章专论此事：他说，“过一世生活好比做一篇文章”；又说，“艺术的创造之中都必寓有欣赏，生活也是如此”；又说，“生活上的艺术家也不但能认真，而且能摆脱。在认真时见出他的严肃，在摆脱时见出他的豁达”；又说，“不但善与美是一体，真与美也无隔阂”。——关于这句抽象的结论，他有透彻的说明，不仅仅搬弄文字。这种艺术的态度便是“美育”的目标所在。

话是远去了，简截不绕弯地说罢。你总该不只一回念过诗，看过书画，听过音乐，看过戏（西洋的也好，中国的也好）；至少你总该不只一回见过“真山真水”，至少你也该见过乡村郊野。你若真不留一点意，也就罢了；若你觉得“美”而在领略之余还要好奇地念着“这是怎么回事”，我介绍你这部书。人人都应有念诗看书画等权利与能力，这便是“美育”；事实上不能如此，那当别论。美学是“美育”的“百尺竿头更进一步”，或者说是拆穿“美”的后台的。有人想，这种寻根究底的追求已入理智境界，不独不能增进“美”的欣赏，怕还要打消情意的力量，使人索然兴尽。所谓“七宝楼台，拆碎不成片段”，正可用作此解。但这里是一个争论；世间另有人觉得明白了欣赏和创造的过程可以得着更准确的力量，因为也明白了走向“美”的分歧的路。至于知识的受用，还有它独立的价值，自然不消说的。何况这部《文艺心理学》写来自具一种“美”，不是“高头讲章”，不是教科书，不是咬文嚼字或繁征博引的推理与考据；它步步引你入胜，断不会教你索然释手。

这是一部介绍西洋近代美学的书。作者虽时下断语，大概是比较各家学说的同异短长，加以折衷或引申。他不想在这里建立自己的系统，只简截了当地分析重要的纲领，公公道道地指出一些比较平坦的大路。这正是眼前需要的基础工作。我们可以用它作一面镜子，来照自己的面孔，也许会发现新的光彩。书中虽以西方文艺为论据，但作者并未忘记中国；他不断地指点出来，关于中国文艺的新见解是可能的。所以此书并不是专写给念过西洋诗、看过西洋画的人读的。他这书虽然并不忽略重要的哲人的学说，可是以“美感经验”开宗明义，逐步解释种种关联的心理的，以及相伴的生理的作用，自是科学的态度。在这个领域内介绍这个态度的，中国似乎还无先例；一般读者将乐于知道直到他们自己的时代止的对于美的事物的看法。孟实先生的选择是煞费苦心的；他并不将一大堆人名与书名向你头顶上直压下来，教你望而却步或者皱着眉毛走上去，直到掉到梦里而后已。他只举出一些继往开来的学说，为一般读者所必需知道的。所以你念下去时，熟人渐多，作者这样腾出地位给每一家学说足够的说明和例证，你这样也便于捉摸、记忆。

但是这部书并不是材料书，孟实先生是有主张的。他以他所主张的为取舍衡量的标准，折衷和引申都从这里发脚。有他自己在里面，便与教科书或类书不同。他可是并不偏狭，相反的理论在书中有同样充分的地位；这样的比较其实更可阐明他所主张的学说——这便是“形象的直觉”。孟实先生说：“凡美感经验都是形象的直觉……形象属于物……直觉属于我……在美感经验中，我所以接物者是直觉而不是寻常的知觉和抽象的思考；物所以对我者是形象而不是实质成因和效用。”（第一章）他在这第一章里说明美感的态度与实用的及科学的态度怎样不同，美感与快感怎样不同，美感的态度又与批评的态度怎样不同。末了他说明美感经验与历史的知识的关系；他说作者的史迹就了解说非常重要，而了解与欣赏虽是两件事，却不可缺一。这种持平之论，真是片言居要，足以解释许多对于考据家与心解家的争执。

全书文字像行云流水，自在极了。他像谈话似的，一层层领着你走进高深和复杂里去。他这里给你来一个比喻，那里给你来一段故事，有时正经，有时诙谐；你不知不觉地跟着他走，不知不觉地“到了家”。他的句子、译名、译文都痛痛快快的，不扭捏一下子，也不尽绕弯儿。这种“能近取譬”、“深入显出”的本领是孟实先生的特长。可是轻易不能做到这地步；他在《谈美》中说写此书时“要先看几十部书才敢下笔写一章”，这是谨严切实的功夫。他却不露一些费力的痕迹，那是功夫到了家。他让你念这部书只觉得他是你自己的朋友，不是长面孔的教师、宽袍大袖的学者，也不是海角天涯的外国人。书里有不少的中国例子，其中有不少有趣的新颖的解释：譬如“文气”、“生气”、“即景生情，因情生景”，岂不都已成了烂熟的套语？但孟实先生说文气是“一种筋肉的技巧”（第八章），生气就是“自由的活动”（第六章），“即景生情，因情生景”的“生”就是“创造”（第三章）。最有意思的以“意象的旁通”说明吴道子画壁何以得力于裴旻的舞剑，以“模仿一种特殊的筋肉活动”说明王羲之观鹅掌拨水，张旭观公孙大娘舞剑而悟书法（第十三章），又据弗莱因斐尔斯的学说，论王静安先生《人间词话》中所谓“有我之境”实是无我之境，所谓“无我之境”倒是有我之境（第三章）（作者注：这一段已移到《诗论》里去了）。这些都是入情入理的解释，非一味立异可比。更重要的是从近代艺术反写实主义的立场为中国艺术辩护（第二章），他是在这里指出一个大问题；近年来国内也渐渐有人论及，此书可助他们张目。东汉时蔡邕得着王充《论衡》，资为谈助；《论衡》自有它的价值，决不仅是谈助。此书性质与《论衡》迥不相类，而兼具两美则同：你想得知识固可读它，你想得一些情趣或谈资也可读它；如入宝山，你决不会空手回去的。

朱自清，1932年4月，伦敦

作者自白

这是一部研究文艺理论的书籍。我对于它的名称，曾费一番踌躇。它可以叫做《美学》，因为它所讨论的问题通常都属于美学范围。美学是从哲学分支出来的，以往的美学家大半心中先存有一种哲学系统，以它为根据，演绎出一些美学原理来。本书所采的是另一种方法。它丢开一切哲学的成见，把文艺的创造和欣赏当作心理的事实去研究，从事实中归纳得一些可适用于文艺批评的原理。它的对象是文艺的创造和欣赏，它的观点大致是心理学的，所以我不用《美学》的名目，把它叫做《文艺心理学》。这两个名称在现代都有人用过，分别也并不很大，我们可以说，“文艺心理学”是从心理学观点研究出来的“美学”。

这部书还是我在外国当学生时代写成的。原来预备早发表，所以朱佩弦先生的序还是一九三二年在伦敦写成的。后来自己觉得有些地方还待修改，一搁就搁下了四年。在这四年中我拿它做讲义在清华大学讲过一年，今年又在北京大学的《诗论》课程里择要讲了一遍。每次讲演，我都把原稿更改过一次。只就分量说，现在付印的稿子较四年前请朱佩弦先生看过的原稿已超过三分之一。第六、七、八、十、十一诸章都完全是新添的。

在这新添的五章中，我对于美学的意见和四年前写初稿时的相比，经过一个很重要的变迁。从前，我受从康德到克罗齐一线相传的形式派美学的束缚，以为美感经验纯粹地是形象的直觉，在聚精会神中我们观赏一个孤立绝缘的意象，不旁迁他涉，所以抽象的思考、联想、道德观念等都是美感范围以外的事。现在，我觉察人生是有机体；科学的、伦理的和美感的种种活动在理论上虽可分辨，在事实上却不可分割开来，使彼此互相绝缘。因此，我根本反对克罗齐派形式美学所根据的机械观和所用的抽象的分析法。这种态度的变迁我在第十一章《克罗齐派美学的批评》里说得很清楚。我两次更改初稿，都以这个怀疑形式派的态度去纠正从前尾随形式派所发的议论。我对于形式派美学并不敢说推倒，它所肯定的原理有许多是不可磨灭的。它的毛病在太偏，我对于它的贡献只是一种"补苴罅漏"。做学问持成见最误事。有意要调和折衷，和有意要偏，同样地是持成见。我本来不是有意要调和折衷，但是终于走到调和折衷的路上去，这也许是我过于谨慎，不敢轻信片面学说和片面事实的结果。

现在一般人对于研究文艺理论，似乎还存有一种不应有的轻视。创作者说："我没有你那些文艺理论，还是能创作；你有了那些文艺理论，还是不能创作。"欣赏者说："文艺的美妙和神秘是不能用科学方法分析的，你把它加以科学方法的分析，结果是使'七宝楼台，拆碎不成片段'。"这些话固然都"持之有故，言之成理"，但是研究文艺理论者并不必因此而消灭他的生存权。他可以作如下的辩护：

一切事物都有研究的价值。科学并不把世间事物划为“应研究的”和“不应研究的”两种。除非是自甘愚昧，除非是强旁人跟着他自甘愚昧，文艺创作者和欣赏者没有理由非薄旁人对于文艺作科学的活动，这就是说，根据创作和欣赏的事实，寻求关于文艺的原理。

一个人研究一种学问，原因不外两种：一种是那种学问对于他有直接的实用，像儿童心理学对于教育家；一种是它虽没有直接的实用，而它的问题却易引起好奇心，人要研究它，好比小孩子们要钻进迷径里去寻出路，只因为这事本身有趣。关于文艺理论的研究，我们纵退一步承认它对于创作和欣赏无实用，也不能就因此把它一笔勾销。它既有问题，就能刺激好奇心，就能引起研究的兴趣。

何况文艺理论的研究，对于创作和欣赏并非毫无实用哩！先就创作说，“眼高”固然有“手低”的，“眼低”而“手高”的似乎并不多见。文艺到现代大致已离开“自然流露”而进到“有意刻画”的阶段，这就是说，它已经变成有“自意识”的活动了。每个艺术家迟早都不免要思量到内容与形式、艺术与人生、写意与写实种种问题上去。他个人在实际经验中所体验得来的，像达·芬奇的《画论》、歌德和爱克曼的《谈话录》、罗丹的《艺术论》、福楼拜的《书信集》之类，固然十分可宝贵；但是每个艺术家不一定都有功夫和兴趣，尤其不一定都有冷静的分析力，去作理论的建设。如果他稍稍留心治文艺理论者所得的结果，也许对于平常自己所思量的问题不至持偏狭的甚至于错误的见解。在文艺方面，错误的见解流弊之大，并不亚于低劣的手腕。

说到欣赏，文艺理论的研究简直是不可少的。既云欣赏，就不能不明白“价值”的标准和艺术的本质。如果你没有决定怎样才是美，你就没有理由说这幅画比那幅画美；如果你没有明白艺术的本质，你就没有理由说这件作品是艺术，那件作品不是艺术。世间固然也有许多不研究美学而批评文艺的人们，但是他们好像水手说天文，看护妇说医药，全凭粗疏的经验，没有严密的有系统的学理做根据。我并不敢忽视粗疏的经验，但是我敢说它不够用，而且有时还误事。

趁这个机会，我不妨略说个人的经验。从前我决没有梦想到我有一天会走到美学的路上去。我前后在几个大学里做过十四年的学生，学过许多不相干的功课，解剖过鲨鱼，制造过染色切片，读过建筑史，学过符号名学，用过熏烟鼓和电气反应表测验心理反应，可是我从来没有上过一次美学课。我原来的兴趣中心第一是文学，其次是心理学，第三是哲学。因为欢喜文学，我被逼到研究批评的标准、艺术与人生、艺术与自然、内容与形式、语文与思想诸问题；因为欢喜心理学，我被逼到研究想象与情感的关系、创造和欣赏的心理活动以及趣味上的个别的差异；因为欢喜哲学，我被逼到研究康德、黑格尔和克罗齐诸人讨论美学的著作。这么一来，美学便成为我所欢喜的几种学问的联络线索了。我现在相信：研究文学、艺术、心理学和哲学的人们如果忽略美学，那是一个很大的欠缺。

本书附载《近代实验美学》三篇，略述近代心理学家作美学实验所走的路径、所用的方法和所得的结果。这些都是枯燥的事实，但是我相信科学家最重要的训练是学会看重枯燥的事实，和在枯燥的事实中寻出趣味，所以这三篇对于文艺心理学者或许不无裨补。

本书泛论文艺，我另外写了一部《诗论》，应用本书的基本原理去讨论诗的问题，同时，对于中国诗作一种学理的研究。

这部书的完成靠许多朋友的帮助。第一是朱佩弦先生，他在欧洲旅途匆忙中替我仔细看过原稿，作了序，还给我许多谨慎的批评。第六章《美感与联想》就是因为他对于原稿不满意而改作的。其次是夏丏尊先生，他在这个书业不景气的年头，让这部比较专门的书有出版的机会。最后是内子今吾，她在本书起稿时给我许多鼓励，稿成后又辛辛苦苦地一再校正错误。趁这个机会，我向他们表示感谢。

1936 年春天在北平

第一章

美感经验的分析（一）：形象的直觉

近代美学所侧重的问题是："在美感经验中我们的心理活动是什么样？"至于一般人所喜欢问的"什么样的事物才能算是美"的问题还在其次。这第二个问题也并非不重要，不过要解决它，必先解决第一个问题；因为事物能引起美感经验才能算是美，我们必先知道怎样的经验是美感的，然后才能决定怎样的事物所引起的经验是美感的。

什么叫做美感经验呢？这就是我们在欣赏自然美或艺术美时的心理活动。比如在风和日暖的时节，眼前尽是娇红嫩绿，你对着这灿烂浓郁的世界，心旷神怡，忘怀一切，时而觉得某一株花在向阳带笑，时而注意到某一个鸟的歌声特别清脆，心中恍然如有所悟。有时夕阳还未西下，你躺在海滨一个崖石上，看着海面上金黄色的落晖被微风荡漾成无数细鳞，在那里悠悠蠕动。对面的青山在蜿蜒起伏，仿佛也和你一样在领略晚兴。一阵凉风掠过，才把你猛然从梦境惊醒。"万物静观皆自得，四时佳兴与人同。"你只要有闲工夫，竹韵、松涛、虫声、鸟语、无垠的沙漠、飘忽的雷电风雨，甚至于断垣破屋，本来呆板的静物，都能变成赏心悦目的对象。不仅是自然造化，人的工作也可发生同样的快感。有时你镇日为俗事奔走，偶然间偷得一刻余闲，翻翻名画家的册页，或是在案头抽出一卷诗、一部小说或是一本戏曲来消遣，一转瞬间你就跟着作者到另一世界里去。你陪着王维领略“兴阑啼鸟散，坐久落花多”的滋味。武松过冈杀虎时，你提心吊胆地挂念他的结局；他成功了，你也和他感到同样的快慰。秦舞阳见着秦始皇变色时，你心里和荆轲一样焦急；秦始皇绕柱而走时，你心里又和他一样失望。人世的悲欢得失都是一场热闹戏。

这些境界，或得诸自然，或来自艺术，种类千差万别，都是“美感经验”。美学的最大任务就在分析这种美感经验。要知道近代美学对于此种分析所得的结论，我们不能不把美学和哲学的渊源指点出来。

美学是从哲学分支出来的。从休谟（Hume，1711—1776）、康德（Kant，1724—1804）一直到现在，近代哲学都偏重知识论。知识论的根本问题就是：我们如何知道宇宙事物的存在？这个问题引起近代哲学家特别注意到以心知物时的心理活动。比如说我们知道这张桌子，“知”的方式是否只有一种呢？据近代哲学家的分析，对于同一事物，我们可以用三种不同的“知”的方式去知它。最简单最原始的“知”是直觉（intuition），其次是知觉（perception），最后是概念（conception）。拿桌子为例来说。假如一个初出世的小孩子第一次睁眼去看世界，就看到这张桌子，他不能算是没有“知”它。不过他所知道的和成人所知道的绝不相同。桌子对于他只是一种很混沌的形象（form），不能有什么意义（meaning），因为它不能唤起任何由经验得来的联想。这种见形象而不见意义的“知”就是“直觉”。假如这个小孩子在看到桌子时同时看到他的父亲伏在桌上写字，或是听到人提起“桌子”的名称，到第二次他看见这张桌子时，他就会联想到他的父亲写字或是“桌子”这个名称，桌子对于他于是就有意义了，它是与父亲写字和“桌子”字音有关系的东西。这种由形象而知意义的知就是通常所谓“知觉”。在知觉的阶段，意义不能离开形象，知的对象还是具体的个别的事物。假如这个小孩子逐渐长大，看到的桌子逐渐多，其中有圆的，有方的，有黄色的，有黑色的，有木制的，有石制的，有供写字用的，有供开饭用的，形形色色不同，但是因为同具桌子所必有的要素，它们统叫做“桌子”。此时小孩子不免常把一切桌子所同具的要素悬在心目中想，这就是说，离开个别的桌子的形象而抽象地想到桌子的意义。做到这一步，他对于桌子就算是有一个“概念”了。概念就是超形象而知意义的知，它是经验的总结账，知的成熟，科学的基础。

在理论上，这三种知的发展过程，直觉先于知觉，知觉先于概念。但是在实际经验中它们常不易分开。知觉决不能离直觉而存在，因为我们必先觉到一件事物的形象，然后才能知道它的意义。概念也决不能离知觉而存在，因为对于全体属性的知必须根据对于个别事例的知。反过来说，知觉也不能离概念而存在，因为知觉是根据以往经验去解释目前事实，而以往经验大半取概念的形式存在心中。比如说“这是一张桌子”时，我们是在知觉桌子，同时也是在用概念，因为“桌子”是全类事物的共名，就是一个概念。因此近代哲学家常否认知觉和概念可分割开来。现代意大利美学家克罗齐（Croce）在他的《美学》里开章明义就说："知识有两种，一是直觉的（intuitive），一是名理的（logical）。"他所谓"名理的知识"就兼指知觉与概念。

据以上的分析，知的方式根本只有两种：直觉的和名理的。这个分别极重要，我们必先明白这个分别然后才能谈美感经验的特征。像克罗齐所说的，直觉的知识是"对于个别事物的知识"（knowledge of individual things），名理的知识是"对于诸个别事物中的关系的知识"（knowledge of the relations between them）。一切名理的知识都可以归纳到"A 为 B"的公式。比如说"这是一张桌子"，"玫瑰是一种花"，"直线是两点之间最短的距离"。这个"A 为 B"公式中 B 必定是一个概念，认识"A 为 B"就是知觉 A，就是把一个事物"A"归纳到一个概念"B"里去。看见 A 而不能说它是某某，就是对于 A 没有名理的或科学的知识。就名理的知识而言，A 自身无意义，它必须因与 B 有关系而得意义。我们在寻常知觉或思考中，决不能在 A 本身上站住，必须把 A 当着一个踏脚石，跳到与 A 有关系的事物上去。直觉的知识则不然。我们直觉 A 时，就把全副心神注在 A 本身上面，不旁迁他涉，不管它为某某。A 在心中只是一个无沾无碍的独立自足的意象（image）。A 如果代表玫瑰，它在心中就只是一朵玫瑰的图形。如果联想到"玫瑰是木本花"，就失其为直觉了。这种独立自足的意象或图形就是我们所说的"形象"。

直觉与名理的知识有别，如上所述。从康德以来，哲学家大半把研究名理的一部分哲学划为名学和知识论，把研究直觉的一部分划为美学。严格地说，美学还是一种知识论。“美学”在西文原为 aesthetic，这个名词译为“美学”还不如译为“直觉学”，因为中文“美”字是指事物的一种特质，而 aesthetic 在西文中是指心知物的一种最单纯最原始的活动，其意义与 intuitive 极相近。本书为便利了解起见，仍沿用“美学”这个译名，不过读者须先明白本书所谓“美感的”，和“直觉的”意义相近。“美感的经验”就是直觉的经验，直觉的对象是上文所说的“形象”，所以“美感经验”可以说是“形象的直觉”。这个定义已隐寓在 aesthetic 这个名词里面。它是从康德以来美学家所公认的一条基本原则，我们现在把它详加解说。

就上文所引的美感经验实例看，无论是艺术或是自然，如果一件事物叫你觉得美，它一定能在你心眼中现出一种具体的境界，或是一幅新鲜的图画，而这种境界或图画必定在霎时中霸占住你的意识全部，使你聚精会神地观赏它，领略它，以至于把它以外一切事物都暂时忘去。这种经验就是形象的直觉。形象是直觉的对象，属于物；直觉是心知物的活动，属于我。在美感经验中心所以接物者只是直觉，物所以呈现于心者只是形象。心知物的活动除直觉以外，我们前已说过，还有知觉和概念。物可以呈现于心者除形象以外，还有许多与它相关的事项，如实质、成因、效用、价值等。在美感经验中，心所以接物者只是直觉而不是知觉和概念；物所以呈现于心者是它的形象本身，而不是与它有关系的事项，如实质、成因、效用、价值等意义。

这番话很抽象，现在举一个实例来说明。比如说你在看一棵梅花。同是一棵梅花，可以引起三种不同的态度。看到梅花，你就想到它的名称，在植物分类学中属于某一门某一类，它的形状有哪些特征，它的生长需要哪些条件，经过哪些阶段，这里你所取的是科学的态度。其次，看到梅花，你就想起它有什么实用，值多少钱，想拿它来做买卖或是赠送亲友，这里你所取的是实用的态度。科学的态度只注重梅花的实质、特征和成因；除开实质、特征和成因，梅花对于科学家便无意义。实用的态度只注重梅花的效用，除开效用，梅花对于实用人便无意义。但是梅花除了实质、特征、成因、效用等以外，是否还有什么呢？换句话说，假如你不认识梅花，对于它没有丝毫的知识，不知道它的名称、特征、效用等，你能否还看见什么呢？你当然还可以看见叫做“梅花”的那么一种东西在那里，这就是说，你还可以看见梅花本来的形象。在实际上我们认识梅花太熟了，知道它和其他事物的关系太多了，一看见它就不免引起许多关于它的联想，就想到它的实质、特征、效用等，以至于把它的本来形象都完全忘掉或忽略过去了。通常我们对于一件事物，经验愈多，知识愈丰富，联想也就愈复杂，如果要丢开它的一切关系和意义，也就愈困难。老子说：“为学日益，为道日损。”这句话很可以应用到美感经验上去。学是经验知识，道是直觉形象本身的可能性。对于一件事物所知的愈多，愈不易专注在它的形象本身，愈难直觉它，愈难引起真正纯粹的美感。美感的态度就是损学而益道的态度。比如见到梅花，把它和其他事物的关系一刀截断，把它的联想和意义一齐忘去，使它只剩一个赤裸裸的孤立绝缘的形象存在那里，无所为而为地去观照它，赏玩它，这就是美感的态度了。

在科学态度中，梅花因与其他事物有关系而得意义；在实用态度中，梅花因其可效用于人而生价值。在美感态度中它除去与其他事物有关系以及可效用于人两点之外，自有意义，自有价值，梅花对于科学家和实用人都倚赖旁的事物而得价值，所以它的价值是“外在的”（extrinsic），对于审美者则独立自足，别无倚赖，所以它的价值是“内在的”（intrinsic）。

从心理学观点看，刺激、知觉、反应三者是一气贯串的。刺激是知觉的成因，知觉是反应动作的预备，一般知觉都含有实用性。宇宙中事事物物本来都很零乱复杂。从微生物的观点看，世界只是一团混沌，除了某者为营养、某者为灾害一个分别之外，它不觉得四围事物别有什么精微的意义。如果生物全像微生物那样简单，许多分别都决不会存在。人体组织较复杂，需要较多，适应环境的方法也较周详。为便利实用起见，人逐渐根据经验把四围的事物分类立名，说天天吃的东西叫做“饭”，天天穿的东西叫做“衣”，某种感觉叫做“红”，某种形体叫做“大”，于是事物才有所谓“意义”。“意义”本来大半都起于实用。在许多人看，衣服除了是穿的，饭除了是吃的以外，就别无意义。所谓“知觉”就是感官接触某种事物时，心里明白它的意义。明白它的意义，其实就是明白它的效用。一旦明白了它的效用，就可以对它起适用的反应动作。

就这种意义说，一般动物都可以说是有“知觉”。猫见着鼠，知道它是可吃的；鼠见着猫，知道它是吃鼠的；于是一个追捕，一个逃遁。人对于外物的态度也有若干类似，不过有一个重要的异点。动物知觉事物时立刻就依本能的冲动，发为反应动作。从刺激到知觉，从知觉到反应动作，都是直率仓皇的，中间不容有片刻的停顿。人却有反省的本领。所谓反省，就是把所知觉的事物悬在心眼里，当作一幅图画来观照。人能反省，所以能镇压住本能的冲动，在从知觉到反应的悬崖上勒缰驻马，去玩索心所知的物和物所感的心。这副反省的本领是人类文化的发轫点，科学、哲学、宗教、艺术、政治等都是从这副本领出来的。这副反省的本领用之于实用方面则为“谋定而后动”，用之于科学方面则为冷静的思考，用之于美感的方面则为康德所说的“无所为而为的观赏”（disinterested contemplation）。

在美感的态度中，我们也是在从知觉到反应动作的悬崖上勒缰驻马，把事物摆在心目中当作一幅图画去玩索。不过审美者的目的不像实用人，不去盘问效用，所以心中没有意志和欲念；也不像科学家，不去寻求事物的关系条理，所以心中没有概念和思考。他只是在观赏事物的形象。惟其偏重形象，所以不管事物是否实在，美感的境界往往是梦境，是幻境。把流云看成白衣苍狗，就科学的态度说，为错觉；就实用的态度说，为妄诞荒唐；而就美感的态度说，则不失其为形象的直觉。

美感经验是一种极端的聚精会神的心理状态。全部精神都聚会在一个对象上面，所以该意象就成为一个独立自足的世界，这个道理德国心理学家闵斯特堡（Münsterberg）在他的《艺术教育原理》里发挥得最透辟，现在引一段来印证：

> 如果你想知道事物本身，只有一个方法，你必须把那件事物和其他一切事物分开，使你的意识完全为这一个单独的感觉所占住，不留丝毫余地让其他事物可以同时站在

它的旁边。如果你能做到这步，结果是无可疑的：就事物说，那是完全孤立；就自我说，那是完全安息在该事物上面，这就是对于该事物完全心满意足，总之，就是美的欣赏。

有人说，“艺术要摆脱一切然后才能获得一切”。艺术所摆脱的是日常繁复错杂的实用世界，它所获得的是单纯的意象世界。意象世界尽管是实用世界的回光返照，却没有实用世界的牵绊，它是独立自足，别无依赖的。比如一个画家在聚精会神地欣赏一棵古松，那棵古松对于他便成为一个独立自足的世界。在观赏的一刹那中，他忘却这棵古松之外还另有一个世界。目前意象世界仿佛是一种梦境，如果另外世界的事物闯进意识中来，便不免使他从梦境中惊醒了。比如在观赏古松时，如果他猛然想到它可以避风息凉或是造桥架屋，这一念之动中他就搬了一回家，跑回到实用世界中去了。不但如此，在凝神观照时，古松的是非真假也被置于度外，心里决无暇想到图画中的古松和山上长的古松有虚实的分别。作为美感对象时，无论是画中的古松或是山上的古松，都只是一种完整而单纯的意象。真实虚伪的肯定或否认，如“此松是实有的”，“此松是假想的”之类，仍属于名理的知识，它的对象是关系条理而不是形象本身。意象的孤立绝缘是美感经验的特征。在观赏的一刹那中，观赏者的意识只被一个完整而单纯的意象占住，微尘对于他便是大千；他忘记时光的飞驰，刹那对于他便是终古。

“用志不纷，乃凝于神。”美感经验就是凝神的境界。在凝神的境界中，我们不但忘去欣赏对象以外的世界，并且忘记我们自己的存在。纯粹的直觉中都没有自觉，自觉起于物与我的区分，忘记这种区分才能达到凝神的境界。我们在上文把美感经验中的我和物分开来说，只是为解释便当起见，其实美感经验的特征就在物我两忘，我们只有在注意不专一的时候，才能很鲜明地察觉我和物是两件事。如果心中只有一个意象，我们便不觉得我是我，物是物，把整个的心灵寄托在那个孤立绝缘的意象上，于是我和物便打成一气了。关于这一点，叔本华在他的《意志世界与意象世界》卷三里说过下面一段很透辟的话：

> 如果一个人凭心的力量，丢开寻常看待事物的方法，不受充足理由律（the law of sufficient reason）的控制去推求诸事物中的关系条理——这种推求的最后目的总不免在效用于意志——如果他能这样地不理会事物的“何地”、“何时”、“何故”以及“何自来”（where，when，why，whence），只专心观照“何”（what）的本身；如果他不让抽象的思考和理智的概念去盘踞意识，把全副精神专注在所觉物上面，把自己沉没在这所觉物里面，让全部意识之中只有对于风景、树林、山岳或是房屋之类的目前事物的恬静观照，使他自己“失落”在这事物里面，忘去他自己的个性和意志，专过“纯粹自我”（pure subject）的生活，成为该事物的明镜，好像只有它在那里，并没有人在知觉它，好像他不把知觉者和所觉物分开，以至二者融为一体，全部意识和一个具体的图画（即意象——引者）

恰相叠合；如果事物这样地和它本身以外的一切关系绝缘，而同时自我也和自己的意志绝缘——那么，所觉物便非某某物而是“意象”（idea）或亘古常存的形象……而沉没在这所觉物之中的人也不复是某某人（因为他已把自己“失落”在这所觉物里面）而是一个无意志、无痛苦、无时间的纯粹的知识主宰（pure subject of knowledge）了。

叔本华以为人生大患在有我，我的主宰为意志。人人都是他自己的意志的奴隶，有意志于是有追求挣扎，有追求挣扎于是有悲苦烦恼。在欣赏文艺时我们暂时忘去自我，摆脱意志的束缚，由意志世界移到意象世界，所以文艺对于人生是一种解脱。

物我两忘的结果是物我同一。观赏者在兴高采烈之际，无暇区别物我，于是我的生命和物的生命往复交流，在无意之中我以我的性格灌输到物，同时也把物的姿态吸收于我。比如观赏一棵古松，玩味到聚精会神的时候，我们常不知不觉地把自己心中的清风亮节的气概移注到松，同时又把松的苍劲的姿态吸收于我，于是古松俨然变成一个人，人也俨然变成一棵古松。总而言之，在美感经验中，我和物的界限完全消灭，我没入大自然，大自然也没入我，我和大自然打成一气，在一块生展，在一块震颤。

美感经验就是形象的直觉。这里所谓“形象”并非天生自在一成不变的，在那里让我们用直觉去领会它，像一块石头在地上让人一伸手即拾起似的。它是观赏者的性格和情趣的返照。观赏者的性格和情趣随人随时随地不同，直觉所得的形象也因而千变万化。比如古松长在园里，看来虽似一件东西，所现的形象却随人随时随地而异。我眼中所见到的古松和你眼中所见到的不同，和另一个人所见到的又不同。所以那棵古松就呈现形象说，并不是一件唯一无二的固定的东西。我们各个人所直觉到的并不是一棵固定的古松，而是它所现的形象。这个形象一半是古松所呈现的，也有一半是观赏者本当时的性格和情趣而外射出去的。明白这层道理，我们就可以明白直觉与形象是相因为用的。我们在上文说“直觉属于我，形象属于物”，原是一种粗浅的说法。严格地说，直觉除形象之外别无所见，形象除直觉之外也别无其他心理活动可见出。有形象必有直觉，有直觉也必有形象。直觉是突然间心里见到一个形象或意象，其实就是创造，形象便是创造成的艺术。因此，我们说美感经验是形象的直觉，就无异于说它是艺术的创造。

作者补注 西文中的aesthetic，在我早期的论著中，都译作“美感”，后来改译为“审美”。后者较妥。丑，也属于审美范畴。本章谈到的“知识论”，即现在较通用的“认识论”。

1981年7月读校样时写

第二章

美感经验的分析（二）：心理的距离

一

美感起于形象的直觉，不带实用目的，既如前述，现在我们可以讨论从这个原理产生出来的一个很重要的学说。一般人站在实用世界里面，专心去满足实际生活的需要，忘记这个世界是可以当作一幅图画供人欣赏的。在美感经验中，我们所对付的也还是这个世界，不过自己跳脱实用的圈套，把世界摆在一种距离以外去看。阿尔卑斯山谷里的一条汽车路上风景极好，路旁插着一个标语牌劝告游人说："慢慢走，欣赏啊！"一般人在这车如流水马如龙的世界里，都像阿尔卑斯山下的汽车，趁着平路拼命向前跑；不过也有些比较幸运的人们偶尔能听"慢慢走"的劝告，驻脚流连一会儿，来欣赏阿尔卑斯山的奇景。在这一驻脚之间，他应付阿尔卑斯山的态度就已完全变过，他原来只把它当作一个很好的开汽车兜风的地方，现在却把它推远一点当作一幅画来看。

英国心理学家布洛（Bullough）仔细研究过这个道理，推演了一条原则出来，叫做"心理的距离"（psychical distance），这个原则不仅把从前关于美感经验的学说都包括无余，而且对于文艺批评也寻出一个很适用的标准，我们现在把它详细介绍出来。

什么叫做“心理的距离”呢？我们最好举一个实例来说明。

比如说海上的雾。乘船的人们在海上遇着大雾，是一件最不畅快的事。呼吸不灵便，路程被耽搁，固不用说；听到若远若近的邻船的警钟，水手们手慌脚乱地走动，以及船上的乘客们的喧嚷，时时令人觉得仿佛有大难临头似的，尤其使人心焦气闷。船像不死不活地在驶行，茫无边际的世界中没有一块可以暂时避难的干土，一切都任不可知的命运去摆布，在这种情境中最有修养的人也只能做到镇定的程度。但是换一个观点来看，海雾却是一种绝美的景致。你暂且不去想到它耽误了程期，不去想到实际上的不舒畅和危险，你姑且聚精会神地去看它这种现象，看这幅轻烟似的薄纱，笼罩着这平谧如镜的海水，许多远山和飞鸟被它盖上一层面网，都现出梦境的依稀隐约，它把天和海联成一气，你仿佛伸一只手就可握住在天上浮游的仙子。你的四围全是广阔、沉寂、秘奥和雄伟，你见不到人世的鸡犬和烟火，你究竟在人间还是在天上，也有些犹豫不易决定。这不是一种极愉快的经验么？

这两种经验的分别完全起于观点的不同。在前一种经验中，海雾是实用世界中的一片段，它和你的知觉、情感、希望以及一切实际生活需要都连瓜带葛地固结在一块，成了你的工具或是你的障碍。你的全部实际生活逼得你不得不畏危险，逼得你不得不求平安，所以你不得不讨厌这耽误程期带危险性的海雾。换句话说，你和海雾的关系太密切了，距离太接近了，所以不能用“处之泰然”的态度去欣赏它。在后一种经验中，你把海雾摆在实用世界以外去看，使它和你的实际生活中间存有一种适当的“距离”，所以你能不为忧患休戚的念头所扰，一味用客观的态度去欣赏它。这就是美感的态度。

二

“距离”含有消极的和积极的两方面。就消极的方面说，它抛开实际的目的和需要；就积极的方面说，它着重形象的观赏。它把我和物的关系由实用的变为欣赏的。就我说，距离是“超脱”；就物说，距离是“孤立”。从前人称赞诗人往往说他“潇洒出尘”，说他“超然物表”，说他“脱尽人间烟火气”，这都是说他能把事物摆在某种“距离”以外去看。反过来说，“形为物役”，“凝滞于物”，“名缰利锁”，都是说把事物的利害看得太“切身”，不能在我和物中间留出“距离”来。

人们迫于生存竞争的需要，通常都把全副精力费于饮食男女的营求，这丰富华严的世界除了可效用于生活需要之外，便无其他意义，所以美感上的“距离”往往极难维持。一个海边农夫当别人称赞他的门前海景美时，常会羞涩地转过身来指着屋后的菜园说：“门前虽然没有什么可看的，屋后这一园菜却还不差。”我们大多数人谁不像这位海边农夫呢？一看到瓜果就想到它是可以摘来吃的，一看到瀑布就想到它的水力可以利用来发电，一看到图画或雕刻就估算它值多少钱，一看到美人就起占有的冲动。一般事物对于我们都有一种“常态”，所谓“常态”就是糖是甜的，屋子是居住的，女人是生孩子的之类的意义，都是在实用经验中积累的。这种“常态”完全占住我们的意识，我们对于“常态”以外的形象便视而不见，听而不闻。经验日益丰富，视野也就日益窄隘。所以有人说，我们对于某种事物见的次数愈多，所见到的也就愈少。

但是偶然之间，我们也间或能像叔本华所说的，“丢开寻常看待事物的方法”，见出事物的不平常的一面，于是天天遇见的、素以为平淡无奇的东西，例如破墙角伸出来的一枝花，或是林间一片阴影，便陡然现出奇姿异彩，使我们惊讶它的美妙。这种陡然的发现常像一种“灵感”或“天启”，其实不过是由于暂时脱开实用生活的约束，把事物摆在适当的“距离”之外去观赏罢了。我们在游历时最容易见出事物的美。东方人陡然站在西方的环境中，或是西方人陡然站在东方的环境中，都觉得面前事物光怪陆离，别有一种美妙的风味。这就因为那个新环境还没有变成实用的工具，一条街还没有使你一眼看到就想起银行在哪里，面包店在哪里；一棵不认得的树还没有使你知道它是结果的还是造屋的，所以你能够只观照它们的形象本身，这就是说，它们和你的欲念和希冀之中还存有一种适当的“距离”。池塘中园林的倒影往往比较实在的园林好看，也是因为存在“距离”的缘故。

艺术家和诗人的长处就在能够把事物摆在某种“距离”以外去看。他们看一条街只是一条街，不是到某银行或是某商店去的指路标；看一棵树只是一棵树，不是结果实的或是架屋造桥的材料。在艺术家的心目中，这个世界只是许多颜色、许多线形和许多声音所纵横组合而成的形象。我们一般人和科学家替这个世界寻出许多分别，定出许多名称，立出许多意义，来做实用生活的指导。艺术家们把这些分别、这些名称和这些意义都忽略过去，专以情趣为标准，重新把这个世界的颜色、形状和声音组合出条理来，另成一种较可满意的世界。他们把事物的价值完全换过，极平常的事物经过他们的意匠经营，可以变成很美的印象。莫奈（Monet）、凡·高（Van Gogh）诸大画家往往在一张椅子或是一只苹果中，表现出一个情趣深永的世界来。我们通常以为我们自己所见到的世界才是真实的，而艺术家所见到的仅为幻象。其实究竟哪一个是真实，哪一个是幻象呢？一条路还是自有本来面目，还是只是到某银行或某商店去的指路标呢？这个世界还是有内在的价值，还是只是人的工具和障碍呢？

三

就超脱目前实用的效果说，科学家也和艺术家一样能维持“距离”。科学家的态度纯是客观的，他的兴趣纯是理论的。所谓“客观的态度”就是把自己的成见和情感丢开，从“理论的”角度来看待事物。但是艺术家的“超脱”和科学家的“超脱”并不相同。科学家须超脱到“不切身的”（impersonal）地步。艺术家一方面要超脱，一方面和事物仍存有“切身的”关系。科学是一种最不切身的（就是说最重客观的）活动，艺术却是一种最切身的（就是说最重主观的）活动。我们在上章已经说过，观赏美的形象时须“失落自我”，何以现在又说艺术是最“切身的”活动呢？这两句话不但不冲突，而且归根到底还只是一句话，就是说，艺术不能脱离情感。情感是“切身的”，在美感经验中，情感专注在物的形象上面，所以我忘其为我。所谓“距离”是指我和物在实用观点上的隔绝，如果就美感观点说，我和物几相叠合，距离再接近不过了。

艺术是最切身的，是要能表现情感和激动情感的，所以观赏者对于所观赏的作品不能不了解。如果他完全不了解，便无从发生情感的共鸣，便无从欣赏。了解是以已知经验来诠释目前事实。如果对于某种事物完全没有经验，便不能完全了解它。庄子说：“瞽者无以与乎文章之观，聋者无以与乎钟鼓之声。岂惟形骸有聋盲哉？夫知亦有之。”生来没有恋爱经验的人读恋爱小说，总不免隔雾看花，有些模糊隐约。反过来说，我们愈能拿自己的经验来印证作品，也就愈能了解它，欣赏它。我们每读到好诗文时，就惊讶作者“先得我心”，觉得非常快慰。亚理斯多德所以说艺术的快感起于认识，起于发现“那就是那个”的感觉。古希腊雕刻家造神像时，还是以凡人为模型。但丁描写地狱，也还是拿我们的世界做蓝本。凡是艺术作品都是旧材料的新综合，惟其是旧材料，所以旁人可以了解；惟其是新综合，所以见出艺术家的创造，和实用世界有距离。比如“吹皱一池春水”一句词所用的字都是人人所认识的，“皱”和“春水”的景象也是人所常见的，不过把这六个字综合在一起却是冯延巳的新创。艺术能超脱实用目的，却不超脱经验。艺术家尽管自己不落到人情世故的圈套里，可是从来没有一个真正的大艺术家不了解人情世故；艺术尽管和实用世界隔着一种距离，可是从来也没有一个真正的大艺术作品不是人生的返照。观赏者的经验各各不同，了解的能力也不一致，艺术趣味的分歧也即由于此。

照这样看，在美感经验中，我们一方面要从实际生活中跳出来，一方面又不能脱尽实际生活；一方面要忘我，一方面又要拿我的经验来印证作品，这不显然是一种矛盾么？事实上确有这种矛盾，这就是布洛所说的“距离的矛盾”（the antinomy of distance）。创造和欣赏的成功与否，就看能否把“距离的矛盾”安排妥当，“距离”太远了，结果是不可了解；“距离”太近了，结果又不免让实用的动机压倒美感，“不即不离”是艺术的一个最好的理想。这个原理很重要，我们来把它详加研究。

莎士比亚写过一部关于夫妻猜疑的悲剧，叫做《奥瑟罗》（Othello）。假如一个人素来疑心妻子不忠实，受过很大的痛苦，他到戏院里去看演这部戏，一定比寻常人较能了解奥瑟罗的境遇和情感。戏中情节愈和他自己的经验相符合，他的了解也就愈深刻。照理，他应该是一个最能欣赏这部悲剧的人，但是事实往往不然。这种暗射到切身经验的情节最容易使他想起自己和妻子处在类似的境遇，忘记目前只是一场戏，忘记去玩索剧中人物的行动，他不是在看戏而是在自伤身世了。他固然也觉到很强烈的情感，但是这种情感起于实际上的猜忌，不是起于欣赏戏的美。他不能在自己和戏剧之中维持一种适当的“距离”，所以戏剧对于他由艺术品一变而为拨动猜忌的导火线。如果他能够维持“距离”，把剧中情节完全当作一幅画看，虽然拿自己的经验来了解它，却不因此触动自己的心事，借他人的酒来泄自己的闷，那么，以他来欣赏《奥瑟罗》，实在比寻常人较占便宜，因为他能了解寻常人所不能了解的纤微奥妙。不过在猜忌中看猜忌戏，不回头把自己的戏在心中复演一遍，却不是一件易事。《奥瑟罗》对于猜疑妻子的丈夫“距离”实在太近了。艺术的理想是距离近而却不至于消灭。距离近则观赏者容易了解，距离不消灭则美感不为实际的欲念和情感所压倒。

欣赏者对于所欣赏事物的态度通常分为“旁观者”和“分享者”两类，“旁观者”置身局外，“分享者”设身局中（详见第三章），分享者往往容易失去我和物中应有的距离。一个观剧者看见演曹操的戏，看到曹操的那副老奸巨猾的样子，不觉义愤填胸，提起刀走上台去把那位扮演曹操的角色杀了。一般人看戏虽不至于此，却也常不知不觉地把戏中情节看成真实的。有一个演员演一个穷发明家，发明的工作快要完成时，炉中火熄了，没有钱去买柴炭，大有功亏一篑的趋势，观众中有一个人郑重其事地捧一块钱去送他，向他说：“拿这块钱买炭去罢!”在一般演戏者看，扮演到使观众忘其为戏时，技艺已算到家了，但是观众在忘其为戏时便已失去美感的态度，像上文杀曹操和送钱买炭的人都是由美感的世界回到实用的世界里去了。看戏到兴酣采烈之际鼓掌叫好，一方面虽是表示能欣赏，同时却也已离开欣赏的态度而回到实用的态度。这都是“距离”的消失。

四

不但在欣赏方面有这种“距离的矛盾”，在创造方面也是如此。从一方面说，作者如果把自己的最切身的情感描写出来，他的作品就不至于空疏不近情理。但是从另一方面说，他在描写时却不能同时在这情感中过活，他一定要把它加以客观化，使它成为一种意象，他自己对于这情感一定要变成一个站在客位的观赏者，换一句话说，他一定要在自己和这情感之中辟出一个“距离”来。法国心理学家德拉库瓦（Delacroix）在他的《艺术心理学》里说：

感受和表现完全是两件事。纯粹的情感，刚从实际生活出炉的赤热的情感，在表现于符号、语言、声音或形象之先，都须经过一番返照。雷奴维埃（Renouvier）以为艺术家须先站在客位来观照自己，然后才可以把自己描摹出来，表现出来，这是很精当的话。艺术家如果要描写自己切身的情感，须先把它外射出来，他须变成一个自己的模仿者。托马斯·曼（Thomas Mann）说："生糙的热烈的情感向来是很平凡的不中用的……强烈的情感并无艺术的意味。艺术家一旦还到人的地位来在情感中过活时，就失其为艺术家了。"

艺术家之所以为艺术家，不仅在能感受情绪，而尤在能把所感受的情绪表现出来；他能够表现情绪，就由于能把切身的情绪摆在某种"距离"以外去观照。所以通常所谓"主观的"、"写自传的"艺术家实在还是客观的。我们普通人也常感到强烈的悲喜，常常告诉人说："我可惜不是文学家，不然，我的经验可以写成一部极好的小说。"我们何以有情感而不能表现于艺术作品呢？这就由于不能在自己和自己的情感中留出"距离"来，不能站在客观的地位去观照自己的生活。凡艺术家都须从切身的利害跳出来，把它当作一幅画或是一幕戏来优游赏玩。这本来要有很高的修养才能办到。

五

懂得"距离"的道理，文艺上许多问题就可以迎刃而解了。

在近代文艺思想上，形式和内容的冲突是很剧烈的。一方面我们有浪漫运动所遗传下来的“为艺术而艺术”的口号。这个口号的涵义甚多，最重要的就是侧重形式而看轻内容，以为美仅在形式，而内容的好坏则无关紧要。另一方面我们又有弗洛伊德（Freud）派心理学者的文艺为欲望升华说，依这一说，文艺能感动人，就因为它能使隐意识中的欲望得到化装的满足。文艺既与欲望有关，就不能不与内容有关，假如许多作品之中如果不含有满足性欲“情意综”（complexes）的材料，它们的势力就决不至有那样广大。这两说都很言之成理，究竟谁是谁非呢？根据“距离”的原则说，它们都各走极端，艺术不能专为形式，却也不能只是欲望的满足。艺术是“切身的”，表现情感的，所以不能完全和人生绝缘。偏重形式的艺术总不免和人生“距离”得太远，不能引起观赏者的兴趣。但是美感经验的特点在“无所为而为地观赏形象”。无论是创造或是欣赏，我们都不能同时在所表现的情感中过活，一定要站在客位把这种情感当作一幅图画去观赏。如果作者写性欲小说，读者看性欲小说，都是为着满足自己的性欲，那就和为着饿去吃饭，为着冷去穿衣一样，只是实用的活动而不能算是美感经验了。艺术的内容尽管有关性欲，可是我们在创造或欣赏的那一顷刻中，却不能同时在受性欲冲动的驱遣，要在客位把它当作形象看。弗洛伊德派的错处在把艺术和本能情感的“距离”缩得太小。

六

在近代文艺运动中写实主义和理想主义的争执也颇激烈。写实主义偏重模仿自然，要在实际生活中寻材料，用客观的方法表现出来。它最忌讳参杂主观的情感和想象。理想主义以为艺术和自然是相对的；它是人为的，创造的，虽拿自然做材料，却须凭主观的情感和想象加以选择配合；艺术要把自然加以理想化，不能像照相那样呆板。我们既明白“距离”的原则，这两派的争执也就不难解决了。艺术是一种精神的活动，要拿人的力量来弥补自然的缺陷，要替人生造出一个避风息凉的处所。它和实际人生之中应该有一种“距离”。主观的经验须经过客观化而成意象，才可表现于艺术。至于经验的选择也不免有意地或无意地受情感和想象的支配。所以严格地说，凡是艺术都必带有几分理想性，都必是反对极端的写实主义的。极端的写实主义在理论上很难成立。写实者也还是人而不是照相机，既然是人就无法把情感和想象完全丢开。所以写实主义根本不免带有若干理想主义。一般写实派作者的弊病在把“距离”摆得太近，甚至于完全失去“距离”。比如戏剧家把目前群众正闹得很热烈的问题做题材，来编一部剧本，他也许因此博得很大的欢迎，但是群众的浓厚的趣味是以目前问题为主而不是以剧本为主，他们的活动仍然是实用的而不是美感的。作者在实际生活中虽是得到一场胜利，而在艺术上却不一定是成功。

我们天天看得见的事物比较难以引起美感，就因为它和我们的“距离”太近，所带的实用的牵绊太多。比如一幅写实派的描写巫峡或是西湖的画，在没有见过巫峡或西湖的人们看，总带有若干美的意味，但是在西湖或巫峡的本地人看，它的趣味就不免比较淡薄些。这就因为距离的远近不同。写实派的作品通常都把“距离”摆得太近，容易引起关于实际生活的联想，以至扰乱美感，但是这种作品未始不可以被人看成理想的。同是一个作品，在熟悉内容的人看是写实的，在未曾经过其中情节的人看却是理想的；在拘泥实际的人看是写实的，在能超脱的人看则可以变成理想的。一般人常从道德的观点批评艺术家，说某人的作品淫秽，某人的作品伤风败俗，其实真正艺术家偶尔用淫秽的材料时，往往并不想到它在实际上是否淫秽，只把它当作一幅画看。一般人看到淫秽的形象便想到淫秽的事实，拨动淫秽的念头，就由于不能在艺术品和实际生活之中保存应有的“距离”。

写实派的弊病在“距离”不及，理想派的弊病则在“距离”太过。纯任理想而藐视现实，结果往往不是空疏，就是荒渺无稽，使人无法了解，所以不能引起兴趣，打动情感。理想主义的最普遍的毛病是普泛化（generalisation）和抽象化（abstraction）。关于这两种写法，布洛曾经说过一段很精当的话：

> 普泛化和抽象化的作品缺点在应用的范围太空泛，不能引起人们的切身的情趣；它太少个别事物的具体性，应用到一切人都没有什么差别。它想取悦于一切人，结果却是不能取悦于任何人。欧几里得几何学中的公理不属于任何人，就因为一切人都要承认它是真的。像爱国、友谊、爱情、希望、生和死一类的普泛的概念对于张三、李四和对于我都是一般的痛痒。我或则不能感到它们和我有什么切身的关系，或则虽然能够感到切身的关系，它们又很明显地具体地变成我的爱国、我的友谊、我的爱情、我的希

望、我的生和死。一个公理或是一个普遍的理想，因为是从普泛化来的，对于我的“距离”太远了，使我完全不能具体地领略它；倘若我能够具体地领略它，我又落到实际生活里去，它和我的“距离”又太近了，因此，理想派艺术的弊病就在它的距离本来太过，在应用到各个人身上去时又嫌不及。

七

理想主义和写实主义对于“距离”一个是太过，一个是不及。凡是艺术都要有几分近情理，却也都要有几分不近情理。它要有几分近情理，“距离”才不至于过远，才能使人了解欣赏；要有几分不近情理，“距离”才不至于过近，才不至使人由美感世界回到实用世界去。我们在上文说过，凡是艺术都要带有若干理想性，都是反写实主义的。这并非说现实界的东西绝对不能拿来做艺术的材料。现实界的事物虽然和实用的关联太密，“距离”太近，但是经过艺术家的剪裁，它也可以落到适宜的“距离”上面。英国诗人济慈（Keats）所作的《圣亚格尼斯的前夕》，是写一对情人在夜间私奔的故事。它的题材是一股极热烈的爱情，并且有描写肉体美的地方，“距离”似乎太近了，可是济慈把背景写得非常阴冷，以一件人间性极重的事摆在一个超人间性的轮廓里，便成一幅清幽严肃的图画，不至叫读者引动性欲的凡念。这是一个善于制造“距离”的好例。《西厢记》写张生初和莺莺定情的词是：“软玉温香抱满怀，春至人间花弄色，露滴牡丹开。”这其实只是说交媾，“距离”再近不过了。但是王实甫把这种淫秽的事迹写在很幽美的意象里面，再以音调很和谐的词句表现出来，于是我们的意识遂被这种美妙的形象和声音占住，不想到其他的事。自然也有人读这几句词因而动淫欲的，这是由于他们自己的艺术的趣味薄弱，错处并不在王实甫。概括地说，韵文比散文“距离”较远，所以许多很淫秽的事表现于散文仍然是近于淫秽，表现于诗词就比较“雅驯”些；许多很悲惨的事表现于散文仍然是近于悲惨，表现于诗词就比较和平些。“关雎乐而不淫，哀而不伤”，也就是因为这个道理。同是描写淫秽事迹的文字，上文所引的《西厢记》词句就比《水浒》里潘金莲和西门庆的故事以及《红楼梦》里秦钟和智能、宝玉和袭人、贾琏和鲍二家的一类故事比较地不露痕迹些，虽然这几段散文也算是艺术上的杰作了。《红楼梦》所写的全是儿女私情，可是作者要把它摆在“金玉姻缘”一个神秘的轮廓里面，《列那狐的故事》是讽刺中世纪封建制度中人物的，可是作者要把它摆在动物界的轮廓里；《格列佛游记》是讥诮英国政治风俗的，可是作者要把它摆在大人国和小人国的轮廓里，用意都在制造“距离”。莎士比亚的悲剧中情节本来大半都极悲惨，例如哈姆雷特的饮鸩，麦克白的暗杀，朱丽叶的惨死，如果在实际生活中发生，一定使人毛骨悚然，可是摆在艺术的炉中炼过，本来的辣性也就消净了（参见第十六章）。

艺术家的剪裁以外，空间和时间也是“距离”的两个要素。愈古愈远的东西愈易引起美感。这和旅行家到新地方容易见出事物的美是一个道理。比如卓文君的私奔，海伦后的潜逃，在百世之下虽然传为佳话，在当时人看，却是一种秽行丑迹。当时人受种种实际问题的牵绊，不能把这桩事情从极繁复的社会习惯和利害观念中划出，专当作一个意象来观赏。我们时过境迁，所以比较自由，能够纯粹以美感的态度对付它。艺术是有时间性和空间性的。同是一个作品，在某一时代中因为“距离”太近，看起来是写实的，过一个时代因为“距离”较远，实际的牵绊被人遗忘了，所留的全是一幅图画，就变成富于浪漫色彩的作品。荷马的史诗是一个好例。文艺好比老酒，年代愈久，味道愈醇。但是时空的“距离”如果太远，我们缺乏了解所必需的经验和知识，也就无从欣赏。极古的作品要有注解，有时虽有注解，我们仍然嫌它艰晦。现在一般人读《楚辞》或阮籍《咏怀诗》就不免有些费解了。地方色彩过重的作品也是如此。要真正了解外国文学往往是一件极难的事。所以同一作品，就内容说，当时人和本国人比后世人和外国人欣赏较易；就实际的牵绊容易压倒美感态度说，当时人和本国人却也比后世人和外国人欣赏较难。初读外国诗的人往往觉得字字珠玑，极平常的字句也似乎有很大的价值；可是下过几十年功夫之后，外国诗的情感和音节终于仍有不可彻底了解的地方，这就是由于“距离的矛盾”。

八

各种艺术的性质不同，“距离”也生来就有远近。“距离”最近的是戏剧，因为它用极具体的方法把人情世故表现在眼前。这最容易使人离开美感世界而回想到实用世界，所以戏剧家想出许多方法来把“距离”推远，从前人作戏剧大半取时代很远的材料。近代作者才取现代社会问题入剧本，但是仍采用种种方法使它和现实界不相混淆。美国奥尼尔（Eugene O'Neill）的《奇怪的插曲》（*Strange Interlude*）里面的角色，在台上凭着旁人把自己的心中隐事低声说出，就是一个好例。古希腊和中国旧戏的角色往往戴面具或穿高跟鞋，表演时用歌唱的声调。一般戏台都和观众隔开。这都是推远“距离”的方法。造形艺术中以雕刻的距离为最近，因为它表现立体，和实物几乎没有分别。历来雕刻家也有许多推远“距离”的方法。埃及雕刻往往把人体加以抽象化，不表现个性。古希腊雕刻大半只表现静态，近代雕刻家才逐渐在线纹和姿势上暗示运动，但是多数人仍主张运动的暗示应减至最低限度。雕像的体积往往比实物较大或较小，通常都安置在台座上面。这都是为着避免过于近似实物的毛病。图画只能表现平面，所以“距离”较大。西方古代画艺和中国的一样不用远近阴影，对于形象也只求神骨的妙肖而不求骸体的逼真。中世纪的东欧派和波斯艺术家把人物的形象加以不自然的延长或缩短，作为建筑帐幕的装饰。近代画的技巧日渐进步，写实的色彩也逐渐浓厚，画家的目的几乎不外在引起幻觉，于是画艺的“距离”便日渐由远而近了。

九

艺术和实际人生之中本来要有一种“距离”，所以免不了几分形式化，免不了几分不自然。演戏用歌唱的声调，雕刻用抽象化的人体，图画改变人物的本来面目，诗用音韵，都是因为这个道理。近代技巧的进步逐渐使艺术逼近实在和自然，这在艺术上不一定是进步。中国新进艺术家看到西方艺术的技巧很完善，画一匹马就活像一匹马，布一幕月夜深林的戏景就活像月夜深林，以为这真是绝大本领，拿中国艺术来比，真要自惭形秽。其实西方艺术本来固然有长处，中国艺术本来也固然有短处，但是长处并不在逼近自然，短处也并不在不自然。西方艺术的写实运动从文艺复兴以后才起，到 19 世纪最盛。一般人仍然被这个传统的写实的习惯固囿住，所以“皇家学会”派的画家大半还在“妙肖自然”方面下功夫。但是现代真正的艺术家却是向一个新方向走。这个新方向完全是反写实主义的。后期印象（post-impres-sionism）派的大师塞尚（Cezanne）是最好的代表。看他的作品，你绝对看不出写实派的浮面的逼真，第一眼你只望见颜色和形体的谐和的配合，要费一番审视，才能辨别它所表现的是一片崖石或是一座楼台。他们的理想是要使造形艺术逼近音乐，完全在形式方面见出美来，不带“表意的成分”。在学理方面，贝尔（Clive Bell）的名著《艺术论》是值得注意的。这种反写实的运动发生之后，学者对于从前诸名家的作品也逐渐加以新评价。从前人只知推重 16 世纪的意大利派，现在许多学者却把中世纪的拜占庭（Byzantine）派和意大利的“原始派”（primitifs）的作品看得更珍重。从此可知西方人已逐渐觉悟技巧的进步和艺术的进步是两件事了。

从欧洲艺术的新倾向看，我们觉得在这里应该替中国旧艺术作一个辩护。骂旧戏拉着嗓子唱高调不近情理的人们，如果看到瓦格纳（Wagner）的歌剧，也许恍然大悟这种玩艺儿原来不是中国所特有的。如果他们再稍稍费点工夫研究古希腊的剧艺，也许知道戴面具、打花脸、穿高跟鞋，也不一定是野蛮艺术的特征。在图画雕刻方面，远近阴影原来是技巧上的一大进步，这种技巧的进步原来可以帮助艺术的进步，但是无技巧的艺术终于胜似非艺术的技巧。中世纪诸大教寺的雕像的作者原来未尝不知道他们所雕的人体长宽的比例不近情理，然而他们的作品并不因此而失其价值。就技巧论，现在一个普通的学徒也许比乔托（Giotto）还更高明，但是乔托的作品终于不朽。中国从前画家本有“远山无皴，远水无波，远树无枝，远人无目”的说法，但是画家精义并不在此。看到吴道子的人物或是关仝的山水而嫌他们不用远近阴影，这种人对于艺术只是“腓力斯人”（Philistines）而已。

总之，艺术的某种习惯既然造成很悠久的历史，纵然现代的时尚叫我们觉得它有些离奇，它自己却未尝没有存在的理由。本章所说的“距离”就是它的存在的理由之一。戏剧的化装，雕刻的抽象化，图画的缺乏远近阴影，诗的音韵之类，都可以叫我们把日常实用世界忘去，无沾无碍地来谛视美的形象。

作者补注　本章第八节中谈到的“造形艺术”，西文原为 plastic art，通常译作“造型艺术”，其实起于误解。该词原义侧重制造“形象”而没有制造“典型”的意思。本文集一律改用“造形艺术”。

1981 年 7 月读校样时写

第三章

美感经验的分析（三）：物我同一

一

在凝神观照时，我们心中除开所观照的对象，别无所有，于是在不知不觉之中，由物我两忘进到物我同一的境界。比如我们在第一章所举的欣赏古松的例，看古松看到聚精会神时，我一方面把自己心中清风亮节的气概移注到松，于是松俨然变成一个人；同时也把松的苍老劲拔的情趣吸收于我，于是人也俨然变成一棵古松。这种物我同一的现象就是近代德国美学家讨论最剧烈的“移情作用”。有人拿美学上的移情作用说和生物学上的天演说相比，以为它们有同样的重要，并且把移情作用说的倡导者立普斯（Lipps）称为美学上的达尔文。在一般德国美学家看，它是美学上的最基本的原则，差不多一切美学上的问题都可以拿它来解答。不过诸家对于移情作用的解释各各不同，有时并且互相矛盾。在本章和次章中，我们想把一些纷乱的问题提纲挈领地整理清楚。

说粗浅一点，移情作用是外射作用（projection）的一种。外射作用就是把在我的知觉或情感外射到物的身上去，使它们变为在物的。先说知觉的外射。事物有许多属性都不是它们所固有的，它们大半起于人的知觉。本来是人的知觉，因为外射作用便成为物的属性。比如桌上摆着一个苹果，我一眼看到，就知道它红、香、甜、圆滑、沉重。我们通常把红、香、甜等都看成苹果的属性，以为它本来就有这些属性；纵然没有人知觉它，这些属性也还是在那里。但是严格地说，这种常识是不精确的。苹果本来只有使人感受红、香、甜种种知觉的可能性，至于红却起于视觉，香却起于嗅觉，甜却起于味觉，其他仿此。单拿红色来说，这是若干长的光波射到眼球网膜上所生的印象。如果光波长一点或短一点，或是网膜构造换一个模样，红的色觉便不会发生。有一种色盲根本就不能辨红色，就是视觉健康的人在黄昏或黑暗中也看不清红花的颜色。再比如说沉重。从前我用手提过同样的东西，那时候皮肤和筋肉都发生一种特殊感觉，这种皮肤感觉和筋肉感觉，与当时的视觉发生了关联，以后我遇见这样的东西就联想起从前用手提它时所得的皮肤和筋肉感觉，于是知道它像什么样的“沉重”。我觉得它重，你也许觉得它轻，重量感觉是和膂力成反比例的。此外还有许多似乎在物的属性，用心理学研究起来，都是由知觉外射出来的。从此可知严格地说，我们应该说：“我觉得这个苹果是红的、香的、甜的、沉重的、圆滑的。”通常我们把“我觉得”三字省略去，于是“我觉得它如此如此”就变成“它如此如此”了。我们不说“我觉得天气热”或是“天气叫我发热”而直说“天气热”，不说“我觉得路太长，时间太久”而直说“路太长，时间太久”。这都是把我的知觉外射为物的属性。习久成自然，我们反觉得把话说得精确一点有些离奇。常识与科学、哲学的冲突大半起于此。

次说情感、意志、动作等心理活动的外射。我们对于人和物的了解和同情，都因为有“设身处地”或“推己及物”一副本领。本来每个人都只能直接地了解他自己的生命，知道自己处某种境地，有某种知觉、情感、意志和活动，至于知道旁人旁物处某种境地有同样知觉、情感、意志和活动时，则全凭自己的经验而推测出来的。《庄子 · 秋水》篇有这样一段故事：“庄子与惠子游于濠梁之上。庄子曰：‘鲦鱼出游从容，是鱼乐也。’惠子曰：‘子非鱼，安知鱼之乐?’庄子曰：‘子非我，安知我不知鱼之乐?’”这个道理可以推广到一切己身以外的人和物，如果不凭自己的经验去推测，人和物的情感是无从了解的，这种推测自然有时错误。小孩子常和玩具谈话，不肯让人去敲打它，有时还让它吃饭睡觉，这也是因为他“设身处地”地体验玩具的情感和需要。我们成人也并没有完全脱离这种心理习惯。诗人和艺术家看世界，常把在我的外射为在物的，结果是死物的生命化，无情事物的有情化。这个道理我们在下文还要举例详解。

移情作用只是一种外射作用，换句话说，凡是外射作用不尽是移情作用。移情作用和一般外射作用有什么分别呢？它们有两个最重要的分别。第一，在外射作用中物我不必同一，在移情作用中物我必须同一，我觉得花红，红虽是我的知觉，我虽然把我的知觉外射为花的属性，我却未尝把我和花的分别忘去，反之，突然之间我觉得花在凝愁带恨，愁恨虽是我外射过去的，如果我真在凝神观照，我决无暇回想花和我是两回事。第二，外射作用由我及物，是单方面的；移情作用不但由我及物，有时也由物及我，是双方面的。我看见花凝愁带恨，不免自己也陪着花愁恨；我看见山耸然独立，不免自己也挺起腰杆来。概括地说，知觉的外射大半纯是外射作用，情感的外射大半容易变为移情作用。

二

移情作用在德文中原为 Einfühlung。最初采用它的是德国美学家费肖尔（R. Vischer）、美国心理学家蒂庆纳（Titchener），把它译为 empathy。照字面看，它的意义是“感到里面去”，这就是说，“把我的情感移注到物里去分享物的生命”。黑格尔（Hegel）说过：“艺术对于人的目的在让他在外物界寻回自我。”这话已隐寓移情说，洛慈（Lotze）在他的《缩形宇宙论》里说得更清楚：

> 凡是眼睛所见到的形体，无论它是如何微琐，都可以让想象把我们移到它里面去分享它的生命。这种设身处地地分享情感，不仅限于和我们人类相类似的生物，我们不仅能和鸟鹊一齐飞舞，和羚羊一齐跳跃，或是钻进蚌壳里面，去分享它在一张一翕时那种单调生活的况味，不仅能想象自己是一棵树，享受幼芽发青或是柔条临风的那种快乐；就是和我们绝不相干的事物，我们也可以外射情感给它们，使它们别具一种生趣。比如建筑原是一堆死物，我们把情感假借给它，它就变成一种有机物，楹柱墙壁就俨然成为活泼泼的肢体，现出一种气魄来，我们并且把这种

气魄移回到自己的心中。

这是移情说的雏形，到了立普斯的手里就变成美学上一条最基本的原理。立普斯如何解释移情作用，待下文详说，现在我们多举事例，来证明移情作用是一种最普遍的现象。

最明显的例子是欣赏自然。大地山河以及风云星斗原来都是死板的东西，我们往往觉得它们有情感，有生命，有动作，这都是移情作用的结果。比如云何尝能飞？泉何尝能跃？我们却常说云飞泉跃。山何尝能鸣？谷何尝能应？我们却常说山鸣谷应。诗文的妙处往往都从移情作用得来。例如“天寒犹有傲霜枝”句的“傲”，“云破月来花弄影”句的“弄”，“数峰清苦，商略黄昏雨”句的“清苦”和“商略”，“徘徊枝上月，空度可怜宵”句的“徘徊”、“空度”、“可怜”，“相看两不厌，惟有敬亭山”句的“相看”和“不厌”，都是原文的精彩所在，也都是移情作用的实例。

在聚精会神的观照中，我的情趣和物的情趣往复回流。有时物的情趣随我的情趣而定，例如自己在欢喜时，大地山河都随着扬眉带笑；自己在悲伤时，风云花鸟都随着黯淡愁苦。惜别时蜡烛可以垂泪，兴到时青山亦觉点头。有时我的情趣也随物的姿态而定，例如睹鱼跃鸢飞而欣然自得，对高峰大海而肃然起敬，心情浊劣时对修竹清泉即洗刷净尽，意绪颓唐时读《刺客传》或听贝多芬的《第五交响曲》便觉慷慨淋漓。物我交感，人的生命和宇宙的生命互相回还震荡，全赖移情作用。

移情作用有人称为“拟人作用”（anthropomorphism）。拿我做测人的标准，拿人做测物的标准，一切知识经验都可以说是如此得来的。把人的生命移注于外物，于是本来只有物理的东西可具人情，本来无生气的东西可有生气，所以法国心理学家德拉库瓦教授把移情作用称为“宇宙的生命化”（animation de l’univers）。从理智观点看，移情作用是一种错觉，是一种迷信。但是如果没有它，世界便如一块顽石，人也只是一套死板的机器，人生便无所谓情趣，不但艺术难产生，即宗教亦无由出现了。诗人、艺术家和狂热的宗教信徒大半都凭移情作用替宇宙造出一个灵魂，把人和自然的隔阂打破，把人和神的距离缩小。这种态度在一般人看，带有神秘主义，其实“神秘主义”并无若何神秘，不过是相信事物里面藏有一种不可思议的意蕴。本来事物自身无所谓“意蕴”。意蕴都是人看出来的，所谓“仁者见仁，智者见智”。分析起来，神秘主义的来源仍是移情作用。从在一草一木中见出生气到极玄奥的泛神主义，从认定一件玩具有灵魂到推想整个宇宙有主宰，范围广狭虽有不同，道理却是一样。在物我同一中物我交感，物的意蕴深浅常和人的性分深浅成正比例。深人所见于物者深，浅人所见于物者亦浅。一朵花对于我只是一朵花，对于你或许是凝愁带恨，对于另一人或许是“欣欣向荣”。英国诗人华兹华斯说：“一朵微小的花对于我可以唤起不能用泪表达出来的那么深的思想。”一朵花如此，一切事也都如此。

各民族的神话和宗教大半都起于拟人作用，这就是推己及物，自己觉得一切举动有灵魂意志或心做主宰，便以为外物也是如此，于是风有风神，水有水神，桥有桥神，谷有谷神了。多神教就是如此起来的。推广一点说，全体宇宙的运行也似乎是心灵意志的表现，宇宙也似应有一种主宰，于是一神教就起来了。神和宇宙的关系向来有两种看法。一种看法把神放在宇宙之外，他和宇宙的关系好比匠人和作品，或是船长和船一样。他站在虚空里转运法轮，于是宇宙才能运行。老子说："天地不仁，以万物为刍狗。"李白说："谁挥鞭策驱四运？"就是用这种看法。另一种看法以为宇宙全体是神的表现，神无处不在，大而时代的推移，山河的更改，小而昆虫的蠕动，草木的荣枯，都只是一个神的"显圣"。这就是泛神主义。近代许多西方诗人都用这种看法。歌德、华兹华斯和雪莱是显著的例。无论如何，神都是人所创造的，都是他自己的返照，都是拟人作用或移情作用的结果。

三

移情作用对于文艺的创造也有很大的影响。在文学家的传记笔录里，我们常遇到描写移情经验的文字。法国女小说家乔治·桑（George Sand）在她的《印象和回忆》里说：

> 我有时逃开自我，俨然变成一棵植物，我觉得自己是草，是飞鸟，是树顶，是云，是流水，是天地相接的那一条水平线，觉得自己是这种颜色或是那种形体，瞬息万变，去来无碍。我时而走，时而飞，时而潜，时而吸露。我向着太阳开花，或栖在叶背安眠。天鹨飞举时我也飞举，蜥蜴跳跃时我也跳跃，萤火和星光闪耀时我也闪耀。总而言之，我所栖息的天地仿佛全是由我自己伸张出来的。

象征派诗人波德莱尔（Baudelaire）说：

> 你聚精会神地观赏外物，便浑忘自己存在，不久你就和外物混成一体了。你注视一棵身材停匀的树在微风中荡漾摇曳，不过顷刻，在诗人心中只是一个很自然的比喻，在你心中就变成一件事实：你开始把你的情感欲望和哀愁一齐假借给树，它的荡漾摇曳也就变成你的荡漾摇曳，你自己也就变成一棵树了。同理，你看到在蔚蓝天空中回旋的飞鸟，你觉得它表现"超凡脱俗"一个终古不磨的希望，你自己也就变成一个飞鸟了。

艺术家们不但看自然景物时能够这样"体物入微"，就是对于自己所创造的人物和情境也往往如此。法国小说家福楼拜（Flaubert）在他的信札里曾有这么一段话描写他写《包法利夫人》的经过：

> 写书时把自己完全忘去，创造什么人物就过什么人物的生活，真是一件快事。比如我今天就同时是丈夫和妻子，是情人和他的姘头，我骑马在一个树林里游行，当着秋天的薄暮，满林都是黄叶，我觉得自己就是马，就是风，就是他们俩的甜蜜的情语，就是使他们的填满情波的眼睛眯着的太阳。

此外文艺创作家的同样的自供不胜枚举。福楼拜素来被人认为写实派的大师，他描写极客观的情境，也还是设身处地，亲领身受地分享其中人物的生命，可见文艺上客观和主观的分别是很勉强的。

移情作用对于创造文艺的影响还可以在另一方面见出。文学的媒介是语言文字。语言文字的创造和发展往往与艺术很类似。照克罗齐看，语言自身便是一种艺术，语言学和美学根本只是一件东西。不说别的，单说语言文字的引申义。在各国语言文字中引申义大半都比原义用得更广。引申义大半起源于类似联想和移情作用，尤其是在动词方面。例如“吹”、“打”、“行”、“走”、“站”、“诱”等原来都表示人或其他动物的动作，现在我们可以说“风吹雨打”、“这个办法行”、“电走了”、“车站住了”、“花香诱蝶”等。古文中引申义更多，例如“子路拱之”的“拱”引申为“众星拱北辰”的“拱”，“招我以弓”的“招”引申为“言易招尤”的“招”，“鲤趋而过庭”的“趋”引申为“世风愈趋愈下”的“趋”，“我欲仁斯仁至矣”的“欲”引申为“星影摇摇欲坠”的“欲”。这些引申义现在已用成习惯，我们不复觉其新鲜，但是创始者创一个引申义时，大半都带有几分艺术的创造性。整个的语言的生展就可以看成一种艺术。

四

在艺术的欣赏中，移情作用也是一个重要的成分。例如写字，横直钩点等笔画原来都是墨涂的痕迹，它们不是高人雅士，原来没有什么“骨力”、“姿态”、“神韵”和“气魄”。但是在名家书法中我们常觉到“骨力”、“姿态”、“神韵”和

“气魄”。康有为在《广艺舟双楫》中说字有十美：“一曰魄力雄强，二曰气象浑穆，三曰笔法跳越，四曰点画峻厚，五曰意态奇逸，六曰精神飞动，七曰兴趣酣足，八曰骨法洞达，九曰结构天成，十曰血肉丰美。”这十美除第九以外大半都是移情作用的结果，都是把墨涂的痕迹看作有生气有性格的东西。这种生气和性格原来存在观赏者的心里，在移情作用中他不知不觉地把字在心中所引起的意象移到字的本身上面去。字所以能引起移情作用者，因为它像一切其他艺术一样，可以表现作者的性格和临池时的兴趣，它也可以说是“抒情的”。颜鲁公的字就像颜鲁公，赵孟𫖯的字就像赵孟𫖯。不但如此，同是一个书家，在正襟危坐时写的字是一种意态，在酒酣耳热时写的字又是一种意态；在风日清和时写的字是一种意态，在风号雨啸时写的字又是一种意态。某境界的某种心情都由腕传到笔端上去，所以一点一画变成性格和情趣的象征，使观者觉得生气蓬勃。作者把性格和情趣贯注到字里去，我们看字时也不知不觉地吸收这种性格和情趣，使在物的变成在我的。例如看颜鲁公的字那样劲拔，我们便不由自主地耸肩聚眉，全身的筋肉都紧张起来，模仿它的严肃；看赵孟𫖯的字那样秀媚，我们也不由自主地展颐扬眉，全身筋肉都弛懈起来，模仿它的袅娜的姿态。

移情作用并不限于眼睛看得见的形体。比如音乐纯粹是一种形式的艺术，我们只能听出抑扬顿挫开合承转的关系，但是也能在这种纯为形式的关系之中寻出情感来，说某种曲调悲伤，某种曲调快活。这是什么缘故呢？立普斯在《美感的移情作用》一文中讨论“节奏”（rhythm）的道理，曾对于这个问题给了一个有趣的答案。所谓“节奏”是各种艺术的一个普遍的要素，形体的长短大小相错杂，颜色的深浅浓淡相调和，都是节奏。不过在音乐中节奏用得最广。音乐的节奏就是长短高低宏纤急缓相继承的关系，这些关系时时变化，听者所费的心力和所用的心的活动也随之变化。因此，听者心中自发生一种节奏和音乐的节奏相平行。听一曲高而缓的调子，心力也随之作一种高而缓的活动；听一曲低而急的调子，心力也随之作一种低而急的活动。这种高而缓或低而急的心力活动常蔓延浸润，使全部心境和它同调共鸣。高而缓的节奏容易引起欢欣鼓舞的心情，低而急的节奏容易引起抑郁凄恻的心情。这些情调原来在我，在物我同一的境界中，我们把在我的情调外射出去，于是音乐也有情调了。

写字和听音乐只是两个实例，其他艺术所引起的移情作用可以由此类推。

五

从以上许多实例看，我们可以见出移情作用为用之广。现在我们再进一步来研究它的原因。我们已经说过，在凝神观照中物我由两忘而同一，于是我的情趣和物的姿态往复回流。这话已略将移情作用的原因指出，不过还嫌笼统，我们应该把它再说清楚一点。

移情说发源于立普斯。他的学说大半以几何形体所生的错觉为根据。它的精华全在《空间美学》（*Raumaesthetik*）一部书里，现在我们引用他所常举的一个实例来说明他对于移情作用的见解。

比如说古希腊“多利克式”（Doric）石柱。古希腊的神庙建筑通常都不用墙，让一排一排的石柱来撑持屋顶的压力，这种石柱往往很高大，外面刻着凸凹相间的纵直的槽纹。照物理学说，我们看石柱时应该觉得它承受重压顺着地心吸力而下垂，但是看“多利克式”石柱，我们却往往觉得它耸立飞腾，现出一种出力抵抗不甘屈挠的气概。这里有两个问题：第一，我们何以不觉得它下垂？第二，我们何以觉得它上腾？

先解决第一个问题。这里我们首先要明白物体本身和形象的分别。比如石柱上下粗细一律时，就物体本身说，它的力量强弱也应该上下一律；可是就形象说，它的中腰却好像比上下较细弱。这种错觉的发生，是因为柱的中腰在受重压时是最易弯曲或折断的部分。古希腊建筑家往往把石柱的中腰雕得比上下较粗壮，以弥补这种细弱的错觉。它本来是中腰略粗（就物体本身说），看起来却仍是上下一律（就形象说）。这种形象立普斯称之为“空间意象”（spatial image）。在观赏石柱时，我们只以它的“空间意象”为对象，并非以它的物体本身为对象，所以对于物体本来下垂的事实便无暇顾到了。换句话说，下垂属于石柱本身，不下垂属于它的形象或“空间意象”。

同理，石柱使我们觉得它耸立上腾的也是它的“空间意象”而不是它的本身。这里我们可以引用立普斯自己的话来说明：

> 石柱在耸立时，耸立的动作是谁发出来的呢？是做成石柱的那堆顽石么？不是，它不是石柱本身而是石柱所呈

现给我们的“空间意象”；它是线、面和形，而不是线、面、形所围成的物体。作伸张和收缩的姿态者也是这些线、面和形。

不过我们何以觉得这些线、面、形所成的“空间意象”作耸立上腾种种动作，却又另是一个问题。立普斯的答案是“类似联想”。知觉都是凭以往经验解释目前事实。我们最原始、最切身的经验就是自己的活动以及它所生的情感，我们最原始的推知事物的方法也就是根据自己的活动和情感，来测知我以外一切人物的活动和情感。我们不知道鼠被猫追捕时的情感，但是记得起自己处危境的恐惧；我们不知道一条线在直立着和横排着的时候有什么不同，但是记得起自己在站着和卧着时的分别。以己测物，我们想象到鼠被追的恐怖；同理，我们也想象线在直立时和我们在站着时一样紧张，在横排时和我们在卧着时一样弛懈安闲。我们觉得石柱耸立上腾，出力抵抗，也是因为这个道理。我们也硬着颈项，挨过艰难困苦，亲领身受过出力抵抗时的一种特殊的身心的紧张。这种经验已凝结为记忆，变为“自我”的一部分。现在目前的石柱不也是在那里撑持重压么？不是仿佛在挺起腰杆向上面的重压说“你要压倒我，我偏要腾起来”么？我和石柱就出力抵抗一点经验说，有些类似。这个类似点就成为移情作用的媒介。石柱的姿态引起我出力抵抗的记忆，在聚精会神中，我们忘记物我的分别，于是出力抵抗、耸立上腾虽本来是我心中的意象，就移到石柱身上去了。

我见石柱而想起耸立上腾、出力抵抗的况味时，心中只是有这么一种抽象观念呢，还是同时局部地或全部地复演这些动作呢？我是否觉到耸立上腾、出力抵抗的“运动的冲动”（motor impulse）呢？这个问题是立普斯和旁人争论的焦点所在，我们在下章还要详论，现在只说立普斯自己的主张。他是一位极端厌恶“身心平行”说者，反对拿生理来解释心理，所以否认移情作用伴有任何筋肉运动的感觉。依他说，移情作用是一种美感经验。在美感经验中，筋肉感觉愈明了，自我意识也就愈清醒，美感也就愈淡薄。比如看一座《掷铁饼者》的雕像，我们如果觉到很强烈的筋肉感觉，注意力就不免由形象转到自己的身体，就不能算是享美了。移情作用全以观念为媒介，石柱所引起的是耸立上腾、出力抵抗的观念，我们所移授于石柱的也还是这种观念，自己并不必耸起肩膀，挺起腰杆来。

照这样说，移情作用不全是一种联想作用么？立普斯又竭力声明这是误解。可引起联想的事物只能唤起某情感的记忆而不能“表现”那个情感，它和那个情感的关系是偶然的。可引起移情作用的事物不但能唤起某情感的记忆，而且还能“表现”那个情感，它和那个情感的关系是必然的。比如有一座阴暗的房屋是一个亲爱的亡友住过的，我如果因哀悼亡友而觉得它凄惨，那只是联想；我如果因为它本身的线纹、色调、形状而觉得它凄惨，那才是移情。引起移情作用的事物必定是一种情趣的象征，例如松菊耐寒，象征劲节；火焰炙人，象征热情。法国美学家巴希（Victor Basch）把移情作用叫做“象征的同情”（sympathie symbolique），就是因为这个道理。

六

移情作用是否尽是美感经验呢？美感经验是否尽带移情作用呢？这两个问题也是美学家所常争论的。立普斯一派学者如谷鲁斯（K. Groos）、浮龙 · 李（Vernon Lee）等把美感经验和移情作用看成一件事。依立普斯看，移情作用所以能引起美感，是因为它给“自我”以自由伸张的机会。“自我”寻常都囚在自己的躯壳里面，在移情作用中它能打破这种限制，进到“非自我”（nonego）里活动，可以陪鸢飞，可以随鱼跃。外物的形象无穷，生命无穷，自我伸张的领域也就因而无穷。移情作用可以说是由有限到无限，由固定到自由。这是一种大解脱，所以能发生快感。但是这种快感何以就是美感呢？立普斯的移情对象能“表现”情感说已见上文，那就是一部分理由。他还有一说，与克罗齐的形象直觉说很相近。他再三地解释过，“自我”和“非自我”同一时，所谓“自我”并非“实用的自我”而是“观赏的自我”（contemplative ego），所谓“非自我”并非物体本身而是它的“空间意象”或“形象”，所谓“同一”并非以“实用的自我”与“非自我”的物体相同一，而是以“观赏的自我”与“非自我”的形象相同一。“自我”和“非自我”都是净化过来的，所以它们的同一所生的不是寻常快感而是美感。立普斯绕大弯子说话，玄秘气很重，其实归根到底，他的主张还是像我们在第一章所说的：“在美感经验中，心所以接物者只是直觉而不是知觉和概念；物所以呈现于心者是它的形象本身而不是与它有关系的事项，如实质、成因、效用、价值等意义。”话到此为止，立普斯的学说是大致不差的，但是他还有其他更玄秘的话。比如他论悲剧的美感时，否认谷鲁斯的模仿说，以为“模仿痛苦仍不外是自己感受痛苦”。“我固然要在自己心中把剧中悲苦的实境创造出来，但是不像持模仿说者那样办法，我创造它是用同情，是用移我于物，在物见我的情感。”他又说：“使我觉得畅快的并不是浮士德（Faust）的绝望而是我自己的同情。”依他看，我所同情的人物虽不必实有其人，但从伦理观点看，必定是我所赞许的，所以我在分享他的情感时才能意识到“自我价值”（self-value）。一切美感之中，依立普斯说，都含有“自我价值”的意识。这里他已离开科学立场，无缘无故地把道德观念拉进美感来，而且“自我价值”意识说与“物我同一”说也互相矛盾。物我的界限既忘去，我们何以觉到“自我价值”呢？

一般持移情说者都跟着立普斯把移情作用和美感经验看成同义词。美国学者杜卡斯（Ducasse）在他的《艺术哲学》里竭力反对这种看法。依他看，移情作用是一种极普遍的现象，凡是知觉到或是想象到别的人物在发动作或受动作时，我们都要用移情作用：

> 但是知觉或想象动作是一回事，以美感态度来观照这知觉到或想象到的动作却另是一回事。无移情作用，即不能对于别人的动作起美感的观照，因为觉到别人的动作根本要靠移情作用……但是无移情作用也可以有美感的观照，例如颜色、臭味之类，几乎不能引起移情作用，但能

引起美感的观照。线形、动态（motion）等也是如此，虽然我们的自然倾向是常把事物看成活动的。就另一方面说，我们可以有（而且是在大部分移情实例中常有）移情作用，而对于移情作用所使我觉到的事物并不起美感的观照，因为我们注意及知觉别人所作所受的事，通常不是为美感而是为实用或随意取乐。

杜卡斯的大意是说：美感经验只有在对象为可发动作或受动作的事物时，才必须有移情作用；如果它是静物如颜色、线形、臭味之类，即不必有移情作用。杜卡斯的毛病在不用“移情作用”的习惯义，只把它看成一种“知”的过程，与“情”根本无涉。而且他对于近代实验美学似乎没有注意到，否则他应该明白一切事物，连颜色、线形等在内，都可以起移情作用，例如红色可以看成热烈的，蓝色可以看成平静的，直线可以看成刚劲的，横线可以看成安逸的之类。

不过美感态度不一定带移情作用却是事实。移情作用只是一种美感经验，不能起移情作用也往往可以有很高的审美力。德国美学家弗莱因斐尔斯（Müller Freienfels）把审美者分为两类，一为“分享者”（mitspieler，participant），一为“旁观者”（zuschauer，contemplafor）。“分享者”观赏事物，必起移情作用，把我放在物里，设身处地，分享它的活动和生命。“旁观者”则不起移情作用，虽分明察觉物是物，我是我，却仍能静观形象而觉其美。这和尼采的意见暗合。尼采分艺术为两种，一种是狄俄倪索斯式（Dionysian，酒神的），专在自己的活动中领略世界的美，例如音乐、跳舞；一种是阿波罗式

（Apollonian，日神的），专处旁观的地位以冷静的态度去欣赏世界的美，例如图画、雕刻。前者是分享，后者是旁观。

这两种人谁最富于审美力呢？持移情说者当然袒护“分享者”。其实这是偏见。英国学者罗斯金（Ruskin）在《近代画家》里所说的“情感的误置”（pathetic falacy）就是“移情作用”的别名。据他说，第一流诗人都看清事物的本来面目，第二流诗人才有“情感的误置”，把自己的情感误移于外物。这种分别我们在《诗论》里讨论“有我之境”与“无我之境”时另加详论，现在只举演戏和看戏为例，证明“旁观者”如果不比“分享者”的艺术的趣味较高，至少也可以并驾齐驱。

从名演员的传记看，戏有两种演法。一种是取分享者的态度，忘记自己在演戏，仿佛自己变成所扮演的角色，分享他或她的情感，一切动作、姿势、言笑全任当时情感支配，自然流露，出于不得已。法国著名女演员莎拉·邦娜（Sarah Betnhardt）就是如此。她说：“通常我们可以把人生忧患一齐丢开，在演戏的那几点钟内，把自己的性格脱去，另穿上一个性格，在另一生活的梦境中往复周旋，把一切都忘去。”她谈到在伦敦演拉辛（Racine）的悲剧《斐德尔》（*Phédre*）的经验说：“我悲痛，我哭泣，我哀求，我呼号，这一切全是真的；我的痛苦是人所不能堪的，我的泪是酸辛热烈的。”当时法国著名的男演员安托万（Antoine）的演法也是如此。他谈到演易卜生的《群鬼》时曾经说过：“从第二幕以后，我什么都忘去了，忘记观众，忘记戏所生的印象；幕闭后，我还是在呜咽，还是垂头丧气，过了一些时候才能恢复原状。”另一种演法是取旁观者的态度，时时明白自己是在演戏，表情尽管非常生动自然，而一举一动一言一笑却都是用心揣摩得来的，面上尽管慷慨淋漓，而心里却非常冷静。中国演旧戏的人们大半是如此，扮演一个角色都先须经过长期的学习训练，怎样笑，怎样掀胡须，都有一定不移的“家法”。18 世纪英国著名演莎士比亚戏剧的演员伽立克（Garrick）也是最好的例。他有一次演理查（Richard），演到兴酣局紧时，神色生动，如出自然，他的女配角见到他那副可怕的样子，在台上吓慌了，他却仍能以眼示意，叫她镇定些。19 世纪意大利著名的女演员杜斯（La Duse）也说她无论表演到如何生动时，心里依然是冷静的。

这两种演法根本不同，在分享者起移情作用，演什么角色就变成什么角色，旁观者不起移情作用，演任何角色都意识到他自己。这两种究竟哪一种比较优胜呢？18 世纪法国哲学家狄德罗（Diderot）在《谈演员的矛盾》（*Paradoxe sur le Comédien*）中，竭力主张演员须能很冷静地控制自己，时时听着自己的声音，瞟着自己的姿态动作，切忌分享所扮演的人物的情感。这个主张后来演为戏艺中的所谓“不动情感”（insensibilité）主义，影响颇大。不过也有人辩护“分享者”的演法，以为狄德罗的主张太偏，俄国著名导演柯米沙耶夫斯基（Komisarjevsky）说：“一个戏角如果瞟着自己表演，决不能感动观众，或是有若何创造的意味。”在我们看，上述两派都各有极成功者，两种演法各有长短，演者应顾到自己性之所近，不必勉强走哪一条路。不过有一点是很显然的，在舞台上创造性格时，冷静的有意的揣摩也可以成功，移情作用并非必要的条件。

看戏者也有分享者和旁观者两种。分享者看戏如看实际人生，到兴会淋漓时自己同情于某一个人物，便把自己当作那个人物，他成功时陪他欢喜，他失败时陪他懊丧。比如看《哈姆雷特》，男子往往把自己看成哈姆雷特，女子往往把自己看成皇后或莪菲丽雅。有些人可以同时分享几个人物的情感。比如看《哈姆雷特》，无论是男是女，注意到哈姆雷特时便变成哈姆雷特，注意到莪菲丽雅时便变成莪菲丽雅。演员出没无常，观赏者的移情对象也转变无常。此外也有些人虽不把自己看成一个角色，却闯进戏里去凑热闹，仿佛他自己也是戏中角色之一，或者戏中角色是他的实际世界中的仇人或友人。一位英国老太婆看《哈姆雷特》到最后决斗的一幕，大声警告哈姆雷特说："当心呀，那把剑是上过毒药的！"这一班人看戏最起劲，所得的快感也最大。但是这种快感往往不是美感，因为他们不能把艺术当作艺术看，艺术和他们的实际人生之中简直没有距离，他们的态度还是实用的或伦理的。真正能欣赏戏的人大半是冷静的旁观者，看一部戏和看一幅画一样，能总观全局，细察各部，衡量各部的关联，分析人物的情理。这种活动当然仍是科学的而不是美感的。但是经过这番衡量分析以后，整个作品所现的形象才愈加明显，美者愈见其美，所得的美感也愈加浓厚。

总之，移情作用与物我同一虽然常与美感经验相伴，却不是美感经验本身，也不是美感经验的必要条件。

第四章

美感经验的分析（四）：美感与生理

一

尼采说过，美学只是一种应用生理学。我们在上章说过，立普斯竭力反对杂用生理学的解释于美学。究竟美学和生理学有无关系呢？近代多数美学家的答复都是肯定的。立普斯讲移情作用虽绝口不说它的生理的基础，但是继起的学者所讨论最烈的却恰在这一点。对于这个问题贡献最多的要推谷鲁斯、闵斯特堡和浮龙·李三个人。闵斯特堡的学说可以说是替立普斯的移情说寻出了一个生理的基础，我们先来介绍它。

闵斯特堡的美感对象“孤立说”，我们在第一章已经介绍过。他的移情说就从孤立说出发。他平生对于心理学偏重“动”的方面，想力矫前人偏重“知”的方面的积习。“知觉”和“运动”是相依为命的，运动都要伴有知觉，知觉也都要伴有运动。知觉所伴着的运动往往不仅限于某感觉器官，而广播到全身去。单拿视觉来说，物体在空中时，不但眼球要向上翻转，即全身筋肉也要向上运动，取仰视的姿势。物体偏左偏右或偏下时，全身也要作“适应”的运动。适应运动的目的在把被感觉的事物放在最适宜的视阈里面，使它发生最明显的印象。在运动时，运动神经流先须经过激动，由神经中枢放散到运动器官上去。这种运动神经流的激动和放散，通常叫做“运动的冲动”（motor impulse）（这个名词应该译为“动机”，因为“动机”用来指有意识的行为原动力已成习惯，所以这里用“运动的冲动”）。运动就是运动的冲动实现于动作。但是运动的冲动不必尽实现于动作，它总共有三种可能。

最普通的是“遏止”（inhibition）。心无二用，体也无二用。筋肉已伸张时就不能同时作弯屈的运动，全体器官都是如此。某运动的冲动开始时，如果运动器官已在作另一种动作，它就不免被遏止。比如我坐在房子里读书，听到外面路上有声音，想起来出去看看，这就是一种运动的冲动。如果我专心读书，这种去看的冲动就要被遏止；如果好奇心胜利，我终于起来出去看，读书的冲动也就被遏止了。我们平时感官所受的刺激甚多，引起冲动的甚少，冲动实现于运动的更少，都是被遏止的缘故。

冲动的第二种可能就是实现于动作。比如我看到一件东西，随即伸手去捉它，或是提脚去逃免它，或是作其他有益实用的动作。这种动作都有实用的目的。目的都在将来，都在事物本身以外。所以在通常的动作中，我不过把目前事物做达到目的的桥梁，我心里想到这事物以外的目的，又想到自己在发生动作，并不聚精会神地看这事物本身。

但是此外还有第三种可能，便是美感经验中的移情。在美感经验中所观赏的形体在意识中完全“孤立”，意识中除它以外便没有任何观念和它同时并存。因为没有第二个观念可以遏止它，所以运动的冲动被形象激动之后，便自由向运动器官发散。但是冲动平时在放散到运动器官时都引起动作，在美感经验中冲动虽放散到运动器官而却不至引起动作，因为动作都有实用的目的，意识全为形象所占住时，便想不到实用的目的。这种未受遏止而却亦未实现于动作的冲动是美感中一个要素，它发生一种运动感觉，我们仿佛觉得紧张，觉得力量的流动，觉得作运动的准备，并且觉到运动所拟取的方向。我们觉得所睹的形象中有气力流转，觉得它在运动，便是这种运动感觉的外射。形象在意识中既完全孤立，我除它以外便不想到任何事物，自己的运动和运动感觉自然也被遗忘。如果念头一转到自己或自己的运动感觉，形象在意识中便失其为孤立了。因此，我不把运动感觉归原到己体而把它们外射到形象上去。这就是移情作用的由来。闵斯特堡在《艺术教育原理》里说："形象仿佛有气魄和力量，都起于冲动所生的感觉。实在是我们自己在伸缩筋肉，我们却以为是线在伸屈，在耸立腾起，在向下压或是向上冲。总而言之，如果目睹的形象真是孤立，意识中真没有其他观念，运动的冲动就不会引起使我们明知其出于己体的动作，本来在我心中的力量感觉便被认为线的力量了。"

这番话只解释移情作用，而没有解释移情作用所伴着的美感。何以有些形象使我们欢喜，有些形象使我们嫌恶呢？依闵斯特堡说，形象能否引起美感，就看它在意识中能否孤立；它在意识中能否孤立，就看它是否适合我们的身体组织。他在《艺术教育原理》里又说：

凡是线形都应该配得恰合身体的天然的力量，应该能表现我们的筋肉机能的和谐。身体中神经流的贯注本有天然的节奏，如果线形逆着这天然的节奏来感动我们，我们的注意就不免被引到自己的身体，形象在意识中就不能孤立，我们就觉得运动感觉系属于自己了。举一个例来说，身体是左右对称的，天然的运动倾向也是左右平衡；因此我们也要线形配得左右相对，不偏不倚。但是身体上下是不对称的，我们对于筋肉力量的分配，觉得下半身应稳定，上半身应轻便；因此我们不要线形上下对称，它的下部也要现出稳定的样子，上部也要现出轻巧灵活的样子。

在我们意识中引起的运动的冲动愈丰富繁复，线形的美感的价值也愈高。不过最简单的对称的图形也就很美，因为它的线纹所表现的力量完全和身体中天然的力量相吻合。

从心理学观点看，凡是单线或复合线的形式美都可以拿配称身体中天然的运动力量这个道理来说明。不过我们应该不要忘记，只有线形在意识中完全孤立时，这番话才真确；如果它一旦和其他事物的观念夹杂在一起，运动的反应就被认为自己的活动而不复是线形的力量了。

二

闵斯特堡的形象吻合身体组织说在近代美学思想中影响颇大，浮龙·李、兰格斐尔德以及帕弗尔的学说都与它很相近，却都没有它清楚。他所谓运动系专指为求知觉更加明了的器官适应运动。谷鲁斯教授也着重移情作用所伴着的运动，不过他所说的运动是指对于形象运动的模仿。我们在上章已提及立普斯攻击模仿说，模仿说的倡导者便是谷鲁斯。

模仿是动物的最普遍的冲动，看见旁人发笑，自己也随之发笑；看见旁人踢球，自己的脚也随之跃跃欲动；看见瓦匠弯腰像要堕地的样子，自己也觉得战战兢兢，这是日常的经验。凡是知觉都要以模仿为基础。看见圆形物体时，眼睛就模仿它，作一个圆形的运动。电车移动时我们说它“走”，筋肉方面也感受到类似行走的冲动。寺钟响时我们的筋肉也似一松一紧，模仿它的节奏。寻常知觉都要伴着若干模仿，不过谷鲁斯以为美感的模仿和寻常知觉的模仿微有不同。寻常知觉的模仿大半实现于筋肉动作，美感的模仿大半隐在内而不发出来。谷鲁斯把它称为“内模仿”（inner imitation）。

“内模仿”可以说是“象征的模仿”。象征作用是一切记忆的基础。以往经验凝结为记忆之后，再现于意识时便无须和盘托出，其中一个微细的节目就可以代替它，象征它。比如我在西湖住过些日子，在那里增加许多经验，对于它发生一种特殊的情趣，都在记忆里结集成一个整体。后来我只听到西湖的名字或是只吃到西湖产的莼菜，便在这种特殊情趣里再生活一次，西湖的名字或莼菜便成为全部西湖经验的象征。“内模仿”也是以局部活动象征全体活动。比如说模仿石柱的腾起，我们并不必伸腰耸肩作上腾的姿势，只要筋肉略一蠕动，甚至于只起一种运动的冲动，就可以引起上腾的情感了。有人反对“内模仿”说，以为我们观察事物所发的运动往往不是模仿的。谷鲁斯说知觉圆形就是用眼睛模仿圆形，据斯屈拉东

（Stratton）的实验，我们观察曲线时眼球运动是起伏无常的，并不循曲线的轨道。反对模仿说者往往拿这个实验做论证。其实这个实验并不能推翻“内模仿”说。因为“内模仿”原来不是全部模仿，眼球的起伏断续的运动未尝不可象征曲线的运动。兰格斐尔德的意见就是如此。

谷鲁斯以为“内模仿”是美感经验的精髓，其实就是“移情作用”。我们可以说，立普斯所说的“移情作用”偏重由我及物的一方面，谷鲁斯所说的“内模仿”偏重由物及我的一方面。要明了它的意义，我们最好把他的名著《动物的游戏》中所举的实例移译在这里：

> 一个小孩子在路上看见许多小孩子在戏逐一个同伴，站住旁观了几分钟，越看越高兴，最后也跟着他们追逐。在我看来，这几分钟的旁观就是对于那运动现象的最初步的美感的观赏。这里已经有“内模仿”，不过它只是真的外模仿的准备。再如一个小孩子参加一个复杂的游戏，假扮囚虏，须站在那里不动，一直等到同党的人来营救他。在等待时他对于旁人行动的注意的谛视就是一种较纯粹的美感的观赏，因为模仿的倾向被游戏规则所遏止，不能实现于动作。但是他一旦恢复行动的自由，就马上跟着他们一齐玩了。再如一个人在看跑马，真正的模仿当然不能实现，他不但不愿离开他的座位，而且他有许多理由不能去跟着马跑，所以他只心领神会地在模仿马的跑动，在享受这种内模仿所生的快感。这就是一种最简单、最基本、最纯粹的美感的观赏了。再比如说看戏，扮演的动作和声调

原来不过使我们明了剧中所表现的心理的变迁，但是我们的体肤却有若干模仿演员的姿态。我们在听故事时，故事所用的字不过是一种符号，但是我们却能感到它们所表现的情感，像诗人席勒所说的："英雄正流盼，美人亦低眉。"有时我们在书上读到一个故事也能发生内模仿。唐璜（Don Juan）的例就可以证明这种模仿本能的强烈，他要把书本子中的理想实现于事实。此外像好读描写海上生活的书籍的少年们常想当水手，读《少年维特之烦恼》的人们想自杀，都是模仿的好例。像这后面几个例子已经是"超过美感以外"（extra aesthetic）的移情作用了，和宗教上对于圣徒奇迹的模仿，以及狂热者从自暗示得来的"圣迹"一类现象都是根本相同的。

它们是"超过美感以外的"，因为模仿的冲动既实现于动作，注意力就不免离开形象而返观自我。谷鲁斯把移情作用分为三级。在第一级中观赏形象所生的运动冲动和感觉没有定所，我们不觉得它们属于自我，仿佛它们原来就在形象里面。在第二级中这些感觉虽然很弱，对于意识却发生若干影响，我们依稀隐约地觉到形象的活动和情感是由我外射出去的。在第三级中运动冲动过于强烈，我们明知它们出于自我，所以外射的活动不复发生。第一级就是通常所说的美感的移情作用，第三级已不复有移情作用，至于第二级是否存在颇可置疑，因为我们既意识到自我的外射，在我的情感就很难认为物有了。

据一般心理学家的研究，就知觉时所起的意象说，人可以分为两类。一种人知觉事物时立刻就起运动意象。比如看打网球，眼睛还没有看出球场中的形样，手足的筋肉便已感到打网球的运动感觉。这种人属于“运动类”（motor-type）。另有一种人知觉事物时立刻就起视觉或听觉的意象。比如听说打网球，目中就现出一幅打网球的画景来，筋肉却不起若何变化。这种人属于“知觉类”（sensorial-type）。谷鲁斯自己属于“运动类”，所以在早年著作中以为无论何人在美感经验中都必带“内模仿”，而“内模仿”也都必带筋肉活动。后来因为受立普斯的批驳，他才把从前的学说略加更改。他承认他从前所说的话只能应用于“运动类”的人们，“内模仿”有时是很残缺不全的冲动，不必尽带筋肉的动作，不过他仍以为“运动类”的人们比“知觉类”的人们较富于欣赏力。“内模仿”无论是否带有筋肉的活动，却都伴有冲动的感觉，这种冲动的感觉就是美感的要素。

三

谷鲁斯以外，移情说的重要宣传者要推英人浮龙·李（Vernon Lee）。不过她的主张前后颇不一致。她在早年和汤姆生（C. Anstruthen Thomson）合著一文，叫做《美和丑》。那时候她还没有读过立普斯和谷鲁斯的著作，她的主张有许多地方却和这两位德国学者暗合。她注意到移情现象，她也注意到模仿，同时她又想把当时颇盛行的“兰格—詹姆斯情绪说”应用到美学方面。《美和丑》的理论是浮龙·李的，理论所根据的事实是汤姆生的。汤姆生属于上文所说的“运动类”，在观赏形象时，不但筋肉发生运动，即呼吸循环诸器官也起很明显的反应。比如她在《美和丑》中自省看花瓶的经验所写出的报告就是一个好例。她说：

> 这里有一个花瓶，是古玩中和近代农家器皿中所常见的。看这花瓶时我特别感觉到它是一个整体。我的身体感觉是很平静、很匀称的，各部分都互相呼应。眼睛注视瓶底时，我的脚紧按在地上；看到瓶体向上升起时，我的身体也随之向上升起；看到瓶腰逐渐扩大时，我微觉头部有一种压力向下垂引。瓶是左右对称的，两肺的活动也因而左右平衡。瓶腰的曲线左右同时向外突出，眼光移到瓶腰最粗部时，我随即作吸气运动，看到曲线凹入时，我随即作呼气运动，于是两肺都同时弛懈起来，一直看到瓶颈由细转粗时，我又微作吸气运动。瓶的形样又使我左右摆动以保持平衡，左边的曲线把身体的重心移到左边，右边的曲线又把它移回到右边。看到瓶的形象，周身同时发生一串极匀称的适应运动，我觉得瓶子是一个和谐的整体，就因为这些适应运动齐全而和谐。

这番话显然和谷鲁斯的"内模仿"说很相近。在观赏花瓶时我们仿佛就把自己的身体变成一个花瓶。不过它和谷鲁斯的学说有一个重要的异点。谷鲁斯偏重筋肉的运动的冲动，浮龙・李则同时顾到呼吸循环种种有机感觉。她见到观赏形象时呼吸循环种种器官也要起变化，所以想拿"兰格—詹姆斯情绪说"来解释美感。"兰格—詹姆斯情绪说"是怎么一回事呢？情绪发动时身体上都要起变化，例如喜笑时展颐，悲哀时垂泪，恐惧时脸色变白，羞耻时脸色变红。一般心理学家都以为情绪是因，身体变化是果。兰格（Lange）和詹姆斯（W. James）却把这个因果次第倒转过来。在他们看，事物的印象直接引起身体上的有机变化，这些变化所生的感觉之总和就是情绪。所以笑不由于喜，喜实由于笑，逃遁不是因为恐惧，恐惧实因为逃遁。这个情绪说在19世纪后半期很风行。浮龙·李受了它的影响，以为美感也是如此。比如上文所说的看花瓶时所起的各种身体变化就是美感的成因。她以为采纳"兰格—詹姆斯情绪说"，我们就可以寻出一个辨别美丑的标准。凡是形象，能引起有益于生命的身体变化，就可发生快感，就是美的；不能引起有益于生命的身体变化，就可发生不快感，就是丑的。

这个学说能否成立，就要看"兰格—詹姆斯情绪说"能否成立。"兰格—詹姆斯情绪说"虽曾风行一时，现在却已为多数心理学家所摈弃。它的缺点在把情绪看作完全是一种知的活动，把"情的方面"（affective side）忽略去了。一种印象要和器官有利害关系，要能打动我们的情趣，然后才能引起身体变化。情趣不存在，身体变化就无从发生。器官感觉是完全属于知的心理活动，如果要变成情绪，一定先要加上"情"的成分。浮龙·李的美感说也正坐此弊，美感也决不只是器官感觉所构成的。她后来读立普斯和谷鲁斯的著作，思想为之一变，立普斯曾批驳过她的学说，她自己觉得错误，于是把"兰格—詹姆斯情绪说"抛开。她自己承认是立普斯的嫡传弟子，曾跟着立普斯批评谷鲁斯的模仿说，可是她仍然着重美感所伴着的生理的变化。

立普斯反对生理的解释，她既然相信他，却又着重生理的变化；谷鲁斯主张移情必带模仿，她既然反对他，却又承认生理的变化和线形的组合相呼应，这不是自相矛盾么？为免去这种矛盾起见，她特别着重“线形运动”（movement of lines）和“人物运动”（human movement）的分别。这种分别是否能成立，是否能帮助她逃开矛盾，我们待下文再说，现在先来解释她的意思。要了解她所说的线形运动和人物运动的分别，我们最好把她在《美和丑》中所引的汤姆生的看雕像自省的报告移译在这里：

> 我在看雕像的运动时，要用身体去临摹的并不是它所表现的人物运动。我看 Hermes 时没有作抱儿姿势的倾向，看 Apoxyomenos 时没有作揩去肘上油垢的运动的倾向，看《临死的角斗者》也没有倒下地的倾向。这些雕像所以使我感动的并不是它们所表现的动作。我只顾到艺术作品的情趣，至于它所含的人物的情趣，我却不过问。这个意思可以拿一个实例来说明。比如我在谛视《密罗斯爱神》雕像时，我并不说：“好一个美人，可惜她没有胳膊！”我只说：“她好像一只轻艇在浮动。”我的身体随着她的线纹而左右摆动以维持平衡（她微倾左半身，我微倾右半身，我站在她对面，所以保持平衡的方法和她相反）。我看她觉得愉快，因为我觉得她又是女子，又是扬帆的轻艇，这种混合使她现出那副镇定而庄严的神情。我和她的关联以我的运动的冲动为媒介。她的衣裳和身体都一样和我有关联，都在运动，都在保持平衡。她看来并不像是一

个穿着死衣的活女子，她和她的衣裳混成一个整体。她的脚上显然有一种压力，我的脚也随之按压在地上，她的大理石的身躯显然是向上耸立，我的身躯也随之向上耸立，她的美丽的头现出一种很轻微的压力，我的头也随之向下沉坠。这些运动固然可以说是模仿的，但是我模仿《密罗斯爱神》时作这些运动，模仿文艺复兴时代的牌坊或是中世纪的圣杯时也还是作这些运动。这些运动就是一切艺术的基础。

从这段话看，我们可以说，人物运动是具体的，例如吃饭、走路、穿衣等；线形运动是抽象的，例如上举、下压、斜倾、平衡、曲折等。人物运动可同时具线形运动，而线形运动却没有人物运动所附带的具体的意义。依浮龙·李说，我们在移情作用中所模仿的是线形运动而不是人物运动。我们在上文所引的谷鲁斯的“内模仿”的实例都是人物动作的模仿。所以浮龙·李反对谷鲁斯的“内模仿”说。她何以要把线形运动的模仿和人物运动的模仿分开，而单提出线形运动的模仿作为美感的活动呢？我们在她的著作中可以寻出两层理由。

第一层理由是美丑的标准。线形运动的模仿和人物运动的模仿都发生运动感觉和器官感觉，不过性质却有差别，前者是美感而后者却不必是美感。比如模仿走路所生的筋肉感觉和实际走路时所生的筋肉感觉在性质上并无二致，我们不能说它美也不能说它丑。至于模仿线形运动时，则所生的运动感觉可以随线形是否适合身体组织而有快或不快的分别。对称的线形合于对称的身体，所以发生快感；上重下轻的线形不合于上轻下重的身体，所以发生不快感。发生快感的线形就是美的，发生不快感的线形就是丑的。照这样说，我们就有一个辨别美丑的标准了。我们在上文见过闵斯特堡的学说，浮龙·李的美感说和它颇近似，都着重知觉的适应运动。

其次，线形运动的模仿是移情作用的必要条件，人物运动的模仿则须先有移情作用而后才能发生。比如面前有一座山像从平地爬起，爬起来是一种人物运动，山本不能爬起来而我把它看成爬起来的，这是移情作用的结果。如果我模仿它的爬起（人物运动），我须先把它看成爬起来的，所以人物运动的模仿须在移情作用已发生之后。但是我们如何把它看成爬起来的呢？这却是模仿线形运动的结果。山本来有两条线纹从平地起逐渐向上斜矗交会。我看它时，眼睛和身体都须顺着这两条斜线向上运动，这就是说，我须模仿这种线形的运动。这种模仿所生的运动感觉和我自己爬起来时的运动感觉相同，所以提醒记忆中爬起的意象。在聚精会神中我们忘记自己的存在，所以把这种爬起的感觉归到山的身上去，这就是移情作用。所以移情作用要借线形运动的模仿为基础。所谓“模仿”都须有一个模型。模型为人物时，我们固然可以同时模仿它的线形和它的动作姿势。模型为无生命的物体时，我们只有线形可模仿。无生命的物体本来也可以看成有生命，可是这须先经过移情作用。谷鲁斯把“内模仿”看成移情作用，好像是说无生命的物体在移情作用之先已有动作姿势可做模仿的模型。在立普斯和浮龙·李看，这是于理说不通的。

四

统观上文，我们可以见出“移情作用”和“内模仿”的问题是很复杂的。各家的学说往往互相冲突，究竟谁是谁非呢？我们现在最好再举一个实例来说明，一方面把本章和上章所介绍的学说作一个总结束，一方面指出它们的争论的焦点所在，看看能否寻一个比较满意的结论出来。

我们姑且再拿立普斯所举的石柱为例。石柱本来是无生气的，顺着压力向地心下垂的。但是我们在观赏石柱时，却觉得它昂然耸立上腾，露出一种出力抵抗不甘挠屈的神情。这个现象就是立普斯所说的“移情作用”。它是怎样发生的呢？

立普斯以为这个问题可以纯粹用心理学来解释。石柱承受重压仍然站着不倒，这个印象在我的记忆中唤起出力抵抗和上腾的观念。观念的唤起是由于类似联想，观念的外射是由于物我同一。

多数学者却以为移情作用的生理的基础不可抹煞，不过同是用生理的解释者意见亦复不一致。谷鲁斯说，移情作用就是内模仿。我观赏石柱时暗地模仿它的腾起，结果于是有运动感觉。这种运动感觉微弱“无定所”，所以外射到石柱身上去。

这个“内模仿”说曾被立普斯批驳，浮龙·李亦不以为然。你必先把石柱看成腾起的，然后才能模仿腾起的运动，所以先有移情作用而后才能有内模仿。谷鲁斯误在把所模仿的模型看成人物运动，其实它只是线形运动。比如看石柱，我们的眼睛和身体顺着石柱的线纹由下而上，同时呼吸循环诸器官也起变化，作仰视的适应。这种线形运动的模仿所生的感觉引起腾起的观念。线形的美丑以合不合身体组织为准。这个学说着重伴着知觉的适应运动，和闵斯特堡的主张相同。

这些学者们对于“移情作用”之前的心理状况是同意的，他们都以为要有移情作用，先要有物我同一，意识到自己的活动时，移情作用就不能发生，我们可以把这一点看作已经公决的议案。一般学者们所争辩的在移情作用发生时心理状况和生理状况如何。这个问题可以分为两个：

一、移情作用是否像立普斯所主张的，纯以观念为媒介，不要借助于生理的解释呢？这就是说，它只是一种观念联想呢，还是这种联想必须伴有运动的冲动和感觉呢？

二、假使我们必须借助于生理的解释，是采谷鲁斯的“内模仿”说，还是采浮龙 · 李的“线形运动”说呢？或者我们再追问一句：人物运动的模仿和线形运动的模仿是否真有分别呢？谷鲁斯的学说和浮龙 · 李的学说是否真两不相容呢？

第一个问题是比较容易解决的。我们在这里无解决身心关系问题的必要，单从近代心理学说观点看，像“耸立”、“腾起”、“出力抵抗”一类的观念都是“运动的意象”（motor-image）。在运动的意象复现于记忆时，以往运动经验至少也须有一部分复现出来。比如想到“耸立”时，我们虽不必实地作耸立的运动，至少也要感觉到一种耸立的冲动，筋肉及其他器官至少也须经过一种很微细的变化。这种身体变化不能不返照到意识，因此就不能不影响到全部美感经验。既然如此，我们便不能把生理的问题一笔抹煞。所以立普斯所说的纯粹的心理学的解释是不能成立的。要懂得美感的移情作用，就要懂得它所伴着的生理的变化。

至于人物运动和线形运动的分别是很牵强的。模仿人物运动时和模仿线形运动时所用的器官组织根本并无二致。人物运动，如果抽象地看，也就是线形运动。比如燕子贴水斜飞时，我们的视线随着它移转，筋肉也随着它紧张弛懈，这单是模仿人物运动呢？还单是模仿线形运动呢？浮龙·李攻击“内模仿”说时，以为我们先要把石柱看成腾起的，然后可模仿腾起的运动，所以人物运动的模仿必以移情作用为条件，而移情作用又必以线形运动的模仿为条件。这种辩驳虽然言之成理，其实不能成立。在美感经验中我们既纯以直觉观赏形象，形象是否有生气，运动是否为人物的或线形的，我们就无暇顾及了，我们只觉得形象是在那里运动而已。如果用推理作用来辨明这些分别，我们就已经从幻梦中惊醒，美感经验就不免随之消失了。在观赏形象时我们所发出的运动或冲动，无论其为模仿人物的抑为模仿线形的，原因都在运动的意象复现于记忆，目的都在增进知觉的明显。眼球向上转动去看空中飞鸟，或是手臂陪着雕像作伸手的姿势，以至于浮龙·李所说的身体各器官随着山的线形而变化，表面虽似不同，道理都是一样，都是伴着知觉的适应运动。无论是人物运动或是线形运动，适合身体组织时都可发生快感，不适合身体组织时都可以发生不快感。我们固然欢喜左右平衡的线形，不欢喜上重下轻的线形；可是我们也欢喜轻巧灵便的动作，不欢喜笨拙的动作。无论是模仿人物运动或是模仿线形运动，所生的感觉如果不太强烈，以至破坏物我的同一，都可以增进美感；如果太强烈，使我们觉得它出于己体，都可以减杀美感。浮龙·李的分别实在没有顾到这些事实。

鲍申葵（Bosanquet）在他的《美学三讲》里批评浮龙·李，认为她把线形看得太重。好像除线形以外，美感的形象便无其他要素似的，其实色调的和谐也属于美感形象而却不能纳入线形。浮龙·李所以偏重线形者，和立普斯厌听模仿说一样，都是受当时美学思想上的形式主义的影响。形式主义以为艺术的要素全在形式的配合，内容完全不关紧要。比如看一幅画时，你不必问画中人物是谁，他们在做什么事，或是画的背后有什么寓意，你只看它的形色如何配合，就能够引起美感。倘若你因为画的人物是但丁或是拿破仑，画中事实是耶稣临刑或是圣母升天，才感觉到趣味，那就不是美感了。由此例推，人物运动自然也是属于“内容”而不是属于“形式”的，所以浮龙·李要把它一笔勾销。

在我们看，艺术上的形式和内容，线形运动和人物运动，都是不能勉强分开的。浮龙·李的学说和谷鲁斯的学说其实并非两不相容。兰格斐尔德（Langfield）大体采谷鲁斯的“内模仿”说，而同时又不废线形与身体组织适合说，是很可以注意的。他在《美感的态度》里说：

> 走进一个博物院里，我们猛然碰见一座伸着手的古希腊雕像，也许把它误认作一个人在伸手给我们握，不由自主地起伸手的冲动，但是雕像本身其实并没有含预备握手的姿势，所以我的这一个动作不能说是和雕像线纹运动相谐合。这个出自误解的态度所以不是美感的，和我们欣赏雕像时所应取的态度完全不同。欣赏雕像时我们也有伸手

的倾向，但是目的在去领略线纹的价值，这是“陪”雕像伸手，和前面的“向”雕像伸手不同。“陪”雕像伸手的运动是和雕像相谐合的。

他后来又说：

> 我们碰见一件事物可以取两种不同的运动的态度，一种是在事物里面的适应，属于美学；一种是向着事物的适应，不属于美学。比如看见一棵树在日光里面荡漾，我们也许起伸手去阻止它的冲动，这种态度是防卫的；也许起陪着它一齐摇摆的冲动，这是为着亲尝它的荡漾的滋味。

所谓陪着雕像伸手，陪着树摇摆，就是谷鲁斯所说的“内模仿”，浮龙·李所说的“人物运动的模仿”，但是这种模仿是要“领略线纹的价值”。后来他说：“事物如果要引起快感，必定要能引起完整的移情反应，因为神经系统构造需要这种完整。完整（unity）是美的要素也就是因为这个道理。”照这样看，他的主张又近于闵斯特堡和浮龙·李的。我们既然否认模仿人物运动和模仿线形运动的分别，所以觉得兰格斐尔德的主张颇能调和谷鲁斯和浮龙·李的争执，并非自相矛盾。

第五章

关于美感经验的几种误解

一

我们现在总结以上四章对美感经验的分析，可以得到下列几个结论：

一、美感经验是一种聚精会神的观照。我只以一部分“自我”——直觉的活动——对物，一不用抽象的思考，二不起意志和欲念；物也只以一部分——它的形象——对我，它的意义和效用都暂时退避到意识阈之外。我只是聚精会神地观赏一个孤立绝缘的意象，不问它和其他事物的关系如何。

二、要达到这种境界，我们须在观赏的对象和实际人生之中辟出一种适当的距离。艺术的成功或失败，就靠它对于观赏者的距离远近何如。距离太近，它容易引人回到实际人生里去，便失其为孤立绝缘的意象。距离太远，它又不能引起兴趣，使人难了解欣赏。

三、在聚精会神地观赏一个孤立绝缘的意象时，我们常由物我两忘走到物我同一，由物我同一走到物我交注，于无意之中以我的情趣移注于物，以物的姿态移注于我。但是这种移情作用虽常伴着美感经验，而却非美感经验的必要条件。有些艺术趣味很高的人常愈冷静愈见出形象的美。

四、在美感经验中，我们常模仿在想象中所见到的动作姿态，并且发出适应运动，使知觉愈加明了，因此，筋肉及其他器官起特殊的生理变化。我们在聚精会神时，虽不必很明显地意识到筋肉运动的感觉及其他生理变化，但是它们可以影响到美感经验。

五、形象并非固定的。同一事物对于千万人即现出千万种形象，物的意蕴深浅以观赏者的性分深浅为准。直觉就是凭着自己情趣性格突然间在事物中见出形象，其实就是创造；形象是情趣性格的返照，其实就是艺术。形象的直觉就是艺术的创造。因此，欣赏也寓有创造性。

这些结论得到了，我们现在可以进一步讨论关于美感经验的几个普遍的误解。

第一个误解是美感与快感的混淆。喝一杯好酒，看见一个中意的女子，你称赞“美”；读一首诗，看一幅画，或是听一曲音乐，你也还是同样地称赞“美”。这两类经验显然不是一致的。它们虽然都生快感，而两种快感不一定都是美感。许多人因为不能分别快感和美感，便索性否认它们有分别，以为快感就是美感，美感也就是快感。19 世纪英国学者罗斯金曾经很坦白地说过：“我从来没有看见过一座古希腊女神的雕像比得上一位血色鲜丽的英国姑娘一半美。”如果快感就是美感，血色鲜丽的英国姑娘的引诱力当然比古希腊女神的雕像的较强大。但是罗斯金所说的英国姑娘的“美”和古希腊女神的雕像的“美”，两个“美”字的意义是否相同呢？荷兰画家伦勃朗（Rambrandt）所画的满面皱纹的老太婆以及《红楼梦》里的刘姥姥，都没有什么风姿可邀罗斯金的青眼，比血肉鲜丽的英国姑娘相去自然不能以道里计，可是在艺术上仍不失其为美。反之，许多血色鲜丽的英国姑娘或任何国的姑娘做了平凡画匠的模特儿，或是印在纸烟、香水广告牌上时，不一定就叫人起美感。从此可知美感与寻常快感究竟是两回事。

有些美学家见到快感不尽是美感，于是替它们勉强定出一个分别来，却又往往不如人意。英国“享乐派美学”（Hedonistic Aesthetic）就犯了这个毛病。倍恩（Bain）说，美感是可以使许多人共享的，寻常快感则为各个人所独有。美的东西人人都觉得美，使你生快感的东西对于我或许是索然无味。他忘记天下之口有同嗜，酒美时同饮者常无异议，而上品的艺术则往往有曲高和寡的弊病。格兰特 · 亚伦（Grant Allen）以为美感限于耳、目两种“高等感官”（higher senses），至于舌、鼻、皮肤、筋肉、内脏等“低等感官”则不能发生美感。他没有说出充足的理由来。如论事实，这种分别实在是很勉强。美感与筋肉感觉有密切关系，我们在第四章已经说过。著名画评家贝冉孙（Berensen）在《佛罗伦萨画家论》里便以为要欣赏佛罗伦萨画家的线纹的力量，我们要用筋肉感觉去领会。其他“低等感官”也未尝不可发生美感。例如“暗香浮动月黄昏”，“三杯两盏淡酒，怎敌他晚来风急”，“客去茶香余舌本”，“冰肌玉骨，自清凉无汗”，这些名句所描写的是何种感觉呢？近代有一派诗人专门想从感官方面打动情趣。颜色和声音固然是他们所看重的，气味及筋肉感觉也并不被轻视。我们只稍读济慈或波德莱尔的诗便知道。如果格兰特 · 亚伦的话靠得住，生来就聋盲的人们就不能有美感，但是生来就聋盲的女作家海伦·凯勒（Helen Keller）却以美感锐敏著名。美国美学家马夏尔（H. R. Marshall）以为寻常快感复现于记忆时，就失其本质；而美感则在复现于记忆时，仍与原来实际所经验的没有差别。例如美酒的快感是不能回忆起来的，而艺术的快感则可以回忆起来。其实寻常快感和美感在复现于记忆时，是否像实际所经验的一般活跃，随人而异，不能定为标准。饕餮者回想起一种美味，津津乐道，不亚于实在尝它。这里我们可以引一段法国美学家顾约（I. M. Guyau）在《现代美学问题》第一卷第六章中的一段话来证明：

> 我们每个人大概都可以回想起一些享受美味的经验，与美感的享受无殊。有一年夏天，在比利牛斯山里游行大倦之后，我碰见一个牧羊人，向他索乳，他就跑到屋里取了一瓶来。屋旁有一小溪流过，乳瓶就浸在那溪里，浸得透凉像冰一样。我饮这鲜乳时好像全山峰的香气都放在里面，每口味道都好，使我如起死回生，我当时所感到那一串感觉，不是“愉快”两字可以形容的。这好像是一部田园交响曲，不从耳里听来而从舌头尝来……味感实在带有美感性，所以也产生一种较低级的艺术——烹调的艺术。柏拉图拿烹调和修辞学相比，实在不仅是一种开玩笑的话。

顾约说这番话，原来要证明格兰特·亚伦的高等感官与低等感官说的错误。他自己虽然也还是错误，因为他还是把快感和美感混在一起。不过他的话很可以证明寻常快感不能回忆说的错误。如果说寻常快感到再现于记忆时每每变成美感，倒有几分真理。顾约在比利牛斯山饮乳时所享受的只是快感，到他著书时回忆那种风味，便杂有几分美感在里了。

如果把美感经验看成形象的直觉，它和寻常快感的分别就不难寻出了。

第一，美感是不沾实用，无所为而为的，寻常快感则起于实用要求的满足。例如喝美酒所得的快感由于味感得到所需要的刺激，和饱食暖衣的感觉同为实用的，与观赏形象无关。有时喝酒自然也可以成为一种艺术，但是艺术的滋味不在饮酒所得的口腹方面的快感，而在饮酒使人忘去现实而另辟一天地，陶潜、刘伶、李白之流都是用酒来把实际人生的距离推远，酒对于他们只是造成美感经验的工具。至于看美人所生的快感可以为美感，也可以不为美感。如果你觉得她是一个可希求的配偶，你所谓“美”就只是说满足性欲的条件。如果你能超脱本能的冲动，只把她当作线纹匀称的形象看，丝毫不动欲念，那就和欣赏雕像或画像一样了。美感的态度不带意志，所以不带占有欲。许多收藏书画古董的人往往把占有某人的墨迹或某朝的铜器为夸口的事，这种人大半只有满足占有欲所生的快感而不能有美感。

第二，美感是性格的返照，是我的情趣和物的情趣往复回流，是被动的也是主动的。寻常快感完全受外来的刺激支配，我的情趣和物的姿态并不能融成一气，所以只能说是被动的。美感经验同时是主动的和被动的，兰格斐尔德有一个很好的比喻：“美感的态度好比顺水行舟，随流曲折。就随着水流动移说，我们是主动的；就对于移舟的水力不加抵抗说，我们是被动的。如果我们要逆流行驶，或是故意要转一个弯，那就失其为美感态度了。”

第三，我们在享受寻常快感时，意识中很明显地觉到自己是在享受快感。在美感经验中意识中只有一个孤立绝缘的意象，如果同时想到“我现在觉得愉快”，注意力就由意象本身转到意象所生的影响，心中便有两件事，一是所欣赏的意象，一是它使我愉快一件事实，所欣赏的意象便不复孤立绝缘，而我的活动也不复是直觉的而是名理的了。我们对于一件艺术品或是一幅自然风景，欣赏的浓度愈大，就愈不觉得自己在欣赏它，愈不觉得它所生的感觉是愉快的。如果自己觉到快感，就好比提灯寻影，灯到影灭，美感的态度便已消失了。美感所伴的快感在当时都不觉得，到过后才回忆起来。比如读一首诗或是看一幕戏，当时我们只是心领神会，如鱼得水，无暇他及，后来回想，才觉得这一番经验很愉快。

这种分别本来浅而易见，但是现代有两派从心理学观点研究美学的人们却因为不明白这种很浅易的分别而走入迷途。第一就是弗洛伊德派学者。他们把文艺看作欲望的化装的满足。比如婴儿生来对于母亲有性爱，被道德观念压抑下去，仍设法要求满足。古希腊的俄狄浦斯（Oedipus）弑父娶母的神话和索福克勒斯根据这神话所写的悲剧，就是这种性爱的化装的表现。我们并不否认原始的欲望是文艺的一个很大的原动力，但是我们否认原始欲望的满足就是艺术所给我们的特殊感觉。弗洛伊德派的文艺观还是要纳到“享乐派美学”里去，它的错误在把欲望满足的快感看成美感，或是于这种快感以外，在文艺中没有见出所谓“美感”是怎么一回事。文艺的内容尽管有关性欲，可是我们在创造或欣赏时，却不能同时意识到性欲的驱遣以及它的满足，必须把弗洛伊德派所称的“化装的表现”当作一种独立自足的意象看。

此外德国和美国近来有许多研究“实验美学”的心理学家，也犯着同样的毛病。他们把造形艺术分剖为零碎的颜色及线形，把音乐分剖为零碎的音调，然后拿这些零碎的颜色线形和音调来测验观者或听者，问他们欢喜哪一种，讨厌哪一种，哪一种所生的心理和生理变化何如。测验过几十人或几万人后，他们于是把结果造成统计，说某种颜色对于某种人、某种年龄是最美的，某种线形对于某种人、某种年龄是最丑的。他们忘记艺术品美在全体的整一与和谐，这种全体并不等于部分之和。拿拆开来的颜色线形和音调来论定整个艺术作品的美丑，也无异于从斩碎的肢体中寻求活人的生命。其次，他们忘记一种颜色线形或音调使人愉快或不愉快，大半由于生理作用。对于生理最愉快的东西虽然容易引起美感，而它本身不一定就是美的。他们的错误在把快感混为美感。

二

在凝神观照中，我们不但无暇察觉到经验是否愉快，并且也无暇去判断对象的美丑，所以美感态度与批评态度有别。康德把讨论美学的一部分哲学叫做《判断力批判》（*Critique of Judgment*），又铸了“美感的判断”（Aesthetic Judgment）一个名词来称呼美感观照，酿成后来学者的许多误会。美感观照是一种极单纯的直觉活动，对于所观照的对象并不加肯定或否定，所以不用判断。判断或批评是名理的活动，是以理智去判别是非美丑，与直觉有别。在批评时我是我而作品是作品，我不能沉醉在作品里面。批评的态度要冷静，要脱离沉醉的状态，对于所观照事物加以公平正直的估价。本来“批评”两个字的意义向来没有定准，“判别是非美丑”一个意义至少是多数人所采取的。一般人所谓批评就是“司法式”的批评。这种批评和美感态度绝对不能同时存在，因为它所根据的标准大半是一些陈腐的格律，而不是自己的切身的经验。一个人只要记得“悲剧不宜掺杂喜剧”、“剧情宜单整不宜繁复”、“悲剧的主角应该是有微瑕的善人”之类的条文，便可以去批评莎士比亚，不必问他自己在莎士比亚的作品中是否得到什么好处。一般人所谓“批评的态度”须用理智，真正的美感的态度则全凭直觉；批评的态度须预存美丑的标准，美感的态度则忌杂有任何成见；批评的态度把我放在作品之外去评判它的美恶，美感的态度则把我放在作品中间去分享它的生命。这两种活动根本不同，所以克罗齐说“诗人在为批评家时便失其为诗人”。

在文艺方面，理想的批评必有欣赏作基础。欣赏就是美感的态度。一个人必先自有艺术的经验然后才可以批评艺术。16世纪英国诗人琼森（Ben Jonson）说得好：“只有诗人，而且并非一切诗人，只有第一流诗人，才有批评诗人的本领。”近人艾略特（T. S. Eliot）也说：“理想的批评家就是作者自己。”如果自己没有艺术的经验，不了解创作的甘苦，只根据几条死板的规律来说是说非，总不免是隔靴搔痒。因此，近代美学家如克罗齐、斯宾干（Spingarn）等主张所谓“创造的批评”。照他们看，在整个的艺术活动之中，创造和欣赏与批评是一气贯串的。创造和欣赏根本只是一回事，都是突然间心中直觉到一种形象或意象，批评则是创造和欣赏的回光返照，见到意象之后反省这种意象是否完美。《旧约》的《创世记》开端说上帝已创造了世界，放眼一看，见着它很完美，这是一个最好的批评实例。真正的批评家都应该像创造世界的上帝一样，看见自己的作品而察觉它美或不美。如果批评者不是著作者自己，他也必须先把所批评的作品变成自己的。做到这步，他才能从作品里层窥透它的脉搏气息，才能寻出它的内在的价值，不只是拿外来的标准和义法去测量它。创造是造成一个美的境界，欣赏是领略这种美的境界，批评则是领略之后加以反省。领略时美而不觉其美，批评时则觉美之所以为美。不能领略美的人谈不到批评，不能创造美的人也谈不到领略。批评有创造欣赏做基础，才不悬空；创造欣赏有批评做终结，才底于完成。就批评为“创造的批评”而言，它和美感的态度虽然有直觉和反省的分别，却彼此互相补充。

三

我们分析美感经验时，再三说明它是单纯的直觉，不带任何名理的思考。这一点最易引起误会。有人会问：要欣赏一件文艺作品，决不能不先了解它的意义，如果要了解它的意义，我们如何能不用名理的思考呢？比如读一首诗，我们决不能马上就把它当作一个意象悬在心眼前，必定先懂得每字每句的意义，分析它的音韵方面的技巧，知道诗人在某种情境之下做成这首诗，这就是用名理的思考，这就是取科学的态度了。我们回答说，这番话丝毫不错，不过和我们的主旨并不冲突。我们只说美感经验和名理的思考不能同时并存，并非说美感经验之前后不能有名理的思考。美感经验之前的名理的思考就是了解，美感经验之后的名理的思考就是批评，这几种活动虽相因为用，却不容相混。

谈到这里，我们可以附带地讨论一个相关的问题。美感经验既全在欣赏形象而不旁迁他涉，它和历史的知识有无关系呢？要解决这个问题，我们须回到艺术和人生的问题。从一方面说，艺术生于直觉，直觉的对象全在形象本身，与实际人生无涉，所以欣赏作品和了解作者的生平是两件不相同的事。从另一方面说，艺术是情感的表现，与生活经验息息相关，欣赏作品又不能不了解作者生平的遭际。近代美学家如克罗齐、贝尔（Clive Bell）等都侧重第一个观点。贝尔在《艺术论》里说：

> 欣赏艺术，我无须知道作者的生平。我断定这幅画比那幅画好，实在不用历史的帮助。但是我如果要解释一个作者的艺术何以日渐退化，知道他害过大病或是娶了一位太太，每天都要他做饭，倒是有些用处。看出他的退化，这纯粹是美感判断；来解释这种退步的原因，这却是历史家的事。

贝尔的话是针对现代传记研究的风气而发的。这种风气从法国泰纳（Taine）和圣伯夫（Sainte-Beuve）两位批评家以后才盛行。据泰纳说，造成各国文学的三大主动力是时代、环境和民族性，要了解一国文学，必先把这三件事了解清楚。这三件事通常都属于历史的范围。圣伯夫则特别注重泰纳所忽略的一个要素，就是作者自己的个性。他以为文学和生物学一样，是一种“研究心灵的自然科学”。所以他特别注重作者的生平，虽然一件很微细的琐事轶闻他也不肯放松。从他以后，有一派学者专门在传记上做功夫，例如英国的斯特雷奇（Lytton Stretchy）、法国的莫洛亚（André Maurois）、德国的路德维希（E · Ludwig），都是从传记入手去研究文学的。此外弗洛伊德派心理学者也看重作者生平和作品的关系。他们以为文艺是欲望的满足，作者不满意于现实世界，才创造理想世界以弥补缺陷，因此要了解作品，必须知道作者的内心生活，尤其是他的隐意识的生活。

历史派和美学派的见解和方法似乎都太偏，彼此可以互相补充。了解和欣赏虽是两回事；但是二者不可缺一，了解是欣赏的预备，欣赏是了解的成熟。只就欣赏说，作者的史迹是题外事；但就了解说，作者的史迹却非常重要。所以遇到一种艺术作品，我们应作两种疑问：第一，这件作品所表现的情感如何发生？它的动机何在？它与作者生平有何关系？作者是否受过旁人的影响？他创造这种作品时的经过如何？其次我们应问这种作品是不是艺术？它能否引起美感经验？我在欣赏它时心境起何种变化？第一类问题是历史的和心理学的，第二类问题是美学的。圣伯夫派学者只言历史，弗洛伊德派学者只言心理学，所以只注意到第一类问题。克罗齐派学者只言美学，所以只注意到第二类问题。其实这两类问题都不可偏废。未了解决不足以言欣赏；只了解而不能欣赏，也只做到史学的功夫，没有走进文艺的领域。

举一个实例来说。从前注诗家往往好牵强附会，在每首诗里都要见出“微言大义”，把恋爱诗也解作忠君爱国。这固然是错误。但是往日中国士大夫确有在作品中隐寓家国之感的习惯，我们不能一概否认。比如陶潜的诗是直截平淡的，要了解他，似乎不要多少的历史的帮助。但是如果我们不知道他痛恨刘裕篡晋一件史实以及晋朝社会环境和士大夫的习气，对于《归去来辞》、《桃花源记》、《饮酒》、《咏荆轲》诸作就不免有些隔膜。从此可知作者生平的事实和欣赏他的作品并非毫无关系。一般富于考据癖的学者的错误不在从历史传记入手研究文学，而在穿凿附会与忘记文学之为艺术。他们以为作者一字一句都有来历，于是拿史实来牵强附会，曲为之说。例如《红楼梦》有多少“考证”和“索隐”？它的主人究竟是纳兰成德（即纳兰性德——编者），是清朝某个皇帝，还是曹雪芹自己？这些问题被“红学家”闹个不休，他们忘记艺术是创造的，虽然可以受史实的影响，却不必受史实的支配。一个意象世界原不必实有其事。尤其可笑的是他们因考据而忘欣赏，既然把作品的史实考证出来以后，便以为能事已尽，而不进一步把作品当作艺术去欣赏。考证的目的原来在帮助了解，了解的目的原来在帮助欣赏。考证而不欣赏，无异于种而不获。这种“功成而不居”的精神原可佩服，不过从美感观点看，究竟是一种缺陷。

第六章

美感与联想

承认美感经验为形象的直觉，我们还可以解决另一个纠纷的问题，就是美感与联想的关系。联想是一种最普遍的作用，通常分为两种。一种是类似联想，例如看到菊花想起向日葵，因为它们都是花，都是黄色，在性质上有类似点。一种是接近联想，例如看到菊花想起中山公园，又想起陶渊明的诗，因为我在中山公园里看过菊花，在陶渊明的诗里也常遇到提起菊花的句子，两种对象虽不同，而在经验上却曾相接近。这两种联想有时混在一起，例如看到菊花想起陶渊明，一方面是一种接近联想，因为陶渊明常做菊花诗；一方面也是一种类似联想，因为菊花有高人节士的气概，和陶渊明的性格很类似。

凡是两个观念联在一起想时都用联想，例如说“人是动物”，“这个声音像是张三的”、“妻就是老婆”、“美感经验是形象的直觉”、“流云如白衣苍狗”、“衣在箱子里”等。从此可知凡是可以用一个完全语句表示的知识都是联想作用的结果。这就是说，联想是知觉、概念、记忆、思考、想象等心理活动的基础，意识在活动时就是联想在进行。从前哲学家如霍布斯（Hobbes）、詹姆斯诸人把思想分为有意旨的（voluntary thought）和联想的（associative thought）两种。“联想的思想”是自由起伏飘忽不定的。例如我此刻从菊花想起，想到中山公园，由中山公园想到溥心畬的画展、潭柘寺、蛇、《古舟子咏》中一行诗、鸦片烟等。从菊花到鸦片烟虽似牛头不对马嘴，其中联想线索前后相承，却有关系可寻；虽有关系可寻，却都是偶然的。换一个时间，换一个环境，我也许可以由菊花想起许多其他事物。梦中的思想往往完全是联想的。“有意旨的思想”也是由甲到乙由乙到丙逐渐前进，但是在碾转前进时步步受一个主旨控制，它所走的方向是由主旨指定的。甲和乙、乙和丙相承是以必然关系为线索的。日常思考都是用这种“有意旨的思想”。其实“有意旨的思想”也还脱离不了联想，所不同者不过是一个是有定向、有必然关系的联想，一个是飘忽的偶然的联想罢了。现在我们沿旧习惯，说联想作用时单指飘忽的偶然的联想，就是与“有意旨的思想”有别的“联想的思想”。

在观照自然或艺术时，我们最容易起联想，因为我们暂时丢开实际生活的种种牵制，心里没有一个主旨指定思路的方向，平时可以限制联想的种种力量都暂时失其作用。一般人觉得一件事物美时，大半因为它能唤起甜美的联想。最简单的实例是颜色的偏好。我们对于颜色，往往因民族、年龄、性别、教育不同而各有所偏好，有人偏好红色，有人偏好青色。据一派心理学家看，这都是由于联想作用。例如红是火和血的颜色，所以看到红令人觉得温暖，感到热情。青是田园草木的颜色，所以看到青色令人联想到乡村生活的安闲。再比如看画。

图画的美本来在颜色、线纹、阴影诸成分的谐和配合所现出的意象。多数人看画却不着重这一点而着重画里的故事。乡下人欢喜把孟姜女、薛仁贵、桃园三结义、安天会的图糊在壁上做装饰，并不是因为能欣赏那些木板雕刻，而是因为它们可以引起许多有趣的故事的联想。这种心理习惯是很普遍的，所以往日画家都喜欢用历史宗教的题材。例如《拿破仑的结婚》、《乾隆南巡》、《耶稣临刑》之类的图画虽然本身不一定有什么价值，却为多数人所爱看。詹姆斯说，有一位老修道妇站在一幅《耶稣临刑图》前合掌仰视，悠然神往。旁人问她那幅画如何，她回答说："真美！你看上帝是多么仁慈，让自己的儿子去牺牲，来赎全人类的罪孽！"在音乐方面联想的势力更大。据近代实验美学的结果，纯粹的音乐嗜好是极稀罕的，许多人欢喜音乐，都不是因为欣赏声音的和谐，而是因为欢喜它所唤起的视觉的意象。我们在实验报告里摘一两节出来看：

> 我仿佛坐在皇后的大厅里。一位穿红袍的女子在拉提琴，另外一个女子在伴着琴声唱歌。那位拉琴者的面容很凄惨，她生平一定有什么失意的事。
>
> ——剑桥大学 Meyers 教授的实验报告

> 听瓦格纳的《林间微响》时我很明显地看见一丛青绿的橡树和棕榈，橡树高低如普通的橡树，棕榈有时高达三四米……我隐约听见橡树的最高枝有一只夜莺在歌唱……我想那只夜莺是黄色夹黑色，但是我并没有看见它。
>
> ——巴黎大学 Delacroix 教授的实验报告

中国许多诗人描写音乐的诗也可当作实验报告看。例如李颀的《听董大弹胡笳》：

空山百鸟散还合，万里浮云阴且晴。
嘶酸雏雁失群夜，断绝胡儿恋母声……
幽音变调忽飘洒，长风吹林雨堕瓦。
迸泉飒飒飞木末，野鹿呦呦走堂下。

韩愈的《听颖师弹琴》：

昵昵儿女语，恩怨相尔汝。
划然变轩昂，勇士赴敌场。
浮云柳絮无根蒂，天地阔远随飞扬。
喧啾百鸟群，忽见孤凤凰。
跻攀分寸不可上，失势一落千丈强。

白居易的《琵琶行》：

大弦嘈嘈如急雨，小弦切切如私语。
嘈嘈切切错杂弹，大珠小珠落玉盘。
间关莺语花底滑，幽咽泉流冰下难。

同样的实例甚多，不胜枚举。这些名句所描写的都只是音乐所唤起的联想而不是音乐本身。

这种联想所生的情感是不是美感呢？从前英国有一派心理

学家用联想解释一切美感经验。这种见解流行很久，到康德时才受动摇。康德分美为“纯粹的”（pure beauty）和“有依赖的”（dependent beauty）两种。“纯粹的美”只在颜色、线形、声音诸原素的谐和的组合中见出。这种美的对象完全是一种不具意义的模型（pattern）。我们看这种模型时，心灵的活动最自由，不受真、善、效用、目的种种观念的限制。最好的例是不表物形的阿拉伯式的图案、音乐、云彩、瀑布、星辰等。“有依赖的美”则于形式之外别具意义，使人由形式旁迁到意义上去。例如人和其他生物的美都夹杂有目的、效用等实用的观念在内。我们赞美一匹马，因为它活泼、雄壮、轻快；赞美一棵橡树，因为它茂盛、挺拔、坚强。这些观念都是由实用生活得来的，因如此等类的性质而觉得一种事物美，那种美就不是纯粹的而是有依赖的。依康德看，除了不表物形的图案画、刺绣、建筑、磁器、音乐之外，艺术作品大半是模仿的（imitative）。它们的价值不外在模仿是否逼真以及所模仿的事物性质是否在生命上有价值两点见出。这种价值都是“外在的”，实在不足据以为凭来断定作品本身的美丑。因联想而见到事物的美，自然更不是纯粹的美了。

美感是否有关联想的问题与形式和内容的问题密切相关。康德是偏重形式而忽视内容的。他的学说在近代影响极大。近代艺术无论在理论方面或在实施方面，都在倾向形式主义。向来学者欢喜把艺术分为两个成分，一个是“内容”，又称“表现的成分”（representative element）或“联想的成分”（associative element）；一个是“形式”，又称“形式的成分”（formal element）或“直接的成分”（immediate element）。比如说图画，题材或故事属于“表现的成分”，颜色、线形、阴影的配合属于“形式的成分”。再比如说诗，我们读一首诗所了解的意义是“表现的成分”，它的音节则为“形式的成分”。

近代艺术特别着重“形式的成分”，操之过激者甚至于反对艺术含有任何“表现的成分”。在理论方面，形式主义的始祖当然是康德。后来的哲学家如叔本华、尼采、克罗齐诸人特别着重艺术的自由独立，不牵涉到科学伦理种种问题，他们所主张的其实还是变相的形式主义。在文人方面，佩特（Walter Pater）以为一切艺术都以逼近音乐为指归，因为在音乐里内容和形式混化无迹。他像是主张内容和形式有同等的重要，其实仍是偏重形式，因为音乐的最高境界是只见形式而不见内容的。前章所引过的贝尔的《艺术论》更是一种极端的形式派的宣言。

就实施方面说，图画中的后期印象主义几乎把“表现的成分”减低到零度。比如看一幅塞尚的画，你起初只望见许多颜色、线形凑合在一起，成为一种很和谐的“模型”，须费过一番审视和猜度，才知道所画的是房子还是崖石。立体派的画也可以说是想以形式来化除内容。本来是一个人体，却用许多小立方形、椭圆形等堆砌成一种“模型”，使你一眼看到就觉得那模样好看，而忽略它所表现的是人体。在音乐方面，从瓦格纳把音乐配合戏剧成为“乐剧”之后，“表现的成分”才渐增多，近代的理论和实施都是向瓦格纳起反动。依乐理学家汉斯立克（Hanslick）看，音乐只是拿许多高低长短不同的音，组成一种很美的形式。在其他艺术之中，形式之后都有意义，在音乐中则形式之后绝对没有什么意义。音乐的美完全是形式的美。舒曼（Schumann）反对在音乐里寻意义，更加剧烈。他说："批评家老是想知道音乐家无法用文字表现出来的东西，他们对于所谈的问题往往十分没有懂得一分。天！将来有一天人们不问我们在神圣的作品之后隐寓什么意义么？把第五阶音辨清楚罢，别再来扰我们的安宁！"近代音乐自然也还有描写风物和叙述故事的，但是大半不是上品。在诗歌方面，法国近来的"纯诗运动"（La Poësie Pure）就是一种极端的形式主义的表现。依照伯列蒙（Abbé Brémond）说，诗应该像音乐一样，在未令人明了意义之前，就能用声音像通电流似地直接地打动读者或听者的心灵。因此，诗的重要成分在声音不在意义，这就是说，在形式不在内容。英国斯温伯恩（Swinburne）和法国象征派诗人做诗，就是把声音看得特别重要。

在这种形式主义弥漫全世界的时代，联想作用在美感经验中的位置自然大受打击。一般学者反对联想与美感有关，理由不外四种：

一、在美感经验中我们聚精会神于一个孤立绝缘的意象上面，不旁迁他涉，联想则最易使精神涣散，注意力不专，使心思由美感的意象本身移到许多其他事物上面去。拿牛希济的"记得绿罗裙，处处怜芳草"两句词为例来说，在审美时，我看到芳草，就一心一意地领略芳草的情趣；在联想时，我看到芳草，就想到绿罗裙，又想到穿罗裙的美人，既想到穿罗裙的美人，心思就已不复在芳草了。康德所说的"有依赖的美"就是由形象本身联想到它的价值效用所见到的美。凡是联想都是"有依赖的"。

二、联想由甲到乙，由乙到丙，关系全是偶然的，没有艺术的必然性。比如一幅画以西湖秋月为题材，如果观者不专注意画的本身而信任联想，则甲可因西湖而联想到鲤鱼，乙可以因夜月而联想到从前在月夜中游过的采石矶。鲤鱼、采石矶和《西湖秋月》画漫不相关，不能形成一个艺术的整体。

三、注重联想就是注重内容。许多人读诗看画，大半先问它的内容如何，所谓内容就是情节。他们以为有些情节可以唤起堂皇典丽的联想，有些情节只能唤起丑陋平凡的联想，所以艺术应该慎择题材。题材选得好，再装上堂皇典丽的内容，人家一看，自然就联想到一些很美的意象。但是内容并不能决定艺术的好坏。许多画家同时画一棵树，许多小说家同时描写一个社会，他们的成绩并不能相提并论。如果你不是艺术家，纵有极好的内容，也不能创造好作品出来。反之，如果你是艺术家，极平凡的题材可以点铁成金。印象派大师如莫奈、凡·高诸人不是往往在一张椅子、一个苹果或是几间破屋之中表现出情深意永的世界么？以题材的联想来打动观众，只是取巧偷懒，并不是艺术家的勾当。

四、从近代实验美学的结果看，联想最丰富的人大半欣赏力也最低。尤其在音乐方面，对于音乐有修养的人大半只注意到声音的起承转合，不想到意义，也不发生视觉的幻象（参看本书《近代实验美学》中所引的实验报告）。

这些攻击联想的话都很言之成理，但是终有不惬人心处。换一个观点看，联想对于艺术的重要实在不能一概抹煞，因为知觉和想象都以联想为基础，无论是创造或是欣赏，知觉和想象都必须活动，尤其在诗的方面。普列斯柯特在他的《诗的心理》（*Prescott*：*The Poetic Mind*）里援引霍布斯的“有意旨的思想”和“联想的思想”的分别，以为诗完全属于“联想的思想”，和梦极相似。诗境往往是一种梦境，在这种境界中，诗人愈能丢开日常“有意旨的思想”，愈信任联想，则想象愈自由，愈丰富。柯尔律治（Coleridge）在吃鸦片烟之后睡眼朦胧之中，做成他的名诗《忽必烈汗》，是一个最好的例证。我们将来在讲创造的想象时还要详细说明这个道理。诗人在做诗时，自己固然仿佛在梦境里过活，还要设法“催眠”读者，使读者也走到梦境里，欣赏他所创造的世界。“催眠”的方法不外两种，一种是以低徊往复的音乐，一种是以迷离恍惚的意象。这个道理法国美学家苏里阿在《艺术中的暗示》（*Paul Souriau*：*La Suggestion dans l'Art*）里说得最清楚。如果丢开联想，不但诗人无从创造诗，读者也无从欣赏诗了。

我们如果仔细研究法国象征派的理论，可以更加明了诗和联想的关系。从一方面说，象征派提倡“纯诗”，主张诗应该以音乐直接地打动感官，不借重于寻常理智的了解，所以把内容所引起的联想减到最低限度。从另一方面说，他们又主张各种感官可以默契旁通，视觉意象可以暗示听觉意象，嗅觉意象可以旁通触觉意象，乃至于宇宙间万事万物无不是一片生灵贯注，息息相通，“香气、颜色、声音，都遥相呼应”［用波德莱尔的题为《感通》（*Correspondances*）中的诗句］，所以诗人择用一个适当的意象可以唤起全宇宙的形形色色来。兰波（Rimbaud）也曾用《母音》为题做过一首十四行诗，渲染AEIOU五音所引起的视觉意象，例如写I音的两行：

> I，灿烂的深红，淋漓的喷血，
> 盛怒或沉醉而忏悔时的朱唇的笑。

由I音联想到红色、鲜血和美人的笑容，I音不过是一个导火线，深红、鲜血、朱唇的笑容是由这导火线所迸发出来的光辉四射的意象世界。

诗的微妙往往在联想的微妙，这个道理我们在中国诗里也可以看出。例如李贺的《正月》：

上楼迎春新春归，暗黄着柳宫漏迟。
薄薄淡霭弄野姿，寒绿幽风生短丝。
锦床晓卧玉肌冷，露脸未开对朝暝。
官街柳带不堪折，早晚菖蒲胜绾结。

八句诗把整个的早春景象描写得淋漓尽致。它的每个意象似乎都经过推敲来的，用意在用不同的富于代表性的事物刺激各种感官，使每种感官都觉得眼前是正月天气。我们眼睛看到的是暗黄、淡霭、寒绿、短丝、刚发芽的柳、露脸未开的花和还不能打绾结的菖蒲，皮肤所感到的是幽风、晓卧的冷和薄薄淡霭以及“露脸未开对朝暝”的整个的氛围空气。写早春，尤其是写宫中的早春，只能着重视觉、触觉和温度感觉，因为鸟鹊还未开始歌唱，声音也容易打破迟迟早春的清寂幽寒的风味。我们只听到迟缓的宫漏，但是在诗本身的音乐中，也仿佛觉得早春的情趣毕竟还是可以用耳来领略。只玩味“薄薄淡霭弄野姿，寒绿幽风生短丝”两句，你如果只见到颜色，感到气温而听不见什么，你就失去此诗的许多的美妙。这种声音的影响虽不易分析，但是细心总可以觉得出来。也许第一句的轻脆淡远的风味是由“薄薄”叠字、首六字全用仄声以及“霭”、

“野”两个柔和而响亮的上声所传出来的，第二句的纡迟、阴森、幽静的风味是连用“幽”、“风”、“生”、“丝”四个阴平声所传出来的。

再如李商隐的《锦瑟》：

> 锦瑟无端五十弦，一弦一柱思华年。
> 庄生晓梦迷蝴蝶，望帝春心托杜鹃。
> 沧海月明珠有泪，蓝田日暖玉生烟。
> 此情可待成追忆，只是当时已惘然。

全诗以五六两句为最精妙，但与上下文的联络似不明显，尤其是第六句像是表现一种和暖愉悦的气象，与悼亡的主旨不合。向来注者不明白诗与联想的道理，往往强为之说，闹得一塌糊涂。他们说：“玉生烟，已葬也，犹言埋香瘗玉也”，“沧海蓝田言埋韫而不得自见”，“五六赋华年也”，“珠泪玉烟以自喻其文采”（见朱鹤龄《李义山诗集笺注》，萃文堂三色批本）。这些说法与上下文都讲不通。其实这首诗五六两句的功用和三四两句相同，都是表现对于死亡消逝之后，渺茫恍惚，不堪追索的情境所起的悲哀。情感的本来面目各人只可亲领身受而不可直接地描写，如须传达给别人知道，须用具体的间接的意象来比拟。例如秦少游要传出他心里一点凄清迟暮的情感，不直说而用“杜鹃声里斜阳暮”的景致来描绘。李商隐的《锦瑟》也是如此。庄生、蝴蝶，固属迷梦；望帝、杜鹃，亦仅传言。珠未尝有泪，玉更不能生烟。但沧海月明，珠光或似泪影；蓝田日暖，玉霞或似轻烟。此种情景可以想象揣拟，断不可拘泥地求于事实。它们都如死者消逝之后，一切都很渺茫恍惚，不堪追索；如勉强追索，亦只“不见长安见尘雾”，仍是迷离隐约，令人生哀而已。所以第七句说“此情可待成追忆”。四句诗的佳妙不仅在唤起渺茫恍惚不堪追索的意象，尤在同时能以这些意象暗示悲哀。“望帝春心”和“月明珠泪”两句尤其显然。五六两句胜似三四两句，因为三四两句实言情感，犹着迹象，五六两句把想象活动区域推得更远、更渺茫、更精微。一首诗中的意象好比图画的颜色阴影浓淡配合在一起，烘托一种有情致的风景出来。李商隐和许多晚唐诗人的作品在技巧上很类似西方的象征派，都是选择几个很精妙的意象出来，以唤起读者的多方面的联想。这种联想有时切题，也有时不切题。就切题的方面说，“沧海月明”二句表现消逝渺茫的悲哀，如上所述。但我们平时读这两句诗时常忽略这切题的一方面，珠泪、玉烟两种意象本身已很美妙，我们的注意乃大半专注在这美妙的意象本身。从这个实例看，诗的意象有两重功用，一是象征一种情感，一是以本身的美妙打动心灵。这第二种功用虽是不切题的，却自有存在的价值。

从这些实例看，我们可以知道联想对于诗的重要。诗只是一个实例，其他艺术可以类推。比如欧洲纪元后第一世纪到15世纪的图画雕刻大半以宗教故事为题材。那时候的画家和雕刻家有些是僧侣，有些是靠僧侣过活的，他们本来的用意在用艺术来宣传宗教。当时人民多不识字，不能读《圣经》，但是图画雕刻是有目共赏的，所以把《圣经》的故事用图画雕刻翻译出来。当时人看到这种图画和雕刻，立刻就联想到耶稣教的圣迹，美的欣赏只是附带的。我们现在把欧洲纪元后第一世纪到 15 世纪一千多年的宗教艺术纯粹地当作艺术看，已失当时作者的本意。依极端的形式派学者的主张，我们应该把它纯粹地当作艺术看，把宗教的联想一齐丢开。这种办法实无异于丢开艺术的灵魂而专研究它的形体。罗马时代避难的教徒在地窟的壁上画一只羊，中世纪雕刻家在“哥特式”大教寺的门上雕一幕《创世记》，或是文艺复兴时代意大利画家在僧院墙壁上画一幅《最后的晚餐》，他们动一刀一笔，都有宗教的热忱在驱遣。我们如果能联想起许多历史和宗教的知识，把当时产生那种艺术的背景和心理在想象里再造出来，对于那种艺术的了解不更深刻么？所得的美感不更浓厚么？不比只顾到一眼就看到的颜色、线纹的配合较进一层么？欣赏不能不借助于联想，因为它不能不借助于了解。我们在前章已经说过，了解是欣赏的必有的预备，但不就是欣赏。联想也是如此。所以联想有助美感，与美感为形象的直觉两说并不冲突。在美感经验之中，精神须专注于孤立绝缘的意象，不容有联想，有联想则离开欣赏对象而旁迁他涉。但是这个意象的产生不能不借助于联想，联想愈丰富则意象愈深广，愈明晰。一言以蔽之，联想虽不能与美感经验同时并存，但是可以来在美感经验之前，使美感经验愈加充实。

来在美感经验之前的联想也不可以一概论，有些可以帮助美感，有些可以扰乱美感。举一个很简单的例来说明，比如林逋的“疏影横斜水清浅，暗香浮动月黄昏”两句咏梅诗，把梅花的神理风韵都传出来了。它每个字都表现一个意象，每个意象都可以引起种种联想。如果单看“疏”字，我们可以联想到五服之外的亲属，或是“禹疏九河”，或是上皇帝的奏疏，其他仿此。在看这两句诗时，我们如果因“疏”字而起这些纷乱的联想，自然离诗太远。实际上我们并不起这些联想，因为“疏”字不是独立的，它与“影”字相联。这个“影”字引导我们对于“疏”字的联想只朝一个指定的方向走，就是“稀疏”的“疏”。“疏影”也可以引起无数的联想，如几株杨柳的疏影或是几个行人的疏影。在实际上我们也不这样联想，因为“疏影”也不是独立的，它是嵌在一首咏梅花诗里面，全诗字句语气都引导我们对于“疏影”的联想只朝一个指定的方向走，就是梅花的疏影。从此可知艺术作品中些微部分都与全体息息相通，都受全体的限制。全体有一个生命一气贯注，内容尽管复杂，都被这一气贯注的生命化成单整。这就是艺术上的“寓杂多于整一”（variety in unity）这条基本原理，也就是批评学家和心理学家所常争论的“想象”（imagination）和“幻想”（fancy）的分别。“幻想”是杂乱的，飘忽无定的，有杂多而无整一的联想，例如因“疏”字联想到“禹疏九河”、“今年黄河水灾”、“水灾捐”等。“想象”是受全体生命支配的有一定方向和必然性的联想，例如上文林逋的梅花诗所唤起的整个境界。联想在为幻想时有碍美感，在为想象时有助美感。

这个道理可以拿近代实验美学的结果来证明。英国心理学家布洛（即倡“心理的距离”说者）试验各种人对于颜色的反应，发现有一类人偏好某种颜色，大半因为它所引起的联想。联想又有分别，比如同是青色，甲联想到草木，乙联想到他曾经喝过的青色药水。甲的联想带有几分客观性，因为多数人见到青色都联想到草木，乙的联想却全是主观的偶然的；所以甲比乙对于青色的反应较近于美感经验。但是只是客观性一个条件还不够。如果甲真正对于青色得到美感，他的从联想内容（草木）得来的情感须能和从颜色本身（青色）得来的情感相融化，使颜色恰能表现联想内容的神髓。依布洛看，联想有“融化的”（fused）和“不融化的”（non-fused）两种。“融化的联想”就是上文所说的“想象”，可助美感；“不融化的联想”就是“幻想”，与美感无关。据剑桥大学马尧斯教授的实验，音乐也是如此。如果音乐所联想起的情景与音乐本身能融化成一气，它就能增大音乐所引起的美感，不比偶然的散漫的联想有破坏美感意象孤立的毛病。

我们在第三章里讲过移情作用和联想的关系。比如姜白石的“数峰清苦，商略黄昏雨”两句词是把山看成人，把人的情感移到山身上去，这实在还是一种类似联想，不过我们的意识不察觉到这种联想的进行而已。立普斯要说明移情作用不仅是类似联想，提出能“表现”和不能“表现”的分别。比如一座房子如果因为是亡友的住所，使你觉得它凄惨，那只是联想；如果它因为线纹、颜色的配合而使你觉得它凄惨，它就算是能“表现”凄惨的情感，就能起移情作用。立普斯所谓“表现”就是布洛所谓“融化”，甲物能“表现”乙物情感，就因为甲和乙能相“融化”成一整体，也就是因为由甲到乙的联想有必然关系，不仅出于幻想。

第七章 文艺与道德（一）：历史的回溯

一

在持文艺独立自主者看，文艺与道德绝无关系；在道德家看，文艺的价值必以其所含道德的教训为准。这两派人都不觉得文艺与道德的关系能够成为问题。但是不喜拘执成见而好平心静气地寻求真理的人们一定觉得这真是一个最难的问题。在他们的长期寻求中，他们一定有时倾向文艺自主说，有时倾向文艺含道德教训说，有时觉得两说各有利弊，苦于彷徨无所依归。在本篇中我们先把这个问题作一个简单的历史的回溯。看清各家的争点所在，和这个问题的复杂性以后，我们再进一步参较事实作理论的建设。

在中国方面，从周秦一直到现代西方文艺思潮的输入，文艺都被认为道德的附庸。这种思想是国民性的表现。中国民族向来偏重实用，他们不欢喜把文艺和实用分开，也犹如他们不欢喜离开人事实用而去讲求玄理。“文”只是一种“学”，而“学”的目的都在“致用”。一个人的第一要务是效用于家国；没有机会效用于家国，或是于效用家国之外还有剩余的时间和精力，才去弄文学，所以孔子说："行有余力，则以学文。"扬雄以文章为"雕虫小技，壮夫不为"。《国语》、《离骚》、《孙子兵法》、《史记》以及许多诗文名著，据说都是不得志的"贤者"的"发愤之作"。

这并非说中国人不尚文，世界上没有比中国人更尚文的民族，不过中国人尚文，不是看重它本身的美，而是看重它的效用。最浅显的效用是动听。"言之无文，行之不远。"话要说得漂亮，人家才相信你的道理。孔子劝人学诗，因为"不学诗，无以言"，虽学诗而"使于四方，不能专对"，仍是无用。但是诗文的最大的效用在有益于世道人心。孔子赞美《关雎》，因为它"乐而不淫，哀而不伤"；劝小子学诗，因为"诗可以兴，可以观，可以群，可以怨，迩之事父，远之事君，多识于草木鸟兽之名"。诗是一种"教"，它的教义是"温柔敦厚"。儒家在历代都居独尊的地位，向来论诗文者大半只是替孔子所说的几句老话下注脚。

孔子袒护诗文，全从道德政治着想，以为诗文是道德政治中所必须有的一个节目。两汉以后，文人和诗人逐渐成为一种特殊的职业阶级。多数作者对于道德政治本没有什么兴趣或创见，因为要维持他们的职业的尊严，便硬说他们的胸中原来有一番大道理，他们的作品是有益于世道人心的。这种习惯的养成与汉以后帝王"尊经"有关。文学的最高的理想既是六经，而六经的主旨既在启发微言大义，则继起的文学自不能"言之无物"。持此说最早的人是扬雄。他说："书不经，非书也；言不经，非言也。"言必学经，所以他把自己的《法言》比《论语》，《太玄》比《易经》。魏晋时风气稍转变，文学逐渐离开经学的束缚，几乎要走上独立自主的路。一时代表文艺思想的著作如曹丕的《典论·论文》、曹植的《与杨德祖书》和《与吴质书》，以及陆机的《文赋》之类，都很少汉人的道学气和经学气。陆机的《文赋》尤其值得注意，因为他纯粹地从文学观点去讨论文学，丝毫不拿道德来装饰门面。梁昭明太子编《文选》，不列经史子的文章，一方面打破汉人尊经的思想，同时也对纯文学运动加以有力的推助。不过汉人尊经明道的思想也并未完全消灭。桓范的《世要论·序作》篇里有这一段话："夫著作书论者，乃欲阐宏大道，述明圣教，推演事理，尽极情类，记是贬非，以为法式。"这还是扬雄的老话。齐梁时有两部重要的批评著作，恰好代表当时文学上两种相反的倾向。一部是刘勰的《文心雕龙》，代表传统的"文必明道"的思想。他开章明义，便是《原道》，接着就是《征圣》、《宗经》。《原道》篇的结论是"道沿圣以垂文，圣因文而明道"，和"辞之所以能鼓天下者，乃道之文也"。另外一部是钟嵘的《诗品》，代表重纯文学的倾向。像陆机的《文赋》，他纯粹地站在文学立场言文学。他攻击永嘉以后的诗，因为它们"理过其辞，淡乎寡味"或"平典似道德论"。就大体说，在六朝时，纯文学的势力比较浩大，诗文都比较少经学气和道学气，但是六朝文学后来为世所诟病，也恰在这一点。唐人菲薄六朝文学，不是说它"采丽竞繁，兴寄都绝"，就是说它"绮丽不足珍"，意思只是说它除漂亮话以外，没有什么道德的教训。韩愈的最大的功劳，据一般人看，就在挽救六朝的绮靡，恢复文道的一贯。其实他继扬雄之后，开了一般中国文人的恶习气，就是本来只是一个玩弄辞章的文人，好为大言以欺世，说他自己是周公、孔圣人的继承者。从韩愈以后，“文以载道”、“言之有物”就成为一般文人的门面语了。清朝桐城派文人把学问分成考据、义理、词章三项，以为无论是学者或是文人，这三种功夫都不可缺一。所谓“义理”仍是从前人所说的“道”。宋朝学者偏重理学，往往疑文学害道。程颐的《语录》里有这一段：“或问作文害道？程子曰，害也。凡为文不专意则不工，专意则志局于此，又安得与天地同其大也。《书》曰：‘玩物丧志’，为文亦玩物也。”这番话和欧洲中世纪教会攻击文艺的主张，几同一鼻孔出气。

“文以载道”说经过许多文人的滥用，现出一种浅薄俗滥的气味，不免使人“皆掩鼻而过之”。但是我们不要忘记这种俗滥的学说实在反映一种意义很深的事实。就大体说，全部中国文学后面都有中国人看重实用和道德的这个偏向做骨子。这是中国文学的短处所在，也是它的长处所在；短处所在，因为它箝制想象，阻碍纯文学的尽量发展；长处所在，因为它把文学和现实人生的关系结得非常紧密，所以中国文学比西方文学较浅近、平易、亲切。西方文艺和西方宗教一样，想于现世以外求解救，要造另一世界来代替现世，所以特重想象虚构。中国文艺和中国伦理思想一样，要在现世以内得解救，要把现世化成理想世界，所以特重情感真挚，实事求是。中国伟大的诗人如屈原、陶潜、阮籍、杜甫、李白等都是要极简朴、极真诚地把他们的忧生忧世忧民的热情表白出来，绝对没有想象虚构的俳优气。在中国文学中，道德的严肃和艺术的严肃并不截分为二事。这一个优点不是“文以载道”说所能包括，也不是对于“文以载道”说的厌恶所能抹煞的。

二

在西方各国，文艺与道德的问题闹得更剧烈。古希腊人把诗人和立法者看成一样的重要，以为他们都是教导人向好处走。柏拉图对于这种传统的思想极怀疑。在他的名著《理想国》第十卷里，他把诗人们加上桂冠，洒上香水，向他们说了一段很客气的话之后，把他们一齐赶出理想国的境外。在他看，诗人有两大罪状。第一，感官所接触的世界是虚幻的，理智所领悟的世界才是真实的。感官世界只是“理式”（ideas）世界的模仿；诗和其他艺术又是感官世界的模仿，所以和真实隔着两重。换句话说，诗和其他艺术所说给我们听的，不是真理而是谎话。我们愈信诗，愈迷信谎话，愈难寻求真理。第二，一个完全的善人都要能以理智控制情感，诗和其他艺术都容易使人丢开理智而放任情感。我们愈喜诗，愈失理智，愈易变成情感的奴隶。柏拉图尤其不肯宽容荷马，因为一国要想强盛，对于它素所崇拜的神和英雄必定表示极端的敬仰，荷马及其他诗人所描写的神和人简直是一样无恶不作，所描写的英雄简直和平常人一样骄傲、怯懦、愚蠢。这样打破国家的信仰中心，就是危害国家的命脉。总之，诗和其他艺术的影响是不道德的，摇惑人心的，所以诗人和艺术家都不应在一个理想国里有立足地。柏拉图这篇攻击诗人的罪状是后来关于文艺和道德一切争执的发轫点。

亚理斯多德是柏拉图的最大的弟子，他的《诗学》似乎处处针对着他的老师的学说，竭力替诗辩护。柏拉图骂诗说谎，他却以为诗有诗的真理，比较历史更富于哲学的意蕴，因为历史只记载已然的特殊的事实，而诗却须表现必然的普遍的真理。这就是说，诗并非感官世界的模仿，它要超过感官世界，指出事物的必然关系来，使人一见到就觉得它深中情理。其次，柏拉图骂诗放任情感，他却以为情感是人性中所固有的，要想心理健康，我们应该给情感以适当的发泄的机会。比如悲剧的功用就在"用引起哀怜和恐怖的情节，来发散这些情绪"。人生来就有哀怜和恐怖等情绪，如果不让它们发散，淤积起来即可以酿成苦闷及其他心理的变态。悲剧给它们发散的机会，于是它们就不会扰乱心理的健康。一般诗的功用也就在解放情感。亚理斯多德可以说是艺术独立自主说的始祖，不把诗看成一种教训。他在《诗学》第二十五章里郑重地声明道："评诗的标准和政治及其他技艺的标准绝不相同。"这句话仿佛是说柏拉图不应该从政治和道德的观点去嘲笑荷马。他在《诗学》中提起欧里庇得斯（Euripides）不下二十次，其中贬多于褒，但是每次贬他，都着重艺术上的缺点，始终没有从伦理的观点骂他一句。讨论戏剧结构时，他说一般人都喜看善有善报恶有恶报的结局，但是这种趣味实在很低下，看到惩报公平所生的快感实在不是美感。从这几点看，亚理斯多德显然不承认艺术应含有道德的教训。

在古代文艺思潮中，亚理斯多德是孑然孤立的。他以前和他以后，多数学者都以为文艺和道德不能分离。罗马批评家贺拉斯（Horace）在文艺中见出两重功能，第一是教训，其次才是发生快感。这种见解后来成为假古典派的金科玉律。从第四世纪起一直到第十五世纪止，一千多年中欧洲人都完全被耶稣教牢笼住。耶稣教在中世纪最重苦行。人们都要牺牲现世的快乐去谋来世的解救。文艺的欣赏是一种现世的快乐，所以是一种罪孽。这种苦行主义虽然没有把艺术的冲动完全压制下去，中世纪一千多年的文艺却深深地染上宗教的色彩。诸大教寺的图画雕刻都是“寓言的”（allegorical），都要在虚构的意象之后隐寓一种宗教理想或道德教训。文学也是如此。当时伟大的作家如但丁（Dante）、薄伽丘（Boccaccio）、彼特拉克（Petrarch）等都自以为微言大义的启发者。他们都相信文艺和道德是密切相关的。

从但丁时代起，文艺复兴的势力已逐渐露头角。文艺复兴有多方面，最重要的是精神的解放，是由中世纪耶稣教的苦行主义和来世主义，回到古希腊的现世主义和享乐主义。文艺复兴时代的人生理想是完全人，所谓完全人要在多方面尽量地发展人的可能性。人性中美的要求与善和真的要求是平等的，我们不应该让善和真的要求把美的要求抹煞去。这种自由发展的精神产生了薄伽丘、乔叟（Chaucer）、莎士比亚和塞万提斯（Cervantes）一班伟大的作者。文艺在这个时代如春雷暴发，万卉齐新，一般人对于文艺也猛然发生一种狂热。但是这种新精神的爆发对于教会的权威极不利，于是一般教会中人如意大利的莎伏那罗拉（Savonayola）、法国的波舒哀（Bossuet）、英国的高生（Gosson），都竭力攻击诗和戏剧，以为当时人心不古，世道衰微，都是艺术所惹的祸事。在意大利有一班人激于宗教的虔诚，把许多珍贵的图画和古希腊悲剧的写本都扔到火坑里去。在英国有所谓“清教徒（puritan）的反动”，看见文学的影响不利于道德，主张把它一律废去。锡德尼（Sidney）想替诗争一口气，做成他的名著《为诗辩护》，但是他的立场仍是伦理的。清教徒骂文学伤风败俗，他不说文学自有独立存在的价值，却引许多例证说明文学究竟是有益于世道人心的。清教徒在 17 世纪握过短期的政权，那时候英国所有戏院都被政府禁闭。大诗人弥尔顿（Milton）也屈服在这种清教徒的影响之下，自称著《失乐园》的用意是在“向人类宣明神道”。除宗教的势力之外，还有假古典主义的影响。它也是卫护道德的。17 世纪法国悲剧家如高乃依（Corneille）和拉辛都谨守贺拉斯的文艺寓教训的信条，用戏剧来宣传英雄主义或宗教信仰。在英国方面，琼森不满意于莎士比亚，就因为他不守“诗的公道”，让善恶不得公平的报惩。

在柏拉图以后，托尔斯泰以前，从道德观点讨论文艺者以卢梭为最重要。在他看，文艺和科学都是文化腐化自然人的利器。达兰贝尔（D'Alembert）提倡在日内瓦设戏院时，卢梭写了一封万言的长信去劝阻他。他以为人性本来好善恶恶，戏剧却往往使罪恶显得可爱，德行显得可笑，所以它的影响是最危险的。瑞士人如果要保持山国居民的朴素天真，最好不要模仿近代“文化城市”去设戏院来伤风败俗。卢梭的见解和柏拉图与托尔斯泰的见解先后辉映。

三

就大概说，从古希腊一直到 19 世纪，文艺寓道德教训，是欧洲文艺思想中一个主潮；到了 19 世纪，它才产生动摇。使它动摇的有两种势力。

第一是浪漫主义所附带的“为文艺而文艺”（art for art's sake）的信条。浪漫主义就是自由主义，轻理智而重情感和想象，所以对于从前的浅狭的道德观是一个重大的打击。“为文艺而文艺”一句话起于雨果（V. Hugo），但是它的热烈的布道人是戈蒂耶（Gautier）。他在《艺术家》（*L'Artiste*）里宣告主张说：

我们相信艺术的独立自主。艺术对于我们不是一种工具，它自身就是一种鹄的。在我们看，一个艺术家如果关心到美以外的事，就失其为艺术家了。我们始终不了解意思（l'idèe）和形式（la forme）何以能分开。形式美就是意思美，因为如果无所表现，形式算得什么呢？

后来在他自己的《诗序》里，他的态度更为剧烈。他说：

这诗有什么用处？美就是它的用处。这还不够么！花、香气、鸟儿以及一切还没有因效用于人而丧失本来面目者都是如此。就大概说，一件东西有用便不美。一沾实用，一落入实际生活，它就由诗变为散文，由自由变为奴属。艺术可以一言蔽之，它就是自由，是奢侈，是余裕，是闲逸中的心灵开展。图画、雕刻、音乐都绝对没有什么用场。刻得精致的宝石、稀罕的玩具和新奇的装饰都是世间多余之物。但是谁愿意把它们涂销呢？所谓幸福并不在凡是实用不可少的东西我应有尽有，不受苦并不就是享福。用处最少的东西就是最令人高兴的东西。世间有，而且永远有，一般爱艺术的人们觉得安格尔（Ingres）和德拉库瓦（Eugène Delacroix）的油画以及布朗热（Boulanger）和德康（Decamps）的水彩画比火车轮船还更有用。

从这个观点看，艺术家应该专在形式上做功夫，不管内容是否合乎道德。左拉（Zola）常骂以道德教训讨好群众的作家为投机分子。他在《文学中的道德》一文里说：

> 在拿道德作投机勾当者以外，才寻出真正作家，他们只服从脾胃，不存心劝善，也不存心劝恶。

在《淫秽文学》一文里，他又说：

> 作家写得不好，就是罪大恶极。文学中“罪恶”一词别无意义……一个写得好的词句也就是一种德行。

“为文艺而文艺”的主张本发源于法国。后来海涅（Heine）把它传到德国去，惠司勒（Whistler）、王尔德（Wilde）和佩特把它传到英国去，酿成所谓“唯美主义”，于是它风靡一世，从前艺术寓道德教训之说便为人所唾弃了。

“为文艺而文艺”在19世纪文人的心目中只是一种信仰，并没有什么深奥的理论的根据。但是当时还另有一种较深厚的势力，给从前文艺必寓道德教训说以更大的打击，这就是从康德到克罗齐一线相承的唯心主义的美学。这派美学从美感经验的分析证明艺术和道德是两种不同的活动。道德是实用的，起于意志的；美感经验是直觉的，不涉意志欲念的。像游戏一样，它是剩余精力的自由流露，是“无所为而为的观赏”，所以与道德实用无关。这个道理克罗齐说得最明白。他在《美学纲要》里说：

> 艺术不是意志活动所产生的。造成好人的善良意志不能造成一个艺术家。它既然不是意志活动所产生的，就与道德上的分别无关……一个艺术家固然可以在想象中表现一个从道德观点可褒或可贬的行动；但是他的表现，因为只是一种想象，不应该因此受褒或受贬。世间没有一条刑律可以定一个意象的死刑或判它下狱，世间也没有一个头脑清楚的人对它下道德的判断。判定但丁的弗朗西丝卡（Francesca）为不道德的，或是莎士比亚的考狄利娅（Cordelia）为道德的——这些角色对于但丁和莎士比亚纯为艺术的，好比音乐的音调一样——实无异于判定一个三角形为不道德的，或是一个方形为道德的。

唯心派美学家中过激者不但否认文艺可以用道德的标准来衡量，并且主张人生和整个宇宙也必须以艺术的眼光去看，而不能以道德的眼光去看。尼采就是这样想。他说宇宙全是罪孽，人生全是苦痛，如从道德的观点去看它们，它们就简直应该毁灭。但是如果从艺术的观点看，这罪恶贯盈的世界和人生实在是一幅惊心动魄的庄严灿烂的图画。在他看，一切艺术，尤其是古希腊的悲剧，就是苦于道德观的日暮途穷，把世界翻成艺术的意象来解救苦恼。

四

文艺界的“为艺术而艺术”的呼声，和美学界的“无所为而为的观赏”的理论，虽然是闹得气焰冲天，可是终于没有把从前文艺寓道德教训的信条完全打倒。19 世纪还有些很大的思想家和艺术家仍然很忠实地相信文艺和道德不能分家。没有一个诗人比雪莱（Shelley）更富于革命性，更爱护艺术，但是也没有一个诗人比雪莱更相信文艺负有重大的道德的使命。他的最苦心经营的长诗都含有改善人类的道德的目的。其实并不仅是雪莱，19 世纪比较伟大的作者没有一个甘心坐在象牙之塔里面，而不睁着一双哀怜的眼睛看着十字街头的。席勒、雨果、华兹华斯、托尔斯泰、易卜生……这些名字不都是确凭确据么？我们没有数歌德，他是一般人所认为不甚关心世事的，但是谁说在《浮士德》里面歌德不曾有意地要表现一种健康的人生观呢？

把这件事实记在心里，我们就知道托尔斯泰的《何谓艺术》一书并不是一种反时代潮流的作品。它是欧洲人的数千年的传统思想的总汇。像柏拉图一样，他的话说得过火一点，所以人家觉得奇怪。向来哲学家分真善美为三事，以为真属于哲学科学范围，善属于伦理宗教范围，美属于艺术范围。倡艺术独立自主说者大半附和此说。艺术无关真与善，因为它的目的在美。我们一般人也承认美是艺术所特别追求的。托尔斯泰要根本推翻这种见解。他说：

> 就主观方面说，美是供给我们一种特殊快感的。就客观方面说，美是绝对完全的东西，我们承认它绝对完全，只因为从这种绝对完全的表现中，我们得到一种快感……总之，在一切“美”中使我们愉快者不引起欲望……我们如果要了解艺术的意义，一定要否认艺术活动的目的在美或快感。

然则艺术的目的究竟在哪里呢？我们先要明白艺术的性质。艺术像语言一样，是传达的工具。语言传达思想，艺术则传达情感。托尔斯泰接着说：

> 在自己的心中回想起一种自己经验过的情感，回想起之后，于是用动态、线条、颜色或是语言表出的形式把它传达出来，使旁人也可以经验到同样的情感——这就是艺术活动。艺术是一种“人的活动”，它的要义可以一言以蔽之：一个人有意地用具体的符号，把自己所曾生活过的情感传给旁人；旁人受这些情感传染，也感觉到这些情感。

因此，艺术有消除隔阂，把人类的情感融成一片的功效。“传染力愈强，艺术也就愈有价值。”艺术的传染性有三个条件：一、所传达的情感的个性强弱，二、传达情感的形式显晦，三、艺术家的真诚的程度，就是说，他对于所传达的情感自己是否很强烈地感觉到。这三个条件之中以第三种为最重要。但是这些条件只就艺术本身而言，此外艺术的取材（就是它所传达的情感），也可以判定艺术的价值。就耶稣教的国家说，托尔斯泰以为值得传达的情感一定能“巩固人和人以及人和上帝的团结”。

> 耶稣教艺术，这就是说，我们时代的艺术，应该有普遍性，应该把人类团结起来。只有两种情感可以团结人类：第一，认识神与人的亲子关系，和人与人的兄弟关系所生的情感；其次，一切人都可感觉到的普通生活的情

> 感，像嬉笑、哀怜、欢愉、静穆等情感。只有这种情感可以做艺术的好材料。

艺术的目的在融合情感，不在设立界限，所以最简朴的小百姓所能了解的艺术才是最高的艺术。托尔斯泰拿这些标准衡量近代欧洲艺术，以为它腐化已达极点。“艺术既成为职业的对象，它的命脉——真诚——就丧失殆尽了。”一般人所公认为伟大的作家，像古希腊三大悲剧家、但丁、莎士比亚、拉斐尔、米开朗琪罗、巴赫（Bach）、贝多芬之流，都被托尔斯泰所唾骂，因为他们缺乏宗教的深沉，偏重性欲及其他无价值的情感。最后他说：

> 每个有理性有道德的人应该步柏拉图以及耶教和回教的教师的后尘，把这个问题重新这样地解决：宁可不要艺术，也莫再让现在流行的腐化的虚伪的艺术继续下去。

总之，艺术的目的在宣传道德和宗教，并不在产生美感。近代艺术只求替有闲阶级制造遣闲工具，满足骄奢淫逸者的快感欲，对于社会是一种有罪的浪费。托尔斯泰要把艺术从象牙之塔搬到十字街头。他和英国罗斯金和莫里斯（William Morris）诸人都是反对当时“为艺术而艺术”的风尚。这种风尚，在他们看，最容易使艺术走到职业化和阶级化的路，结果是由与人生隔绝而腐化。这个思潮在现代很强盛。法国一般从社会学观点研究美学者，和俄国主张文艺大众化者，大半直接地或间接地承受托尔斯泰的影响。

托尔斯泰是一位虔敬的耶教信徒，不免把宗教的成见应用到艺术理论上去。但是近代科学家中也有些人深深地觉到文艺和道德的密切关系，虽然他们对于道德并没有什么成见。英国心理学派批评家理查兹（Richards）就是如此。在他看，谈到究竟，艺术总须有价值。“价值”起于事物对于人生的关系。离开人生，便不能有所谓“价值”。艺术家的任务就在保存和推广人生中最有价值的经验。什么是最有价值的经验呢？人类生来有无数自然冲动（impulses）。这些自然冲动如食欲、性欲、名欲、利欲、哀怜、恐惧、欢欣、愁苦之类往往互相冲突。在实际生活中我们让某一种冲动自由实现，便须把所有的相反的冲动一齐压抑住或消灭去。但是压抑或消灭不是理想的办法，它是一种可惜的损耗。道德的问题就在如何使相反的冲动调和融洽，并行不悖；就在对于它们加以适宜的组织（organization）。“对于人类可能性损耗最少的就是最好的组织”。换句话说，在最有价值的经验中，最多数的相反的冲动和兴趣能得最大量的调和，遭最少量的损耗和压抑。活动愈多方，愈繁复，愈自由，愈不受阻碍，则生命亦愈丰富。据理查兹说，艺术的经验是最丰富的经验，因为在想象的世界里，实际生活的种种限制不存在，自然的冲动虽往往彼此互相冲突，我们却可把它们同时放在一个调和的系统里，不必借压抑一部分冲动才可以给另一部分冲动以自由发展的机会。举一个例来说，哀怜和恐惧两种情绪本来带着两种相反的冲动，哀怜的冲动是趋就，恐惧的冲动是避免。悲剧可以同时引起哀怜和恐惧，所以同时给两种相反的冲动以自由发展的机会。艺术作品愈伟大，它所调和的冲动也就愈繁复；用寻常语言来说，就是想象愈丰富，意义愈深广。世间事有因都有果，一个人如果真正了解一部有价值的文艺作品，他的性情和思想必定经过若干改变。一个人如果在读了一部书以后和在未读它以前完全是一样，气质毫无变化，那只有两种可能的解释，不是他自己有缺点，就是那一部书有缺点。说文艺与道德应分开的人们，不但不了解道德，也并没有了解文艺。

理查兹的学说一方面应用弗洛伊德派心理学，一方面也反映近代的人生观。弗洛伊德派心理学告诉我们，自然冲动是不能勉强压抑下去的，如果把它们勉强压抑下去，会酿成种种心理的变态。被压抑的欲望在绕弯子寻出路时，于是有文艺。理查兹虽不附和文艺为欲望的升华说，却承认压抑自然冲动是一种生机的损耗。其次，就人生哲学说，从柏拉图到中世纪耶教的大师都主张用理智去节制本能和情感。耶教的苦行主义简直把本能和情感当作罪孽的根源，要把它们完全消灭去。从文艺复兴以后，人们才逐渐放弃苦行主义的压抑政策，求人生多方面的尽量的自由发展。歌德的《浮士德》是这种近代人生观的结晶。理查兹以为我们如果要尽量地发展人的可能性，须走文艺的路，因为在文艺中相反的冲动可以调和。

关于文艺与道德问题的学说甚多，本篇只举其荦荦大者。从这个简单的历史的回溯看，我们可以见出这个问题虽然闹了几千年之久，到现在仍是没有公认的结论。留心这个问题的人们尚有精心探讨的必要，不是武断或盲从所可了事的。

第八章

文艺与道德（二）：理论的建设

一

在历史上文艺与道德的问题闹了二千余年之久，许多伟大的思想家和艺术家都卷入战团，到今天还没有得到一个结局。这件事实固然显出问题的繁难，同时也引起我们怀疑从前人讨论这问题的态度和方法都有很大的缺陷。就态度说，他们都先很武断地坚持一种信仰而后找理由来拥护它。就方法说，他们对于文艺和道德的关系，不是笼统地肯定其存在，就是笼统地否认其存在。其实就某种观点看，文艺与道德密切相关，是不成问题的；就另一种观点看，文艺与道德应该分开，也是不成问题的。从前人的错误在没有认清文艺和道德在哪几方面有关系，在哪几方面没有关系，于是“文艺与道德有关”和“为文艺而文艺”两说便成为永远不可调和的冲突。在本篇里我们想平心静气地把这两说衡量一下，看它们的长短所在，然后参较事实，仔细分析文艺与道德的关系，求出一个较可满意的结论。

文艺寓道德教训说在历史上占势力最长久，而在近代也最为人所唾弃。它在种种方面都叫人不满意。第一，从心理学方面说，它根本误解美感经验。在创造或欣赏的一顷刻中，我们心中只有一个独立自足的完整意象。这种意象完全是想象的，我们不能拿评判实事实物的标准来评判它。天上的一片云或是园中的一朵花，在我们无所为而为地观赏时，便自成一世界，既不能教忠教孝，也不能诲奸诲淫。凡是艺术作品所表现的意象都是如此，它和实际人生是隔着一个距离的。艺术的任务在忠实地表现人生，不在对于人生加以评价。评价是伦理范围里的事，与艺术无直接关系。从道德观点看，《红楼梦》里的贾政比贾赦、尤三姐比尤二姐都较易博得同情；但是从艺术观点看，他们应该等量齐观，作者把他们都写得尽情尽理。我们欣赏贾赦、尤二姐以及西门庆、潘金莲之类的人物，并非因为在道德上同情他们，乃是因为他们在艺术上是成功的作品。

其次，从哲学方面看，文艺寓道德教训说根据的人生观太狭隘。人性本来是多方的，需要也是多方的。人性中本有饮食欲，渴而无所饮，饥而无所食，固然是一种缺乏；人性中本有求知欲而没有科学和哲学活动，本有美的嗜好而没有艺术的活动，也未始不是一种缺乏。真和美的需要也是人生中一种饥渴——精神上的饥渴。柏拉图和耶教徒把想象和情感看成人性中的危险物，想用理智把它们压制下去。它们能否受压制还是一个问题，纵或能受压制，也还是剥削一部分天性去培养另一部分天性，究竟不是一种理想的办法。健康的人生观应该能容许多方面的调和的发展。压抑、剥削、摧残，最多只能造成畸形的发展，最后总不免流于褊狭虚伪。我们细看历史，就可以发现在一种文化兴旺的时候，健康的人生观和自由的艺术总是并行不悖，古希腊史诗和悲剧时代、中国的西汉和盛唐时代以及英国莎士比亚时代可以为证；一种文化到衰败的时候，才有狭隘的道德观和狭隘的"为艺术而艺术"主义出现，道德和文艺才互相冲突，结果不但道德只存空壳，文艺也走入颓废的路，古希腊三世纪以后，中国齐梁时代以及欧洲十九世纪后半期可以为证。

道德上有训练，有修养，艺术上也有训练，有修养。这两种修养都可以使人达到孔子所说的"思无邪"的境界。从道德观点说，"思无邪"是胸有把握，不至为邪念所引诱。从艺术观点说，它是专心致志地无所为而为地欣赏一个孤立绝缘的意象，注意力不旁迁他涉。一个人如果因看见内容涉及淫秽事迹的作品（如《西厢记》、《红楼梦》、《金瓶梅》之类）而动淫欲，他不但是道德的罪人，对于艺术也是孽蠹。我们对于一般人所斥为淫秽的作品可以持两种态度：一种是索性不看它或是把它毁去，免得它引动邪欲凡念；一种是尽管看它，它淫而我不淫。前者是"风帆不动，贤者心自动"，后者是"风帆虽动，贤者心不动"。请问道德家，这两种态度哪一种较合于道德的理想呢？从前怕艺术伤风败俗而主张把它消灭或加以道德化的人们都不免是"风帆不动，贤者心自动"。他们的心地本来不纯洁，愈易引诱所以愈怕引诱，以为把引诱的来源割断，就可以一清百清。其实心术不正，什么地方不是引诱？一个人要保持贞洁，不一定要做太监，做了太监，也不一定就能保持贞洁。孔子究竟是一个修行有素的人，所以他删诗定乐时，肯把桑间濮上之音和清庙明堂之叶并存不废。"才不才亦各言其子"，淫不淫亦各言其志。诗既在言志，我们就只能看它言得是否入情入理，不应问"志"的本身何如。

情感自由和思想自由一样，是不应受压迫而且也不能受压迫的。文艺是情感的自由发展的区域。情感的势力实在比理智的更强大，所以文艺对于人的影响非常深广。道德家看到这种影响，往往用两种方法来驾驭它。

第一种方法是利用。在历史上道德、宗教和政治都利用过文艺做宣传品。中国唐宋以后的古文家要用文载道，西方假古典派作者要借诗歌、戏剧作教训的工具，结果是文艺走上很褊狭、陈腐、肤浅的路。欧洲中世纪耶教徒要利用文艺宣传宗教，结果到文艺复兴时代，文艺变成解放精神、打破宗教束缚的主要的原动力。法国大革命时代当局要利用文艺宣传平等、自由，结果是文艺衰落。以近代最伟大的骚动和改革做背景而没有产生一种伟大的文艺作品，实在是一件可诧异惋惜的事。据布吕纳介（Brunetière）的研究，法国革命时带宣传性的戏剧极发达，但是在当时轰动一时的剧本大半都平凡幼稚，现在已没有一部值得我们注意。据历史的教训看，利用文艺为宣传工具只有两种结果，不是像中世纪宗教艺术向利用者倒戈，就是像假古典时期和法国革命时期，文艺因不能自由发展而僵死。

道德家的第二种驾驭文艺的方法是压迫，或美其名曰“检查”、“审定”。柏拉图是第一个主张文艺要经国家审定的人，不过他的理想国并未实现，他的文艺主张也徒托空言。中世纪耶教徒一方面想利用文艺，同时也设法钳制文艺，但是说来很奇怪，最放任不羁的也莫过于中世纪欧洲文艺。虽然在表面上它有时涂了一些宗教的色彩做护身符，大概和外国人在卖给中国的货物上大书“提倡国货”的字样同一伎俩。英国清教徒当政时以为戏剧伤风败俗，严加禁止，但是查理二世复辟以后，戏剧复兴，偏要触犯清教徒所忌讳的猥亵佻达的言貌。

近代各国政府多设专门机关去检查审定文艺作品。福楼拜的《包法利夫人》和波德莱尔的诗集《罪恶之花》都受法国政府检举过，惹起轰动一时的诉讼。乔伊斯（J. Joyce）和劳伦斯（Lawrence）的几种名著也被英国政府禁止过。但是这些被禁止的书籍销行反而更广。政府的干涉恰好替它们做了广告。“防民之口，甚于防川。”有远见的政治家和道德家最好让思想和情感自由流露，如设堤防去阻止它们，一旦到堤防决口时，它们便不免泛滥横流，走到另一极端，影响反更坏。到了最后，文艺作品的检查审定者还是人民自己。哪一个时代没有一些无艺术价值而且有害世道人心的作品？但是这些作品中哪一部后来不遭自然淘汰？一般负检查审定文艺作品之责的官吏不幸大半都不是理想的文艺的裁判者，他们不是见地狭隘，就是趣味低下，结果不但是无补于世道人心，而且引起一般人对于文艺与道德的讨论生极强烈的反感。现在我们拿文艺和道德相提并论，仿佛自觉犯了替审定检查诸公张目的嫌疑，一般人也不免起“掩鼻而过之”的态度。这种反感实可惋惜，因为它酿成许多偏见。

二

我们在分析美感经验时，大半采取由康德到克罗齐一线相传的态度。这个态度是偏重形式主义而否认文艺与道德有何关联的。把美感经验划成独立区域来研究，我们相信“形象直觉”、“意象孤立”以及“无所为而为地观赏”诸说大致无可非难。但是根本问题是：我们应否把美感经验划为独立区域，不问它的前因后果呢？美感经验能否概括艺术活动全体呢？艺术与人生的关系能否在美感经验的小范围里面决定呢？形式派美学的根本错误就在忽略这些重要的问题。

第一，我们须明白美感经验只是艺术活动全体中的一小部分。美感经验是纯粹的形象的直觉，直觉是一种短促的、一纵即逝的活动；艺术的完成则需要长时期坚持的努力。比如做诗，诗的精华在情趣饱和的意象。这种意象突然间很新鲜地涌现于作者的眼前，他觉得它有趣，把它抓住记载下来，于是有诗。美感经验只限于意象突然涌现的一顷刻。但是做诗却不如此简单。在意象未涌现以前，作者往往须苦心构思，才能寻到它。纵然它有时不招自来，也必须在潜意识中经过长期的酝酿。在意象涌现的一顷刻中，诗人心中固然只直觉到一个孤立绝缘的意象，对于它不加以科学的思考或伦理的评价。但是直觉之后，思考判断自然就要跟着来。作者得到一个意象不一定就用它，须斟酌它是否恰到好处；假如不好，他还须把它丢开另寻较满意的意象。这种反省与修改虽不是美感经验，却仍不失其为艺术活动。美感经验只能有直觉而不能有意志及思考；整个艺术活动却不能不用意志和思考。在艺术活动中，直觉和思考更递起伏，进行轨迹可以用断续线表示。形式派美学在这条断续线中取出相当于直觉的片段，把它叫做美感经验，以为它是孤立绝缘的。这在方法上是一种大错误，因为在实际上直觉并不能概括艺术活动全体，它具有前因后果，不能分离独立。形式派美学既然把美感经验划为独立区域，看见在这片刻的直觉中文艺与道德无直接关系，便以为在整个的艺术活动中道德问题也不能闯入，这也未免是以偏概全，不合逻辑。

其次，纵使我们退一步想，假定美感经验与艺术活动完全相等，如形式派所主张的，我们也要明白这种等于艺术活动全体的美感经验决不能划为独立区域。人在生理和心理两方面都是完整的有机体，其中部分与部分，以及部分与全体都息息相关，相依为命。我们固然可以指出某一器官与某另一器官的分别，但是不能把任何器官从全体宰割下来，而仍保存它的原有的功能。我们不能把割碎的四肢五官堆砌在一块成为一个活人，生命不是机械，部分之和不一定等于全体，因为此外还有全体所特有的属性。同理，我们固然可以在整个心理活动中指出“科学的”、“伦理的”、“美感的”种种分别，但是不能把这三种不同的活动分割开来，让每种孤立绝缘。在实际上“美感的人”同时也还是“科学的人”和“伦理的人”。文艺与道德不能无关，因为“美感的人”和“伦理的人”共有一个生命。形式派美学在把“美感的人”从整个的有机的生命中分割出来时，便已把道德问题置于文艺范围之外。我们如果承认这种分割合理，便须附带地否认文艺与道德的关系。但是这种分割与“人生为有机体”这个大前提根本相冲突。承认人生为有机体，便不能不否认艺术活动可以孤立绝缘，便不能不承认文艺与道德有密切的关系。形式派美学的错误在过信19世纪以前所盛行的机械观和分析法，这个毛病我们将来批评克罗齐派美学时还要详加讨论。

以上专论形式派美学对于文艺与道德问题的误解，此外19世纪后半期文人所提倡的“为文艺而文艺”，在理论上有更多缺点。喊这个口号的人们不但要把艺术活动和其他活动完全分开，还要把艺术家和社会人生绝缘，独辟一个阶级，自封在象牙之塔里，礼赞他们的唯一尊神——美。这种人和狭隘的清教徒恰走两极端，但是都要摧残一部分人性去发展另一部分人性。这种畸形的性格发展决不能产生真正伟大的艺术，因为从历史看，伟大的艺术都是整个人生和社会的返照，来源丰富，所以意蕴深广，能引起多数人发生共鸣。“为文艺而文艺”的倡和者把艺术和人生的关系斩断，专在形式上做功夫，结果总不免流于空虚纤巧。戈蒂耶和王尔德的成就我们是看得见的。

三

在以上两节中我们发现“为道德而艺术”和“艺术独立自主”两个相反的主张各有各的真理，也各有各的毛病。为在事实中求理论的佐证起见，我们最好朝另一个方向去研究，就是拿以往艺术作品来分析，看它们和道德的关系究竟如何。以文艺与道德关系为标准，作品可以分为三类：（一）有道德目的者，（二）一般人所认为不道德者，（三）有道德影响者。

一、所谓有道德目的，就是作者有意要在作品中寓道德教训。这类作品中有具极大艺术价值的，如《新旧约》、中世纪的耶教艺术、但丁的《神曲》、班扬的《天路历程》、弥尔顿的《失乐园》、雨果的《悲惨世界》、托尔斯泰的小说以及易卜生、萧伯纳诸人的戏剧都是显著的例；也有没有艺术价值的，如华兹华斯的宣传教义的十四行诗（ecclesiastical sonnet）、假古典时代的教训诗（didactic poem）、法国革命时代带宣传性的戏剧、中国的无数的“善书”和“阴骘文”都是最显著的例。从这些证据看，我们不能因为作者有道德目的，就断定他的作品好或坏。

二、一般人所谓不道德的作品定义非常难下。通常大半指材料或内容中有不道德的事迹。像《金瓶梅》、《九尾龟》、法国皮耶路易的《爱神》、英国劳伦斯的《虹》和《恰特里夫人的情人》之类都被人称为“淫书”。照柏拉图看，荷马的史诗和古希腊的悲剧，都是不道德的，因为它们把神和英雄描写得像平常人一样可以犯罪作恶，破坏国民的中心信仰。琼森常不满意于莎士比亚，因为他的悲剧里没有道德目的，使善恶同归于尽。法国政府禁止波德莱尔的《罪恶之花》第一版，因为“里面有些题材最好是丢去不写”，如死尸恶臭裸体美之类。德国政府禁止《西线平静无战事》影片，因为它会教青年厌恶战争，妨碍国家主义。从这些实例看，我们可见从题材内容断定作品的道德或不道德，很少有作品可以宣告无罪。人生本来有许多不道德的事情，自然难免不反映到艺术作品里去。人世不是天堂，所以艺术品不尽是洁白无瑕的仙子的行赞。其次，以上所举的作品在艺术上大半都有很高的价值，一般人或是一部分人虽然以为它们是不道德的，作者们自己却否认有什么不道德的目的。材料内容的道德与不道德并不足以决定作品的艺术的价值。但丁在《神曲·地狱》部何尝没有描写奸盗邪淫？歌德在《浮士德》里何尝没有描写恶魔大逆？但是原来丑劣的材料都经艺术熔铸成为美妙的形象。艺术的功用就在征服丑劣的自然，世间固然有些不道德的作品，如坊间流行的许多淫书，宣传狭义的爱国主义和揶揄外国人的影片，甚至于提倡狭义的英雄主义的小说，都应该以舆论的力量去淘汰。作者们大半有意迎合群众的心理弱点，借艺术的旗帜，干市侩的勾当，不仅在道德上是罪人，从艺术观点看，他们尤应受谴责。

他们的作品根本不是艺术，所以不能作道德与艺术问题的论证。

三、有道德影响与有道德目的应该分清。有道德目的是指作者有意宣传一种主义，拿文艺来做工具。有道德影响是指读者读过一种艺术作品之后在气质或思想方面生较好的变化。有道德目的的作品固然有时可生道德影响。一切喜剧和讽刺小说都不免有几分道德目的，都要使人知道个人言动笑貌和社会制度习惯的缺点可笑，应该设法避免。这类作品如果在艺术上成功，无形中都可以产生道德影响。法国如果没有拉伯雷（Rabelais）、莫里哀（Molière）和伏尔泰（Voltaire）诸讽刺作家，人情风俗的变迁也许另是一样。有道德目的的作品不一定就生道德影响，很少有人因为读善书、阴骘文而变成真正的君子。有时狭隘的道德目的反而产生不道德的影响，《水浒》的作者何尝不说要教人忠孝节义，但是许多强盗流氓都是要模仿梁山泊的好汉。最可注意的是没有道德目的的作品往往可以发生最高的道德影响。莎士比亚的悲剧是最好的例。就目的说，莎士比亚绝对没有什么道德主张要宣传；就内容说，悲剧的事迹如女逐父、夫杀妻、臣叛君、弟弑兄之类大半是不道德的。但是在真正了解一部悲剧之后，我们并不颓丧，反而觉得感发兴起，一方面情感仿佛经过一番净化和尊严化，一方面对于人生世相也得一种深刻的观照。粗略地说，凡是第一流艺术作品大半都没有道德目的而有道德影响，《荷马史诗》、古希腊悲剧以及中国第一流的抒情诗都可以为证。它们或是安慰情感，或是启发性灵，或是洗涤胸襟，或是表现对于人生的深广的观照。一个人在真正欣赏过它们以后，与在未读它们以前，思想气质不能是完全一样的。

四

我们关于文艺与道德问题的主张大要在上文已可见出，现在把纷乱的线索理清楚，作一个总结束。

关于任何学问，答案的误谬往往由于问题的暧昧。从前许多学者对于文艺与道德的关系发出许多错误议论，就因为“文艺与道德有无关系”这个问题太笼统。为精确起见，它应该分为下列几个问题：

一、在美感经验中，从作者的观点与读者的观点看，文艺与道德有何关系？

二、在美感经验前，从作者的观点与读者的观点看，文艺与道德有何关系？

三、在美感经验后，从作者的观点与读者的观点看，文艺与道德有何关系？

我们现在逐条研究。

一、在美感经验中，无论是创造或是欣赏，心理活动都是单纯的直觉，心中猛然见到一个完整幽美的意象，霎时间忘去此外尚有天地，对于它不作名理的判断，道德问题自然不能闯入。西门庆引诱潘金莲原是不道德的行为，武松拒绝潘金莲的引诱原是道德的行为，但在《水浒》和《金瓶梅》的作者和读者看，这两面文章同样地有趣，同样地入情入理。使人觉得有趣和入情入理，武松、西门庆和潘金莲在艺术上都是成功的角色。在觉得有趣和入情入理的那一顷刻，作者和读者都只用直觉观赏纯意象，无暇从道德的观点去褒奖武松或是谴责西门庆和潘金莲。我们还可以进一步说，艺术的作品是否成功，就要看它能否使人无暇取道德的态度，而专把它当作纯意象看，觉得它有趣和入情入理。就美感经验本身说，我们赞成形式派美学的结论，否认美感与道德观有关系。

二、一个人不能终身都在直觉或美感经验中过活，艺术的活动不仅限于短促的一纵即逝的美感经验。一个艺术家在突然得到灵感、见到一个意象（即直觉或美感经验）以前，往往经过长久的预备。在这长久的预备期中，他不仅是一个单纯的“美感的人”，他在做学问，过实际生活，储蓄经验，观察人情世故，思量道德、宗教、政治、文艺种种问题。这些活动都不是形象的直觉，但在无形中指定他的直觉所走的方向。稍纵即逝的直觉嵌在繁复的人生中，好比沙漠中的湖泽，看来虽似无头无尾，实在伏源深广。一顷刻的美感经验往往有几千万年的遗传性和毕生的经验学问做背景。道德观念也是这许多繁复因素中一个重要的节目。莎士比亚和荷马不同，歌德或易卜生又和莎士比亚不同，这不仅由于形式技巧的变迁，他们所表现的人生观照和了解也不一致。有些作家无意于表现道德观而道德观自现，莎士比亚和陶潜可以为证；也有些作家很坦白地自认有意表现道德观而亦无伤于文艺，托尔斯泰和萧伯纳可以为证。说在美感经验以前，文艺与道德密切相关，实无异于说艺术与时代背景和作者个性有关。这个道理本极平凡浅显，但是“为文艺而文艺”说的倡和者却把它忽略过去了。

其次，就读者方面说，一个人的道德的修养和见解，往往也可影响到他对于文艺的趣味。同是一个艺术作品对于甲引起美感态度，对于乙则引起道德态度。琼森嫌莎士比亚的《李尔王》(*King Lear*)最后一幕中孝女考狄利娅死得太惨，不忍卒读，到后来他编注这部悲剧，才勉强把它读下去。看戏者常愤恨秦桧卖国，替岳飞抱不平，看小说者常希望在结局时有情人竟成眷属。这些都是道德态度。就艺术观点说，以道德态度应付艺术，是趣味低劣的表现，是人类的一种弱点。但是就实际经验看，这种弱点非常普遍。艺术本应引起美感态度而却引起道德态度，是失其应有的功用，所以艺术家不能不顾到人类的这个普遍的弱点，设法使他的作品不受它影响。这里我们要回到“距离”说了。艺术与道德的距离须配得恰到好处，这是美感经验成立的必要条件。如果一件作品引起道德上的反感，如《李尔王》对于琼森；或是引起道德上的同情，如看戏者愤恨秦桧，替岳飞抱不平，美感经验就根本不能成立了。

三、在美感经验以后，文艺与道德的问题更为复杂。我们一方面要顾到价值的标准，一方面要顾到文艺所产生的道德的影响。

先说价值的标准。我们评判艺术作品的价值，应该纯粹地从文艺观点着眼，还是同时要顾到道德的观点呢？依形式派美学说，文艺自成一独立区域，自有价值，评判价值的标准应该完全在它本身中寻出，道德的标准是外来的，不能应用。英人布拉德雷在《牛津诗歌演讲集》(Bradley：*Oxford Lectures on Poetry*)里《为诗而诗》篇里说得最清楚：

> “为诗而诗”一个公式对于诗的经验怎样解说呢？依我看，它说以下数事：第一，这种经验自身就是一种目的，有一种内在价值；值得有，并不为它本身以外的缘故。第二，它的诗的价值就只限于这种内在价值。诗尽管

有外在价值，比如说它可以效用于文化或宗教，可以传教训，慰情感，助成一种美举，或是替诗人得利，得名，得良心上的安慰。那么，更好，就让我们为这些缘故把诗看得有价值。但是就其为一种可喜的想象的经验而言，诗的价值不能直接地因它的外在价值决定，它应该完全从诗的本身判定。这两条原则以外，我们还可以再加一条，虽然这并不必要：无论诗人自己在做诗时或是读者在体验诗时，考虑到外在目的，就难免降低诗的价值。因为这种考虑容易把诗从它自己的特殊空气中拉出来，以至变化它的本质。

理查兹在《文学批评原理》里对于这种“为诗而诗”的议论曾加辩驳，我们大致同意。所谓外在价值，如文化、宗教、教训、慰情感、得名利等，实在不能等量齐观。名利固然不能决定诗的价值，至如文化、宗教、教训、情感诸因素对于诗的价值却非毫无影响。文艺作品原来不可以一概论，有可以完全从文艺本身定价值的，如陶潜的《桃花源记》，韩愈的《毛颖传》，谢灵运和王维的写景诗以及柳宗元的山水杂记之类纯粹的想象的或状物的作品都属于这一类（这类文学在中国实在稀少）；也有不能完全从文艺本身定价值的，如屈原的《离骚》，阮籍、杜甫、白居易、陆游、元好问诸人的诗，大部分元曲，以及一般讽刺作品，在这些实例中，作者原来有意地或无意地渗透一种人生态度或道德信仰到作品里去，我们批评它的价值时，就不能不兼顾到那种人生态度或道德信仰的价值。比如我们批评屈原和杜甫的诗，不能把他们的人格和忧世忠君的热忱看作与他们的艺术毫无关系。所以一般“为文艺而文艺”的倡和者所反对的以道德的标准去评定文艺的价值，也还是有斟酌的余地。

其次，文艺能发生道德的影响，连形式派美学家也并不否认，他们所着重的有两件：一、作者不应该顾虑到这种影响，二、读者不应该以这种影响去评判文艺的价值。这两条我们已经讨论过，现在回到道德的影响本身来研究。文艺能产生怎样的道德的影响呢？

第一，就个人说，艺术是人性中一种最原始、最普遍、最自然的需要。人类在野居穴处时代便已有图画诗歌，儿童在刚离襁褓时便作带有艺术性的游戏。嗜美是一种精神上的饥渴，它和口腹的饥渴至少有同样的要求满足权。美的嗜好满足，犹如真和善的要求得到满足一样，人性中的一部分便有自由伸展的可能性。汩丧天性，无论是在真、善或美的方面，都是一种损耗，一种残废。从前人论文艺的功能，不是说它在教训，就是说它在娱乐，都是为接受艺术者着想，没有顾到作者自己。其实文艺有既不在给人教训又不在供人娱乐的，作者自己的“表现”的需要有时比任何其他目的更重要。情感抑郁在心里不得发泄，近代心理学告诉过我们，最容易酿成性格的乖僻和精神的失常。文艺是解放情感的工具，就是维持心理健康的一种良剂。古代人说：“为道德而艺术”，近代人说：“为艺术而艺术”，英国小说家劳伦斯说：“为我自己而艺术（art for my own sake）。”真正的大艺术家大概都是赞同劳伦斯的。

艺术虽是“为我自己”，伦理学家却不应轻视它在道德上的价值。人比其他动物高尚，就是在饮食男女之外，还有较高尚的营求，艺术就是其中之一。“生命”其实就是“活动”。活动愈自由，生命也就愈有意义，愈有价值。实用的活动全是有所为而为，受环境需要的限制；艺术的活动全是无所为而为，是环境不需要人活动而人自己高兴去活动。在有所为而为时，人是环境需要的奴隶；在无所为而为时，人是自己心灵的主宰。我们如果研究伦理思想史，就可以知道柏拉图、亚理斯多德和中世纪耶教大师们，就学说派别论，彼此相差很远，但是谈到“最高的善”，都以为它是“无所为而为的观赏”（disinterested contemplation）。这样看，美不仅是一种善，而且是“最高的善”了。

第二，就社会说（读者在内），艺术的功用，像托尔斯泰所说的，在传染情感，打破人与人的界限。我们一般人都囿在习惯所划定的狭小世界里，对于此外的世界都是痴聋盲哑，视而不见，听而不闻，食而不知其味。艺术家比较常人优胜，就在他们的情感比较真挚，感觉比较锐敏，观察比较深刻，想象比较丰富。他们不但能见到比较广大的世界，而且引导我们一般人到较广大的世界里去观赏。像一位英国学者所说的，艺术家“借他们的眼睛给我们去看”（lend their eyes for us to see）。古希腊悲剧家和莎士比亚使我们学会在悲惨世界中见出灿烂华严，阿里斯托芬和莫里哀使我们学会在人生乖讹中见出谑浪笑傲，荷兰画家们使我们学会在平凡丑陋中见出情趣深永的世界。在拜伦（Byron）以前，欧洲游人没有赞美过威尼斯，在透纳（Turner）以前，英国人没有注意到泰晤士河上有雾。没有谢灵运、陶潜、王维一班诗人，我们何曾知道自然中有许多妙境？没有普鲁斯特（Proust）、劳伦斯一班小说家，我们何曾知道人心有许多曲折？艺术是启发人生自然秘奥的灵钥，在“山重水复疑无路”时，它指出“柳暗花明又一村”。

这种启发对于道德有什么影响呢？它伸展同情，扩充想象，增加对于人情物理的深广真确的认识。这三件事是一切真正道德的基础。从历史看，许多道德信条到缺乏这种基础时，便为浅见和武断所把持，变为狭隘、虚伪、酷毒的桎梏，它的目的原来说是在维护道德，而结果适得其反，儒家的礼教，耶教的苦行主义，日本的武士道，都可以为证。雪莱在《诗的辩护》中说得最好：

> 道德的大原在仁爱，在脱离小我，与非我所有的思想行为和身体的美妙点相同一。一个人如果要真是一个大好人，必须能深刻地广阔地想象；他必须能设身处一个别人或许多别人的地位，人类的忧喜苦乐须变成他的忧喜苦乐。达到道德上的善，顶大的津梁就是想象；诗从这种根本地方下手，所以能发生道德的影响。

总之，道德是应付人生的方法，这种方法合式不合式，自然要看对于人生了解的程度何如。没有其他东西比文艺能给我们更深广的人生观照和了解，所以没有其他东西比文艺能帮助我们建设更完善的道德的基础。苏格拉底的那句老话是多么简单，多么惹人怀疑，同时，它又是多么深永而真确！

“知识就是德行！”

> **作者补注** 讨论文艺与道德关系的七、八两章，是在北洋军阀和国民党专制时代写的，其中“道德”实际上就是指“政治”。
>
> 1981 年 7 月读校样时写

第九章

自然美与自然丑

——自然主义与理想主义的错误

一

在日常语言中“美”、“丑”两个字用来形容自然和用来形容艺术，简直没有分别。其实“自然美”和“自然丑”与“艺术美”和“艺术丑”应该分开来说。这种看法虽然与常识相冲突，但是要真正了解美的本质，我们必须把艺术的美丑和自然的美丑分清。本章先说自然美与自然丑的意义。

“自然”（nature）的意义本来很混。假古典派学者以为自然就是“真理”或“人性”，蒲柏（Pope）说：“研究古人就是研究自然”，因为古人在他们的作品中已经把真理和人性表现得透辟无余了。现在一般人把“自然”看成与“人”相对的，人以外的事物，如天地星辰、山川草木、鸟兽虫鱼之类，统称为“自然”。有时“自然”与“人为”相对，人也归在“自然”里，人工所造作的就不是“自然”。但是这种意义也不十分精当，一片自然风景里也可以包括城郭楼台在内。我们现在姑且用一个最概括的意义，说自然就是现实世界，凡是感官所接触的实在的人和物都属于自然。

从来学者对于自然的态度可略分为两种，“自然主义”（naturalism）和“理想主义”（idealism）［注意：这专就对于自然的态度而言，不是指艺术的作风，所以这里所说的“自然主义”和法国小说家左拉所倡的“自然主义”是两回事。我们这种用法的根据是法国美学家拉罗（Lalo）的《美学导言》］。

自然主义起源比较近。各民族在原始时代对于自然都不很能欣赏。应用自然景物于艺术，似以中国为最早，不过真正爱好自然的风气到陶潜、谢灵运的时代才逐渐普遍。《诗经》应用自然，和古代图画应用自然一样，只把它当背景或陪衬，所以大半属于“兴”，“兴”就是从观察自然而触动关于人事的情感。从晋唐以后，因为诗人、画家和僧侣的影响，赞美自然才变成一种风尚。在西方古代文艺作品中描写自然景物的非常稀罕。西方人爱好自然，可以说从卢梭起，浪漫派作家又加以推波助澜，于是“回到自然”的呼声便日高一日。

中国艺术家欣赏自然，和西方人欣赏自然似乎有一个重要的异点。中国人的“神”的观念很淡薄，“自然”的观念中虽偶杂有道家的神秘主义，但不甚浓厚。中国人对待自然是用乐天知足的态度，把自己放在自然里面，觉得彼此尚能默契相安，所以引以为快。陶潜的“众鸟欣有托，吾亦爱吾庐”，“平畴交远风，良苗亦怀新”诸句最能代表这种态度。西方人因为一千余年的耶稣教的浸润，“自然”和“神”两种观念常相混合。他们欣赏自然，都带有几分泛神主义的色彩。人和自然仿佛是对立的。自然带着一种神秘性横在人的眼前，人捧着一片宗教的虔诚向它顶礼。神是无处不在的，整个自然都是神的表现，所以它不会有什么丑恶。在卢梭看，自然本来尽善尽美，有人于是有社会，有文化；有了社会和文化，丑恶就跟着来了。诗人华兹华斯也是这样想。他在一首诗里向书呆子们劝告：“站到光明里来，让自然做你的师保”，“自然所赋予的智慧是甜蜜的，好事的理智把事物意义弄得面目全非，我们用解剖去残杀。”这种泛神主义的自然观决定了艺术家对于自然的态度。自然既是尽美尽善，最聪明的办法就是模仿自然。“模仿自然”本是西方艺术史中一个很古老的理想，古希腊人的艺术的定义就是“模仿”，柏拉图反对艺术，就因为它只模仿感官世界。这种艺术观在历代都有攻击者和拥护者。近代作家中拥护“艺术模仿自然”说者以罗斯金为最力。依他看，人工造作的东西无论如何精巧，都不能比得上自然。他说：“我从来没有见过一座古希腊女神的雕像，有一个血色鲜丽的英国姑娘的一半美。”最自然的就是最常见的，最常见的就是最美的。“凡是美的线形都是从自然中最常见的线形抄袭来的。”例如古希腊有柱无墙平顶式的建筑是模仿剪去枝叶的树林，“哥特式”尖顶多雕饰的建筑是模仿连枝带叶的树林，罗马圆顶式的建筑是模仿天空和地平线。因此，罗斯金劝建筑家们到树林里去从自然研究建筑原理。自然既已尽美，所以艺术家模仿自然，最忌以己意加以选择。他说：“人在这个世界里所能成就的最伟大的事业，就是睁着眼睛去看，然后把所见到的东西老老实实地说出来。”“完美的艺术都能返照全体自然，不完美的艺术才有所不屑，有所取舍。”“纯粹主义者拣选精粉，感官主义者杂取秕糠，至于自然主义者则兼容并包，是粉就拿来制糕饼，是草就拿来做床垫。”

罗斯金的论调并非孑然孤立的。法国古典派画家安格尔告诉他的学徒说："你须去临摹，像一个傻子去临摹，像一个恭顺的奴隶去临摹你眼睛所见到的。" 19 世纪法国雕刻家罗丹的《艺术论》也差不多和罗斯金一鼻孔出气。他说："我在什么地方学雕刻？在深林里看树，在路上看云，在作业室里研究模型；我处处都在学，只是不在学校里学。" 他劝我们说："第一件要事就是坚信自然全美，记得这个原理，然后睁开眼睛去观察。""我们的不幸都由于要跟着蠢人们去涂抹自然的本来面目。" 他说他自己向来不曾有意地改变自然。"如果我要改变我所见到的，加以润饰，我必定不能作出有价值的东西。" 左拉所提倡的自然主义虽专指艺术作风，与罗斯金的带有宗教色彩的自然主义有别，但对于艺术与自然的关系，见解亦颇相同。这种自然主义是写实主义的后身。它以为艺术像科学一样，应该是"实验的"，凡所描写都要拿出证据来，这种证据必定是自然所供给的。左拉看到他的小说《小酒店》编成剧本表演时，兴高采烈地说："简直和真的一样！人们来的来，去的去，有些坐在桌子旁边，有些站在柜台前面，简直就是一个小酒店的样子！" 他这样洋洋自得，就因为觉得他的艺术妙肖自然。写实主义和自然主义现在虽已过去，它们的余波却仍未尽消灭。

在罗斯金、罗丹和一般自然主义者看，自然本来就尽美尽善，艺术家唯一的成功捷径就在模仿整个的自然，丝毫不用选择。这种理论显然有许多难点。美丑是相对的名词，有比较然后有美丑。如果把自然全体都看成一样美，就没有分别美丑的标准，就否认美丑有比较，那么，"美" 也就漫无意义了。

艺术的功用如果在忠顺地模仿自然，既有自然，又何须艺术呢？法国画家卢梭（Théodore Rousseau）有一次在山里临摹一棵大橡树，一个过路的乡下人问他在干什么，他很诧异地说："你分明看见，我是在临摹那棵大橡树呀！"那位乡下人仍是莫名其妙，继续问他："那有什么用处呢？橡树不是已经长在那儿么？"波斯有一位画家画了一条鱼，自己很得意，一个乡下人见到，颇不以为然："上帝造鱼都给它一条性命，你给它一个身体，不给它性命，这不是造孽么？"这些乡下人的话看来虽愚蠢可笑，其实含有至理。艺术的功用原在弥补自然的缺陷，如果自然既已完美，艺术便成赘疣了。

妙肖自然并不是艺术的最高的成就，所以摄影不能代图画，蜡人不能代雕刻，电影不能代戏剧。如果妙肖自然是艺术的最高的成就，则艺术纵登峰造极，也终较自然为减色。什么音乐可以模仿急风迅雷，什么雕刻可以模仿高峰大海呢？画家塞尚告诉左拉说："我本来也想临摹自然，但是终于做不到。我不能'再造'太阳，但是我能'表现'太阳，这对于我也就行了。"左拉自己是自然主义的领袖，他也承认"艺术作品只是隔着情感的屏障所窥透的自然一隅"。说"隔着情感的屏障"，便承认艺术不能离开作者的个性，说"自然一隅"便非抄袭自然全体。写实派以福楼拜的成就最大，他就这样地骂写实主义：

> 大家所共称的写实主义与我毫不相干，虽然他们硬要拉我做一个主教。自然主义者所追求的都是我所鄙视的，他们所喝采的都是我所厌恶的。在我看来，技巧细节，地方掌故，以及事物在历史上的真确，都卑卑不足道，我所

到处寻求的只是美。

从种种方面看，自然主义都是很难成立的。

二

与自然主义相对峙的是理想主义。在理想派看，自然并不全美，美与丑相对，有比较然后有美丑，美自身也有高下等差，艺术对于自然，应该披沙拣金，取长弃短。理想主义比自然主义较胜一筹，因为它虽不否认艺术模仿自然，却以为这种模仿并不是呆板的抄袭，须经过一番理想化。理想化有两种意义。一种是指凭着想象和情感，将自然事物重新加以组织、整理和融会贯通，使所得的艺术作品自成一种完整的有机体，其中部分与全体有普遍的必然的关联。因此，艺术作品虽自然（natural）而却不是生糙的自然（nature），它表现出艺术家的理想性格和创造力。就这个意义说，理想主义是对的，凡是艺术都带几分理想性，因为它都带有几分创造性和表现性。这种见解发源于亚理斯多德。他在《诗学》里说诗比历史更是“哲学的”（意思是说更真），因为历史只记载已然的个别的事物，诗则须表现必然的普遍的真理，前者是模仿殊相，后者是模仿共相。用近代语言来翻译，他的意思是说历史只记载自然界繁复错乱的现象，诗和艺术则更进一层把自然现象后面的原理，用具体的形式表现出来。

后人误解亚理斯多德所说的“共相”（universals），以为“共相”就是“类型”（type），于是理想主义的另一种意义就起来了。所谓“理想”（ideal）就是“类型”，类型就是最富于代表性的事物，“代表性”就是全类事物的共同性。依这一说，艺术所应该模仿的不是自然中任何事物而是类型。比如说画马，不能只着眼某一匹马，须把一切马的特征画出，使人看到所画的马便觉得一切的马都恰是这样。同理，艺术所表现的人物，都不应只能适合于某一时某一地，要使人随时随地都觉得它近情近理。如果“天下老鸦一般黑”，你画老鸦就一定把它画成黑的；纵然你偶然遇到白的或灰的老鸦，也千万不要理会它，因为那不是“类型”。这种理想主义在各种艺术的古典时代最流行。比如古希腊造形艺术表现人物大半都经过两重理想化。第一，它选择模型，就着重本来已合理想的人物，男子通常都是力士，女子通常都是美人。第二，在表现本来已合理想的形体时，古希腊艺术家又加上一重理想化，把普遍的精要的提出，个别的琐细的丢开。他们的女神和力士大半都有一个共同的模样（即类型）。个性是古典艺术所不甚重视的。文艺复兴时代意大利画家受古希腊影响甚深，所以他们所表现的男子也大半魁梧奇伟，女子也大半明媚窈窕。17 世纪以后，在古希腊时代出于艺术家本能的，在假古典派作家便变成一种很鲜明的主义。在诗的方面如布瓦洛（Boileau）和蒲柏（Pope），在画的方面如雷诺兹（Reynolds）和安格尔（Ingres），在雕刻方面为温克尔曼（Winckelmann），都主张艺术忽略个性而侧重类型。

理想派的艺术在以往占过很久的势力，不过从浪漫主义和写实主义代兴以后，它就逐渐消沉了。近代艺术所着重的不是类型而是个性。在近代学者看，类型是科学和哲学对于具体事物加以抽象化的结果，实际上并不存在。艺术的使命在创造具体的形象，具体的形象都要有很明显的个性。一个模样可以套上一切人物时，就不能很精妥地适用于任何个别的人物。许多人物的共同性，在古典派认为精要，在近代人看，则不免粗浅、平凡、陈腐。鼻子是直的，眼睛是横的，这是古典派所谓“类型”。但是画家图容肖像，如果只把直鼻横眼一件平凡的事实表现出来，就不免千篇一律。画家的能事不在能把鼻子画得直，眼睛画得横，而在能表现每个直鼻子横眼睛所以异于其他直鼻子横眼睛的。莎士比亚的夏洛克（Shylock），莫里哀的阿尔巴贡（Harpagon），巴尔扎克的葛朗台（Grandet），以及吴敬梓的严贡生都是守财奴，却各有各的本色特性，所以都很新鲜生动。如果艺术只模仿类型，则从莎士比亚创造夏洛克之后，一切文学家都可以搁笔，不用再写守财奴了。

粗浅、平凡和陈腐都是艺术所切忌的。诗人维尼（Alfred de Vigny）在《牧羊人的屋》里说：

> 爱好你所永世不能见到两回的。

象征派诗人魏尔兰（Verlaine）也说：

> 不要颜色！只要毫厘之差的阴影！

这些劝告在近代人心里已留下很深的印痕。在文艺趣味方面，人类心灵欢喜到精深微妙的境界去探险，从前人的“类型”和普遍性已经不能引人入胜了。

三

从表面看，自然主义和理想主义似乎相反，其实它们都承认自然中原来就有所谓“美”，所不同者自然主义以为美在自然全体，理想主义以为美仅在类型。它们都以为艺术美是自然美的拓本，所不同者自然主义忌选择，理想主义则重选择。理想主义仍重模仿，所以在实际上仍是一种精炼的自然主义。德拉库瓦教授在他的《艺术心理学》里有一段话批评这两种不同的艺术观，说得很精当：

> 写实主义和理想主义有一个共同的假设：艺术是天生自在的，或是在经验的实在界里，或是在超经验的实在界里。艺术家的能事只在把现成的提取出来。其实艺术永不会是天生自在的，无论是经验的或是超经验的实在界里都没有现成的艺术。艺术就是创造，是人力。艺术的意象向来不是自然事物的拓本，它是艺术家创造出来熔化事物的。人把所见到的形象摆在心里反省一过，加以意匠经营，融会贯通，然后把心中所得的图画外射出去，使它具有形体。这是人的作品实现于外物界，并非自然本身的作品。

这番道理是自然主义和理想主义所共同忽视的。自然只是死物质，艺术却须使这种死物质具有生动的形式。自然好比生铁，艺术作品则为熔铸锤炼而成的钟鼎。艺术家的心灵就是熔铸的洪炉和锤炼的铁斧。熔铸锤炼之后才有形式，才有美。艺术不但不模仿自然，并且还要变化自然，所以如果我们用模仿自然的标准去衡量艺术，没有一件上流作品不露有几分不自然。我们在说“距离”时（参看第二章）已举过许多实例，现在再引歌德和爱克曼的谈话来说明艺术改变自然的道理。歌德有一天拿一幅吕邦斯（Rubens）的木刻画给爱克曼看，让他指出画的好处。

> 歌德：你看这画中的事物，像羊群、草车、马、回家的工人等，光线是从哪一方来的？
>
> 爱克曼：光线是从我们这方投影到画的里层去的。回家的工人们都在最丰满的光线里，这样产生的印象顶好。
>
> 歌德：你看这种好印象是怎样产生的？
>
> 爱克曼：因为背景阴暗，所以人物愈现得明显。
>
> 歌德：那阴暗的背景是怎样画出来的？
>
> 爱克曼：人物旁边有一丛树投射一片很浓的阴影，所以背景现得阴暗。呃，这倒有些奇怪！人物由我们这方投影到画的里层去，而树林却由画的里层投影到我们这方来。光线从两个相反的方向发出来。这种办法绝对地与自然相反了。
>
> 歌德（微笑）：要点就在这里。这些地方正显出吕邦斯是一位大画家，显出他的自由心灵能超越自然，使自然牵就他的卓越的心裁。那两重光线实在是违背自然，你的话不错，但是它虽然是反乎自然，却也是超乎自然。我说它是大画家的大胆的笔法，他用天才证明艺术不全受自然

所定下的必然法则所奴使，但自有它的特殊法则……艺术家对于自然有两重关系，他同时是自然的主人和奴隶。他是它的奴隶，因为他必须使用人世的工具，才能叫人懂得；他是它的主人，因为他奴使这些人世的工具，使它们效用于他的卓越的心裁。艺术家要使观众见到一种总印象，这种总印象在自然中寻不着，它是他自己的心的产品，或者说，他的心被一股灵气所鼓动的结果。如果我们随意浏览这张画，里面一切事物都使我们觉得自然，觉得它仿佛是自然的拓本。这样美的画在自然中向来见不着，普尚（Poussin）和劳冉（Claude Lorrain）的风景画也是如此，我们都觉得它们自然，但是在自然中却寻不着它们。

歌德的这番话把艺术和自然的关系很具体地指出，像他的许多关于文艺的话一样，是最值得寻思的。凡是真正艺术都极自然，但都不是自然的拓本，因为在自然中见不着它。

如果艺术的功用在模仿自然，则自然美一定产生艺术美，自然丑也一定产生艺术丑。但是事实与此恰相反。自然美可以化为艺术丑，许多香水、纸烟广告上的美人画就是好例。以人而论，面孔倒还端正，眉目倒还清秀；以画而论，则大半恶劣不堪。自然丑也可以化为艺术美。莎士比亚的全部悲剧都描写恶人和恶事，莫里哀的全部喜剧都描写丑人和丑事，但在艺术上都是登峰造极的作品。从前艺术家大半都怕用丑材料，近代艺术家才知道化自然丑为艺术美为难能可贵。荷兰画家伦勃朗欢喜描写老朽，西班牙画家浮勒斯克兹欢喜描写残废。雕刻家罗丹和爱朴斯丹（Epstein）尤其欢喜用丑陋的模型。罗丹说：

> 俗人往往以为现实界中他们所公认为丑的东西都不是艺术的材料。他们想禁止我们表现他们所不欢喜的自然事物。这其实是大错。在自然中人以为丑的东西在艺术可以变成极美。人以为丑的事物不外是残废、羸弱，令人联想到疾病，不合康强原则的，例如矮子、跛子、破烂的穷人、恶人、罪人、不道德的人以及扰乱社会的、失常态的人所有的性格和行为，弑亲者、叛国者和不问良心的野心家等，都是丑的。这些人物只能撞灾惹祸，大家给他们一个罪名，本很合理。但是大艺术家们和大文学家们对于这些丑人物却仍一律采用。他们仿佛有幻术家的魔棍，能化丑为美：这是一种点金术，一剂仙方。

从以上所引的事实和理论看，我们可以得到两个结论：

一、艺术的美丑和自然的美丑是两回事。

二、艺术的美丑不是模仿自然的美丑所得来的。

四

我们说“自然美”和“自然丑”时，“美”和“丑”的意义究竟如何呢？它不外下列两种：

一、“美”是使人发生快感的，“丑”是使人发生不快感的。例如论简单的线形，有规律的曲线美，无规律的曲线丑；论简单的颜色，饱和的红色美，不饱和的红色丑；论简单的音调，和谐的美，嘈杂的丑。这种分别完全起于生理作用。外物刺激感官时，如果适合生理构造，我们便愉快，便觉得它美，否则便不愉快，便觉得它丑。艺术常利用这种自然美，但是它本身不就是艺术美。许多单调的音乐，听起来很悦耳，但是不能引起深刻的情绪。许多颜色调和的图画，看起来很爽快，但是毫无意味。许多甜蜜的小说，读起来暂时很快意，但是毫无艺术价值。

二、“美”是事物的常态，“丑”是事物的变态。说“自然美”和“自然丑”时，通常大半用这个意义。法国学者孟德斯鸠有一段话把这个意义解释得最清楚：

> 毕非尔神父说美就是最普遍的东西集合在一块所成的。这个定义如果解释起来，实在是至理名言。他举例说，美的眼睛就是大多数眼睛都像它那副模样的，口鼻等也是如此。这并非说丑的鼻子不比美的鼻子更普遍，但是丑的种类繁多，每种丑的鼻子却比美的鼻子为数较少。这正像一百人之中如果有十人穿绿衣，其余九十人的衣服颜色都彼此不同，则绿衣终于最占势力一样。

比如说鼻子，它通常都是从上面逐渐高到下面，所以最美的鼻子如“悬胆”。如果鼻子上下一样粗细如腊肠，或是鼻孔朝天，那就太稀奇古怪了。稀奇古怪便是失常态。通常人说一件事物丑，其实不过是因为它稀奇古怪。宋玉描写理想的美人说：“增之一分则太长，减之一分则太短，着粉则太白，施朱则太赤。”凡美的事物都安不上“太”字，一安上“太”字就不免有些丑了。“太”就是超过常态，就是稀奇古怪。

人物都以常态为美。健全是人体的常态，耳聋、口吃、面麻、颈肿、背驼、足跛等都不是常态，所以显得丑。一般生物的常态是生气蓬勃，活泼灵巧，所以就自然美而论，猪不如狗，鱼不如蛇，樗不如柳，老年人不如少年人。非生物也是如此。山的常态是巍峨，所以巍峨最易显出山的美；水的常态是浩荡明媚，所以浩荡明媚最易显出水的美。同理，花宜清香，月宜皎洁，春风宜温和，秋风宜凄厉。常态所以使人觉得美，与实用观念有关。凡是一种形状或性质在全类事物中最普遍，它对于该类事物一定有特殊利益，这也还是应用生物学上“适者生存”一条原理。例如康健圆满是人体美的要件，多病多愁的脆弱的女子有时也显得美，这并不能打破原则，因为女子惹人怜才易惹人爱，脆弱对于女子还是有生物的特殊功能。康德以为自然美很少有纯粹的，就因为自然事物易引起实用的联想，由实用联想而觉到事物美（例如由康健而觉到人体美），那种美只能算是“有倚赖的”（参看第六章）。这第二种意义的“自然美”有时也为艺术所利用。它就是古典主义所推尊的“类型”。但是它与艺术究竟有别。许多描写类型的作品都很平凡、粗浅、陈腐，可以为证。

第十章
什么叫做美

一

艺术的美丑既不是自然的美丑，它们究竟是什么呢？

有人问圣·奥古斯丁："时间究竟是什么？"他回答说："你不问我，我本来很清楚地知道它是什么；你问我，我倒觉得茫然了。"世间许多习见周知的东西都是如此，最显著的就是"美"。我们天天都应用这个字，本来不觉得它有什么难解，但是哲学家们和艺术家们摸索了两三千年，到现在还没有寻到一个定论。听他们的争辩，我们不免越弄越糊涂。我们现在研究这个似乎易懂的字何以实在那么难懂。

我们说花红、胭脂红、人面红、血红、火红、衣服红、珊瑚红等，红是这些东西所共有的性质。这个共同性可以用光学分析出来，说它是光波的一定长度和速度刺激视官所生的色觉。同样地，我们说花美、人美、风景美、声音美、颜色美、图画美、文章美等，美也应该是所形容的东西所共有的属性。这个共同性究竟是什么呢？美学却没有像光学分析红色那样，把它很清楚地分析出来。

美学何以没有做到光学所做到的呢？美和红有一个重要的分别。红可以说是物的属性，而美很难说完全是物的属性。比如一朵花本来是红的，除开色盲，人人都觉得它是红的。至于说这朵花美，各人的意见就难得一致。尤其是比较新比较难的艺术作品不容易得一致的赞美。假如你说它美，我说它不美，你用什么精确的客观的标准可以说服我呢？美与红不同，红是一种客观的事实，或者说，一种自然的现象，美却不是自然的，多少是人凭着主观所定的价值。“主观”是最纷歧、最渺茫的标准，所以向来对于美的审别，和对于美的本质的讨论，都非常纷歧。如果人们对于美的见解完全是纷歧的，美的审别完全是主观的、个别的，我们也就不把美的性质当作一个科学上的问题。因为科学目的在于杂多现象中寻求普遍原理，普遍原理都有几分客观性，美既然完全是主观的，没有普遍原理可以统辖它，它自然不能成为科学研究的对象了。但是事实又并不如此。关于美感，纷歧之中又有几分一致，一个东西如果是美的，虽然不能使一切人都觉得美，却能使多数人觉得美。所以美的审别究竟还有几分客观性。

研究任何问题，都须先明白它的难点所在，忽略难点或是回避难点，总难得到中肯的答案。美的问题难点就在它一方面是主观的价值，一方面也有几分是客观的事实。历来讨论这个问题的学者大半只顾到某一方面而忽略另一方面，所以寻来寻去，终于寻不出美的真面目。

大多数人以为美纯粹是物的一种属性，正犹如红是物的另一种属性。换句话说，美是物所固有的，犹如红是物所固有的，无论有人观赏或没有人观赏，它永远存在那里。凡美都是自然美。从这个观点研究美学者往往从物的本身寻求产生美感的条件。比如就简单的线形说，柏拉图以为最美的线形是圆和直线，画家霍加斯（Hogarth）以为它是波动的曲线，据德国美学家斐西洛（Fechner）的实验，它是一般画家所说的“黄金分割”（golden section），即宽与长成1与1.618之比的长方形。古希腊哲学家毕达哥拉斯（Pythagoras）以为美的线形和一切其他美的形象都必显得“对称”（symmetry），至于对称则起于数学的关系，所以美是一种数学的特质。近代数学家莱布尼兹（Leibniz）也是这样想，比如我们在听音乐时都在潜意识中比较音调的数量的关系，和谐与不和谐的分别即起于数量的配合匀称与不匀称。画家达·芬奇（Leonardo da Vinci）以为最美的人颜面与身材的长度应成一与十之比。每种艺术都有无数的传统的秘诀和信条，我们只略翻阅讨论各种艺术技巧的书籍，就可以看出在物的本身寻求美的条件的实例多至不胜枚举。这些条件也有为某种艺术所特有的，如上述线形美诸例；也有为一切艺术所共有的，如“寓整齐于变化”（unity in variety）、“全体一贯”（organic unity）、“入情入理”（verisimilitude）诸原则。一般人都以为一件事物如果使人觉得美时，它本身一定具有上述种种美的条件。

美的条件未尝与美无关，但是它本身不就是美，犹如空气含水分是雨的条件，但空气中的水分却不就是雨。其次，就上述线形美实验看，美的条件也言人人殊；就论各种艺术技巧的书籍看，美的条件是数不清的。把美的本质问题改为美的条件问题，不但是离开本题，而且愈难从纷乱的议论中寻出一个合理的结论。具有美的条件的事物仍然不能使一切人都觉得美。

知道了什么是美的条件，创作家不就因而能使他的作品美，欣赏家也不就因而能领略一切作品的美。从此可知美不能完全当作一种客观的事实，主观的价值也是美的一个重要的成因。这就是说，艺术美不就是自然美，研究美不能像研究红色一样，专门在物本身着眼，同时还要着重观赏者在所观赏物中所见到的价值。我们只问“物本身如何才是美”还不够，另外还要问“物如何才能使人觉到美”或是“人在何种情形之下才估定一件事物为美”？

二

以上所说的在物本身寻求美的条件，是把艺术美和自然美混为一事，把美看成一种纯粹的客观的事实。此外有些哲学家专从价值着眼。所谓“价值”都是由于物对于人的关系所发生出来的。比如说“善”（good）是人从伦理学、经济学种种实用观点所定的价值，“真”（truth）是人从科学和哲学观点所定的价值。“美”本来是人从艺术观点所定的价值，但是美学家们往往因为不能寻出美的特殊价值所在，便把它和“善”或“真”混为一事。

“善”的最浅近的意义是“用”（useful）。凡是善，不是对于事物自身有实用，就是对于人生社会有实用。就广义说，美的嗜好是一种自然需要的满足，也还算是有用，也还是一种善。不过就狭义说，美并非实用生活所必需，与从实用观点所见到的“善”是两种不同的价值。许多人却把美看作一种从实用观点所见到的善。我们在第二章里所说的海边农夫以为门前海景不如屋后一园菜美，是以有用为美的最好的实例。在色诺芬（Xenophon）的《席上谈》里有一段关于苏格拉底的趣事。有一次希腊举行美男子竞赛，当大家设筵庆贺胜利者时，苏格拉底站起来说最美的男子应该是他自己，因为他的眼睛像金鱼一样突出，最便于视；他的鼻孔阔大朝天，最便于嗅；他的嘴宽大，最便于饮食和接吻。这段故事对于美学有两重意义：第一，它显示一般人心中所以为美的大半是指有用的；第二，它也证明以实用标准定事物的美丑，实在不是一种精确的办法，苏格拉底所自夸的突眼、朝天鼻孔和大嘴虽然有用，仍然不能使他在美男子竞赛中得头等奖。

我们在讨论文艺与道德时（参看第七章），也提到许多人想把“美的”和“道德的”混为一事，我们的结论是这两种属性虽有时相关而却不容相混。现在我们无须复述旧话，只作一句总结说：“美”和“有用的”、“道德的”各种“善”都有分别。

有一派哲学家把“美”和“真”混为一事。艺术作品本来脱离不去“真”，所谓“全体一贯”、“入情入理”诸原则都是“真”的别名。但是艺术的真理或“诗的真理”（poetic truth）和科学的真理究竟是两回事。比如但丁的《神曲》或曹雪芹的《红楼梦》所表现的世界都全是想象的、虚构的，从科学观点看，都是不真实的。但是在这虚构的世界中，一切人物情境仍是入情入理，使人看到不觉其为虚构，这就是“诗的真理”。凡是艺术作品大半是虚构（fiction），但同时也都是名学家所说的假然判断（hypothetical judgment）。例如“泰山为人”本不真实，但是“若泰山为人，则泰山有死”则有真实。艺术的虚构大半也是如此，都可以归纳成“若甲为乙，则甲为丙”的形式，我们不应该从科学观点讨论甲是否实为乙，只应问在“甲为乙”的假定之下，甲是否有为丙的可能。柏拉图和亚理斯多德的争执即起于此种分别。柏拉图见到“甲为乙”是虚构，便说诗无真理；亚理斯多德见到“若甲为乙，则甲为丙”在名学上仍可成立，所以主张诗自有“诗的真理”。我们承认一切艺术都有“诗的真理”，因为假然判断仍有必然性与普遍性；但是否认“诗的真理”就是科学的真理，因为假然判断的根据是虚构的。

我们所说的不分美与真的哲学家们所指的“真”，并非“诗的真理”而是科学或哲学的真理。多数唯心派哲学家都犯了这个毛病，尤其是黑格尔。据他说，“概念（idea）从感官所接触的事物中照耀出来，于是有美”，换句话说，美就是个别事物所现出的“永恒的理性”。美的特质为“无限”（infinitude）和“自由”（freedom）。自然是有限的，受必然律支配的，所以在美的等差中位置最低。同是自然事物所表现的“无限”和“自由”也有程度的差别，无生物不如生物，生物之中植物不如动物，而一般动物又不如人，美也随这个等差逐渐增高。最无限、最自由的莫如心灵，所以最高的美都是心灵的表现。模仿自然，决不能产生最高的美，只有艺术里面有最高的美，因为艺术纯是心灵的表现。艺术与自然相反，它的目的就在超脱自然的限制而表现心灵的自由。它的位置高低就看它是否完全达到这个目的。诗纯是心灵的表现，受自然的限制最少，所以在艺术中位置最高；建筑受自然的限制最多，所以位置最低。

英国学者司特斯（Stace）在他的《美的意义》里附和黑格尔的学说而加以发挥。在他看，美也是概念的具体化。概念有三种。一种是“先经验的”（a priori concepts），即康德所说的“范畴”，如时间、空间、因果、偏全、肯否等，为一切知觉的基础，有它们才能有经验。一种是“后经验的知觉的概念”（empirical perceptual concepts），如人、马、黑、长等。想到这种概念时，心里都要同时想到它们所代表的事物，所以不能脱离知觉。它们是知觉个别事物的基础，例如知觉马必用“马”的概念。另一种是“后经验的非知觉的概念”（empirical nonperceptual concepts），例如“自由”、“进化”、“文明”、“秩序”、“仁爱”、“和平”等。我们想到这些概念时，心中不必同时想到它们所代表的事物，所以是“非知觉的”，游离不着实际的。这种“后经验的非知觉的概念”表现于可知觉的个别事物时，于是有美。无论是自然或是艺术，在可以拿“美”字来形容时，后面都写有一种理想。不过这种理想须与它的符号（即个别事物）融化成天衣无缝，不像在寓言中符号和意义可以分立。

哲学家讨论问题，往往离开事实，架空立论，使人如堕五里雾中。我们常人虽无方法辩驳他们，心里却很知道自己的实际经验，并不像他们所说的那么一回事。美感经验是最直接的，不假思索的。看罗丹的《思想者》雕像，听贝多芬的交响曲，或是读莎士比亚的悲剧，谁先想到“自由”、“无限”种种概念和理想，然后才觉得它美呢？“概念”、“理想”之类抽象的名词都是哲学家们的玩艺儿，艺术家们并不在这些上面劳心焦思。

三

统观以上种种关于美的见解，可以粗略地分为两类。一类是信任常识者所坚持的，着重客观的事实，以为美全是物的一种属性，艺术美也还是一种自然美，物自身本来就有美，人不过是被动的鉴赏者。一类是唯心派哲学家所主张的，着重主观的价值，以为美是一种概念或理想，物表现这种概念或理想，才能算是美，像休谟在他的《论文集》第二十二篇中所说的："美并非事物本身的属性，它只存在观赏者的心里。"我们已经说过，这两说都很难成立。如果美全在物，则物之美者人人应觉其为美，艺术上的趣味不应有很大的分歧；如果美全在心，则美成为一种抽象的概念，它何必附丽于物，固是问题，而且在实际上，我们审美并不想到任何抽象的概念。

我们介绍唯心派哲学家对于美的见解时，没有谈到康德，康德是同时顾到美的客观性与主观性两方面的，他的学说可以用两条原则概括起来：

一、美感判断与名理判断不同，名理判断以普泛的概念为基础，美感判断以个人的目前感觉为基础，所以前者是客观的，后者是主观的。

二、一般主观的感觉完全是个别的，随人随时而异。美感判断虽然是主观的，同时却像名理判断有普遍性和必然性。这种普遍性和必然性纯赖感官，不借助于概念。物使我觉其美时，我的心理机能（如想象、知解等）和谐地活动，所以发生不沾实用的快感。一人觉得美的，大家都觉得美（即所谓美感判断的必然性和普遍性)，因为人类心理机能大半相同。

康德超出一般美学家，因为他抓住问题的难点，知道美感是主观的，凭借感觉而不假概念的；同时却又不完全是主观的，仍有普遍性和必然性。依他看，美必须借心才能感觉到，但物亦必须具有适合心理机能一个条件，才能使心感觉到美。不过康德对于美感经验中的心与物的关系似仍不甚了解。据他的解释，一个形象适合心理机能，与一种颜色适合生理机能，并无分别；心对美的形象，和视官对美的颜色一样，只处于感受的地位。这种感受是直接的，所以康德走到极端的形式主义，以为只有音乐与无意义的图案画之类，纯以形式直接地打动感官的东西才能有“纯粹的美”，至于带有实用联想的自然物和模仿自然的艺术都只能具“有依赖的美”。因为它们不是纯粹由感官直接感受而要借助于概念的（参看第六章)。这种学说把诗、图画、雕刻、建筑一切含有意义或实用联想的艺术以及大部分自然都摈诸“纯粹的美”范围之外，显然不甚圆满。他所以走到极端的形式主义者，由于把美感经验中的心看作被动的感受者。

美不仅在物，亦不仅在心，它在心与物的关系上面；但这种关系并不如康德和一般人所想象的，在物为刺激，在心为感受；它是心借物的形象来表现情趣。世间并没有天生自在、俯拾即是的美，凡是美都要经过心灵的创造。我们在第一章已详细分析过，在美感经验中，我们须见到一个意象或形象，这种“见”就是直觉或创造；所见到的意象须恰好传出一种特殊的情趣，这种“传”就是表现或象征；见出意象恰好表现情趣，就是审美或欣赏。创造是表现情趣于意象，可以说是情趣的意象化；欣赏是因意象而见情趣，可以说是意象的情趣化。美就是情趣意象化或意象情趣化时心中所觉到的“恰好”的快感。“美”是一个形容词，它所形容的对象不是生来就是名词的“心”或“物”，而是由动词变成名词的“表现”或“创造”，这番话较笼统，现在我们把它的涵义抽绎出来。

第一，我们这样地解释美的本质，不但可以打消美本在物及美全在心两个大误解，而且可以解决内容与形式的纠纷。从前学者有人主张美与内容有关，有人以为美全在形式，这问题闹得天昏地暗，到现在还是莫衷一是。“内容”、“形式”两词的意义根本就很混沌，如果它们在艺术上有任何精确的意义，内容应该是情趣，形式应该是意象：前者为“被表现者”，后者为“表现媒介”。“未表现的”情趣和“无所表现的”意象都不是艺术，都不能算是美，所以“美在内容抑在形式”根本不成为问题。美既不在内容，也不在形式，而在它们的关系——表现——上面。

其次，我们这种见解看重美是创造出来的，它是艺术的特质，自然中无所谓美（“自然美”一词另有意义，详见第九章）。在觉自然为美时，自然就已告成表现情趣的意象，就已经是艺术品。比如欣赏一棵古松，古松在成为欣赏对象时，决不是一堆无所表现的物质，它一定变成一种表现特殊情趣的意象或形象。这种形象并不是一件天生自在、一成不变的东西。如果它是这样，则无数欣赏者所见到的形象必定相同。但在实际上甲与乙同在欣赏古松，所见到的形象却甲是甲乙是乙，所以如果两个人同时把它画出，结果是两幅不同的图画。从此可知各人所欣赏到的古松的形象其实是各人所创造的艺术品。它有艺术品所常具的个性，因为它是各人临时临境的性格和情趣的表现。古松好比一部词典，各人在这部词典里选择一部分词出来，表现他所特有的情思，于是有诗，这诗就是各人所见的古松的形象。你和我都觉得这棵古松美，但是它何以美？你和我所见到的却各不相同。一切自然风景都可以作如是观。陶潜在“悠然见南山”时，杜甫在见到“造化钟神秀，阴阳割昏晓”时，李白在觉得“相看两不厌，惟有敬亭山”时，辛弃疾在想到“我见青山多妩媚，青山见我应如是”时，都觉得山美，但是山在他们心中所引起的意象和所表现的情趣都是特殊的。阿米儿（Amiel）说：“一片自然风景就是一种心境”，惟其如此，它也就是一件艺术品。

第三，离开传达问题（参看第十一章）而专言美感经验，我们的学说否认创造和欣赏有根本上的差异。创造之中都寓有欣赏，欣赏之中也都寓有创造。比如陶潜在写“采菊东篱下，悠然见南山”那首诗时，先在环境中领略到一种特殊情趣，心里所感的情趣与眼中所见的意象卒然相遇，默然相契。这种契合就是直觉、表现或创造。他觉得这种契合有趣，就是欣赏。惟其觉得有趣，所以他借文字为符号把它留下印痕来，传达给别人看。这首诗印在纸上时只是一些符号。我如果不认识这些符号，它对于我就不是诗，我就不能觉得它美。印在纸上的或是听到耳里的诗还是生糙的自然，我如果要觉得它美，一定要认识这些符号，从符号中见出意象和情趣，换句话说，我要回到陶潜当初写这首诗时的地位，把这首诗重新在心中“再造”出来，才能够说欣赏。陶潜由情趣而意象而符号，我由符号而意象而情趣，这种进行次第先后容有不同，但是情趣意象先后之分究竟不甚重要，因为它们在分立时艺术都还没有成就，艺术的成就在情趣意象契合融化为一整体时。无论是创造者或是欣赏者都必须见到情趣意象混化的整体（创造），同时也都必觉得它混化得恰好（欣赏）。

最后，我们的学说肯定美是艺术的特点。这是一般常识所赞助的结论，我们所以特别提出者，因为从托尔斯泰以后，有一派学者以为艺术与美毫无关系。托尔斯泰把艺术看成一种语言，是传达情感的媒介。这种见解与现代克罗齐、理查兹诸人的学说颇有不谋而合处。就“什么叫做艺术”这个问题的答案说，托尔斯泰实在具有特见。他的错误在没有懂得“什么叫做美”，他归纳许多19世纪哲学家所下的美的定义说：“美是一种特殊的快感。”他接受了这个错误的美的定义，看见它与“艺术是传达情感的媒介”这个定义不相容，便说艺术的目的不在美。近来美国学者杜卡斯（Ducasse）在他的《艺术哲学》里附和托尔斯泰，也陷于同样的错误。托尔斯泰和杜卡斯等人忘记情感是主观的，必客观化为意象，才可以传达出去。情趣和意象相契合混化，便是未传达以前的艺术，契合混化的恰当便是美。察觉到美寻常都伴着不沾实用的快感，但是这种快感是美的后效，并非美的本质。艺术的目的直接地在美，间接地在美所伴的快感。

四

如果“美”的性质不易明白，“丑”的定义更难下得精确。“美”字的相反字是“不美”，“不美”却不一定就是

“丑”。许多事物不能引起我们的好恶，我们对于它们只是漠不关心，它们对于我们也只是不美不丑。所以在美学中，“丑”不完全是消极的，应该有一种积极的意义。它的积极的意义是什么呢？

一般人所说的丑大半不外指第九章所说的“自然丑”的两种意义。它或是使人生不快感，如无规律的线形和嘈杂的声音；或是事物的变态，如人的残缺和树的臃肿。我们已经见过，这两种意义的“丑”与“艺术丑”之“丑”应该有分别，因为这些自然丑都可以化为艺术美。

此外“丑”对于一般人也许还另有一个意义，就是难了解欣赏的美。一位英国老太婆看见埃及的金字塔，很失望地说：“我向来没有见过比它更丑拙的东西！”一般人的艺术趣味大半是传统的，因袭的，他们对于艺术作品的反应，通常都沿着习惯养成的抵抗力最小的途径走。如果有一种艺术作品和他们的传统观念和习惯反应格格不入，那对于他们就是丑的。凡是新兴的艺术风格在初出世时都不免使人觉得丑，假古典派对于“哥特式”（gothic）艺术的厌恶，以及许多其他史例，都是明证。但是这种意义的“丑”起于观赏者的弱点，并非艺术本身的“丑”。

我们所要明白的就是艺术本身的“丑”究竟是怎么一回事。这个问题为许多近代美学家所争辩过。据克罗齐说：美是“成功的表现”（successful expression），丑是“不成功的表现”（unsuccessful expression）。这两句结论中第一句是我们所承认的，但是第二句关于“丑”的话却有一个大难点。把“丑”和“美”都摆在美学范围里并论时，就是承认“丑”和

“美”同样是一种美感的价值。但是“不成功的表现”就不算是艺术，就是美感经验以外的东西，那么，“丑”（美感经验以外的价值）就不能和“美”（美感经验以内的价值）并列在同一个范围里面了。换句话说，是艺术就必定是美的，艺术范围之内不能有所谓“丑”。“艺术丑”这个名词就不能成立。如果我们全部接受克罗齐的美学，势必走到这种困境，因为克罗齐把美看成绝对的价值，不容有程度上的比较。

英国美学家鲍申葵在他的《美学三讲》里把这个困难说得最清楚：

> 情感表现于形象，于是有美。一件事物与美相冲突，或产生一种影响与美的影响恰相反者——这就是我们所谓的丑——它自身不是有表现性的形象，就是没有表现性的形象。如果它是没有表现性的形象，那么，就美感说，它就没有什么意义。如果它是有表现性的形象，那么，它就寓有一种情感，就落到美的范围以内了。

依鲍申葵说，丑的形象须同时似有表现性而实无表现性。它好像是表现一种情感，但是实在没有把它表现出来。它把想象引到一个方向去，同时又把想象的去路打断，好比闪烁很快的光，刚引起视觉活动，马上就强迫它停住，所以引起失望与不快感。有心要露出有表现性的样子，而实在空洞无所表现，于是有丑，所以丑只可以在虚伪的矫揉造作、貌似神非的艺术里发现。自然中不能有这种意义的丑，因为自然不能像人一样，有意地作表现的尝试。

依我们看，鲍申葵虽然明白“丑”的问题难点，他的答案却仍不甚圆满，因为他没有见到似有表现性而实无表现性的东西究竟还不是“表现”或艺术。既不是表现或艺术，它就要落到以讨论表现或艺术为职务的美学范围以外了。这种困难根本是从价值问题来的。如果承认美的价值是绝对的，那么，一个形象或有表现性，或无表现性。有表现性就是美，否则就只是“不美”，“丑”字在美学中便无地位。如果承认美的价值是有比较的，则表现在“恰到好处”这个理想之下可以有种种程度上的等差。愈离“恰到好处”的标准点愈远就愈近于丑。依这一说，“丑”、“美”一样是美感范围以内的价值，它们的不同只是程度的而不是绝对的。我们相信这个解释是美丑问题难关的唯一出路。

第十一章
克罗齐派美学的批评
——传达与价值问题

一

近代美学派别甚多，几乎每个重要的美学家都有独到的见解，自成一派。所以美学研究是一件极难的事，如果依附某一家，就不免走上极偏的路，愈走离真理愈远；如果兼搜并包，取诸家学说作综合比较的研究，则彼此意见相差太远，对于同一问题的答案太多，又不免头绪纷繁，无从清理。不过近代许多美学派别中有一个最主要的，就是 19 世纪德国唯心哲学所酝酿成的一个派别。这派的开山始祖是康德，他的重要的门徒有席勒、黑格尔、叔本华、尼采诸人。这些人的意见固然仍是彼此纷歧，却现出一个共同的基本的倾向。我们通常把这个倾向叫做唯心主义或是形式主义。意大利美学家克罗齐最后起，他可以说是唯心派或形式派美学的集大成者。在现代一般美学家中没有一个人比得上他重要，无论是就影响或是就实际贡献说。我们在本书里大致是采取他的看法，不过我们和他意见不同的地方也甚多。在以上各章中我们已零星错乱地指出我们所不敢掠美的和我们不赞成他的地方。因为这一层有关本书的基本态度，我们不嫌略有重复，再把它单提出来作一个有条理的总结。

我们先把克罗齐所肯定的原则很简赅地介绍出来。

克罗齐的全部美学都是从“艺术即直觉”这个定义推演出来的。直觉是最单纯的，是在知觉和概念之前的知的活动。它的对象只是单纯的未经肯否的意象。如果我们对于这种单纯意象加以肯否，如判断它是某某，直觉便进化为知觉，意象便进化为知识了。

艺术活动只是直觉，艺术作品只是意象。不过这并非说一切意象都可以算是艺术作品。比如做梦、看电影、读冒险小说，或是随时抬头一看自然景物，闭目一思以往经验，我们心中都有许多单纯意象流转承续，但是这些来去飘忽的意象决非艺术作品。因此，艺术的意象和非艺术的意象应该有一个分别，克罗齐以为这种分别在有无整一性（unity）。非艺术的意象没有经过美感的心灵综合作用（aesthetic spiritual synthesis），所以零落错乱，来去无定，这就是通常所谓“幻想”（fancy）。艺术的意象经过美感的心灵综合作用，把原来纷乱的意象剪裁融会成为有生命的有机体，所以杂多之中有整一，这就是通常所谓“想象”（imagination）。非艺术的意象无形式（formless），艺术的意象有形式（form）。这种形式是心以物为凭借而创造出来的。

使本来错乱无形式的意象变为有整一形式的意象，要有一种原动力，这种原动力就是情感。生糙的情感不表现于具体的意象，非艺术；无所表现的意象也非艺术。艺术就是情感表现于意象。情感与意象相遇，一方面它自己得表现，一方面也赋予生命和形式给意象，于是情趣、意象融化为一体。这种融化就是所谓“心灵综合”。直觉、想象、表现、创造、艺术以及美都是一件事，都是这种心灵综合作用的别名，它们中间并无若何分别。因此，克罗齐把“艺术即直觉”这个定义引申为“艺术即抒情的直觉”。

这种学说的要点在直觉与表现的同一。一般人都把直觉和表现看成两件事，所以说“意在言先”，“意内而言外”，直觉是意，表现是言。依这一说，“表现”是把在内的不具体的情趣和意象现为在外的具体的文字、声音、颜色、形体等。克罗齐问道：直觉和表现既一在内，一在外，绝不相同，谁是第三者来造桥沟通它们呢？无文字的诗，无声音的乐，无形色的画，其物如何，我们能想象么？世间没有无意之言，也没有无言之意。意何时发生，言就何时发生。比如你在未动笔之先，已有成竹在胸，你所谓“成竹”，并非一种无形无色的竹（这是不可思议的）。既有形有色，便是已经“表现”了的竹。当你直觉或想象到某形某色的竹时，你同时便已把它表现了。你的意中之竹便是你的画中之竹。画中之竹只是使已表现的意中之竹留痕迹，并非表现意中之竹。这就是说，直觉就是表现。如果用流行语言说，内容（直觉）就是形式（表现）。因此，向来所争的“艺术重内容抑重形式”这个问题根本没有意义。

艺术的活动即美感的活动，美感的活动即直觉的活动。它的要点是：在心中猛然见到一个情趣饱和意象而为它所吸引住。创造如此，欣赏也还是如此，所以创造和欣赏没有重要的分别。凡是艺术作品都有物质的精神的两方面。物质的方面如文学所用的语言文字，图画雕刻所用的形色，音乐所用的音调以及一般有形迹可求的东西。精神的方面就是情趣和意象融化而成的整个境界。物质的方面是死的，得精神贯注，才现出生气，才算是艺术。如果你没有见出精神而只见到形迹（即所谓“作品”），则形迹对于你仍是死的，仍然不是艺术。比如说一首诗，并不像一缸酒，酿成了之后，人人都可以享受。它是有生命的。个个人尽管看得见它的形迹，但是不一定都能领会到它的精神，而且各人所领会到的精神也不必一致。它好比一幅自然风景，对于不同的现象可以起不同的情趣和意象。每人所能领略到的境界都是他自己所创造的境界，是他的性格和经验的返照。性格和经验是人人不同的。不但如此，同是一首诗，同是一个人去读，今天所领略到的和明天所领略到的也不会完全相同，因为性格和经验是生生不息的。欣赏一首诗就是再造一首诗，每次所再造的都是一首新鲜的诗。创造和欣赏永远不会是复演，真正的艺术的境界永远是个别的、新鲜的，永远是每个人凭着自己的当时当地的性格和经验所创造出来的。无创造即无艺术。但是创造不是号称“艺术家”的人们的专利品。每个人都能有直觉活动，即每个人都有几分是艺术家。艺术的活动并不限于号称“艺术家”的人们在“创作”时才进行，每个人在日常生活中都多少有审美的活动，这就是艺术的活动。

这是克罗齐美学中的几个重要的肯定。他所否定的比他所肯定的较多。不过明白他所否定的，可以对于他所肯定的了解得更清楚。

一、艺术不是物理的事实（physical fact）。所谓“物理的事实”就是文字、声音、颜色、形体等传达的媒介。克罗齐所谓"创造"、"表现"、"艺术"，和一般人所说的意义不同，所以往往引起误会。一般人所谓"创造"包含想象和传达两种活动。"想象"是心中酝酿出一个具体的情境，就是直觉到一种情趣饱和的意象。想象所得的是一种"腹稿"，即苏东坡所说的"成竹在胸"，我们在上文所说的艺术的精神方面。"传达"是选择一种媒介或符号，把心中的意象翻译出来，留一个固定的具体的痕迹，可以传给别人看，或是留给自己后来看，例如把诗写在纸上，把图画在壁上，把音乐谱成曲子，这就是我们在上文所说的艺术的物质方面。一般人都把这第二步看作表现，把传达出来的看作艺术。如果只是一个存在心里的意象，还没有表现出来成为作品，就还不能算是艺术。克罗齐则以为艺术创造在第一步——想象——就已经完成了。艺术的活动完全是心里的活动。心里直觉到一个形象，就是创造，就是表现。这形象本身就是艺术作品。至于传达不过是把已在心里酝酿成的艺术用物理的符号留下痕迹来，犹如把歌曲灌到唱片上去，只是一种"物理的事实"，不能算是艺术的活动。

因为有表现然后有美，而表现不是"物理的事实"，所以克罗齐联带地否认"自然美"的存在。自然无所谓美不美。你觉得它美，因为它在你的心中现出一个情趣饱和的意象，这就是说，它已经变为艺术。"拿自然比艺术，便觉自然呆板。如果人不叫自然说话，它只是一个哑子。"

二、艺术不是"功利的活动"（utilitarian act）。功利的活动目的都在寻求快感而避免不快感。艺术固然可以生快感，但此种快感与实用需要满足的快感不同。所以快感之外必另有一种元素可以区别艺术的快感与寻常快感。快感之外既另有一种元素为艺术所特有，则艺术的定义即应着重此另一元素，“艺术是一种快感”的定义便不精当。

三、艺术不是“道德的活动”（moral act）。道德的活动出于意志。艺术是直觉，不涉意志，所以无关道德。这并非说艺术是不道德的。它既不是“道德的”，也不是“不道德的”，只是“无关道德的”（non-moral）。一般人都说艺术能陶冶性情，改良风化，激扬民气。克罗齐说：“艺术不能做这些工作，犹如几何学不能做这些工作，但是它的重要并不因此减少。”艺术和道德的标准不同，“美感的人格”（aesthetic personality）和“伦理的人格”也不一致。偏重历史的批评家如圣伯夫等以为只要从作者身世中窥出他的人格，懂透他的心理，便能了解他的艺术。克罗齐颇反对这种“传记的研究”，因为从实用生活所窥见的人格只是“伦理的人格”，而了解艺术的要务则在窥出作者的“美感的人格”，这与“伦理的人格”并无必然的关系，它必须求之于作品本身，不能求之于琐闻轶事。所以克罗齐所著的《但丁》、《莎士比亚》、《歌德》诸书，力避传记研究的方式，专以作品为根据，去把作者的“美感的人格”重新建造出来。

四、艺术不是“科学的活动”（scientific act），因为直觉不带概念思考。艺术的对象是个别的具体的意象，科学的对象是普遍的抽象的公理。因此，批评的态度和艺术的活动不相容。批评不能离判断的思考，既用判断和思考，则直觉便已消灭，单纯的意象便变为寻常的名理的知识。所以克罗齐说：“诗人死在批评家里面。”

五、艺术不可分类。西方思想素重系统分析。批评家研究艺术，几如自然科学家研究动植矿，分门别类，井井有条。艺术分为文学、音乐、图画、雕刻等，文学又分为抒情诗、叙事诗、喜剧、悲剧、小说、散文等。每门每类又各定出规律，作鉴别作品的标准。但是种类尽管分得密，规律尽管定得严，批评家和创作家总难互相就范。创作家出一种新作品，批评家寻不出“类”来收纳它，总是拿规律来排斥它，骂它不合体裁。后来这种新作品逐渐占势力了，批评家只好别立一新类来收纳它，以它为根据，抽绎新规律出来。比如批评家最初骂“悲喜杂剧”，后来没法子想，只得把它另设一类，对于“自由诗”也是如此。克罗齐最反对这种“排鸽窠”式的分类。他以为凡是艺术都各表现一种新鲜的个别的心灵状况，所以每种作品都是新创，都自成一格，自有原则，不能拿同“类”作品的规律来范围它。批评家遇到一种新作品，只应问它本身是否有生命，不应问它合不合某“类”的体裁和规律。

因为上述理由，克罗齐否认诗与散文的分别。一般人以有音律者为诗，无音律者为散文，其实医方脉诀有音律不为诗，《新旧约》、《柏拉图》对话集之类作品无音律亦不失其为诗。从美学观点看，文学只有“诗与非诗”的分别，凡是纯文学都应该属于诗。

二

克罗齐的《美学大纲》如上所述。读者一看就可以知道，我们把美感经验解释为“形象的直觉”，否认美感只是快感，排斥狭义的“为道德而文艺”的主张，肯定美不在物亦不在心而在表现，都是跟着克罗齐走。同时，我们否认艺术的活动可以挤入美感经验的窄狭范围里去，承认艺术与知觉联想仍有相当的关系，反对把“美感的人”和“伦理的人”与“科学的人”分割开来，主张艺术的“独立自主”是有限制的，这都是与克罗齐背道而驰的。近代美学家可以粗略地分为“克罗齐派”与“非克罗齐派”。我们相信克罗齐派在大体上较近于真理，不过我们也很明白他们的缺点。在我们看，克罗齐美学有三个大毛病，第一是他的机械观，第二是他的关于“传达”的解释，第三是他的价值论。现在分别条陈我们的意见。

先说克罗齐美学所根据的机械观。

19 世纪和 20 世纪的哲学和科学思潮有一个重要的分别，就是 19 世纪的学者都偏重机械观，20 世纪的学者都偏重有机观。机械观是把一切物理现象和生理现象看成由无数极简单的原子所构造成的。持机械观的学者的唯一的武器是分析法，遇着一个混整的东西，把它分析成一些最简单的元素，指出每元素的特性和诸元素的分别，便算尽了学问的能事。例如 19 世纪所最流行的心理学都从“构造主义”出发，把心理看成物理的混合物，像拨茧抽丝似的，逐渐分析下去，到最后所得的是单纯的感觉（sensation）和单纯的反射动作（reflex）。一切心理活动都被看成这些单纯的感觉和反射动作所构造成的。这种机械观在现代已为一般学者所摈弃。现代学者所采取的是有机观，着重事物的有机性或完整性，所研究的对象不是单纯的元素，而是综合诸元素成为整体的关系。依这种看法，我们不能借分析元素去明白完整的物理和生理现象，犹如不能借分析砖土泥瓦去明白一座房屋。机械观以为求得部分之和便可以知道全体，有机观以为要明白全体，必须研究全体所特有的属性，所以机械观所借重的分析法不可靠。例如现代最占势力的心理学是完形派心理学（Gestalt-psychology）。它反对旧心理学的机械观和分析法，否认意识由单纯的感觉所组成，行为由单纯的反射动作所组成。依这一说，单纯的感觉和反射动作都是构造派心理学家所伪造的，实际上并不存在；实际上存在的只是“完形”、“整体”，或不可分析的应付整个环境的整个心理机能。

详论机械观与有机观的长短，不是本篇范围以内的事。我们可以概括地说，现代学者多数都承认无论在物理方面或心理方面，有机观都较近于真理。形式派美学的弱点就在信任过去的机械观和分析法。它把整个的人分析为科学的、实用的（伦理的在内）和美感的三大成分，单提“美感的人”出来讨论。它忘记“美感的人”同时也还是“科学的人”和“实用的人”。科学的、实用的和美感的三种活动的理论上虽有分别，在实际人生中并不能分割开来。“美感的人”是抽象的，在实际上并不独立存在。形式派美学把美感经验从整个有机的生命中分割出来，加以谨严的分析，发现就观赏的“我”说，只有单纯的直觉，没有意志和思考；就所观赏的“物”说，只有单纯的形象，没有实质、成因、效用种种意义，照这种分析看，文艺自然与抽象思想和实用生活无关。我们如果承认美感经验可以由整个有机的生命中分割出来加以分析，便须否认美感与抽象思想和实际生活的关系。但是这种分割与“人生为有机体”这个大前提根本相冲突。形式派美学的错误不在它分析所得的结果，而在它用分析法所假定的机械观；不在它对于美感经验以内所肯定的，而在它对于美感经验以外所否定的。它的错误和19世纪机械观的心理学一样，专分析部分而忘去全体所特有的属性。单纯的直觉和单纯的感觉一样地渺茫，在实际经验中决不能独立自主。

一切现象都有前因后果，美感经验决不是例外。美感经验只能算是艺术活动中的一部分。形式派美学把“美感经验”和“艺术活动”看成同义，于是拿全副精神注在美感经验本身，既不问它如何可以成立（因），又不问它的影响如何（果）。它否认艺术有关名理的思考和知识，作者在行文运思、修改锤炼时所用的活动是否为艺术的呢？它否认艺术有关联想，想象和了解离开联想如何进行呢？它否认艺术有关意志，大艺术家艰苦卓绝、百折不挠地效忠于艺术，是凭借何种心理活动呢？它否认艺术有关道德和实际生活，大艺术家的平生遭际和他们对于人生的了解和信仰是否能影响他们的作品呢？它否认艺术有关物理的事实，媒介的不同是否能影响到作品？油画和水彩画、石雕和象牙雕是否无分别呢？这些问题都是克罗齐和一般形式派美学家所忽视的。任何艺术和人生绝缘，都不免由缺乏营养而枯死腐朽；任何美学把艺术看成和人生绝缘的，都不免像老鼠钻牛角，没有出路。克罗齐和一般形式派美学家都是以名学家出身。名学家研究艺术，都难免有些隔靴搔痒，亚理斯多德是最好的先例。

三

克罗齐要着重艺术是心的活动这层道理，所以把翻译在内的意象为在外的作品（即传达）这件事实看得太轻。在他看，心里直觉到一种形象或是想见一个意象，就算尽了艺术的能事。真正艺术家都是自言自语者，没有心思要旁人也看见他所见到的意象。如果他有意要把这个意象描绘出来成为作品，目的是在为自己备忘，或是传达给别人，他便已变为实用人了。克罗齐并不否认传达这件工作也很重要，但是他否认传达本身是创造，或是艺术的活动。

这种见解显然是太偏激一点。第一，每个人都能用直觉，都能在心中想见种种意象，但是每个人不都是艺术家。为什么呢？艺术家除着能“想象”（这是他与一般人相同的）以外，还要能把所想的“象”表现在作品里（这是他所独有的本领）。艺术家决不能没有艺术作品。我胸中尽管可以想象出许多很美的“成竹”，但是到我蘸墨挥毫时，我的心里意象不能支配我的筋肉活动，手不从心，无论如何出力，也不能把它画在纸上，我所画出来的和我心里所想象出来的完全是两回事。这就因为我不是画家，没有传达的技巧。因为没有传达的技巧，所以我不能把心里所想象出来的外射于作品。从此可知传达对于艺术是一种很重要的活动。

替克罗齐辩护的人们也许说：这番话虽有道理，可是并不能推翻“创造是直觉的在内的，传达是实用的在外的”这个根本的分别。但是克罗齐的学说还有一个更大的毛病，就是他没有顾到艺术家在心里酝酿意象时，常不能离开他所常用的特殊媒介或符号。比如说所想到的意象是一棵竹子，这个意象可写为诗，可写为画，可雕为像，甚至于可表为音乐和跳舞的节奏。从表面看，我们说意象是同一的，因为所用的媒介或符号不同，所以产生出不同的作品。其实不同的作品所表现传达的意象并不能同一，画家想象竹子时，要连着线条、颜色、阴影一起想，诗人想象竹子时，要连着字的声音和意义一起想，音乐家想象竹子时，要连着声调、节奏一起想，其余类推。这就是说，克罗齐所谓直觉或创造，和他所谓传达或“物理的事实”，在实际上是不能分开的。由创造到传达，并非是由甲阶段走到一个与甲完全不同的而且不相干的乙阶段。创造一个意象时，对于如何将该意象传达出去，心里已经多少有些眉目了。这个道理在做诗文时更容易见出。做诗文所用的媒介或符号是语言文字。做诗文的人们很少有（也许绝对没有）离开语言文字而运思的。创造与传达所用的媒介物常相依为命。我们只稍留心艺术发达史，就知道这个道理。古希腊的建筑用长石条，以柱为重；古罗马的建筑兼用泥石混合物，以墙及顶为重；中世纪“哥特式”轻墙重窗及顶，须以柱斜支高顶的重量，结果造成三种不同的艺术风格。这三种风格固然与时代背景有关系，但是也有一部分因为媒介的不同。不必远说，我们只看用文言作诗文和用白话作诗文的分别，就可以知道传达所用的媒介往往可以支配未传达以前的“意匠经营”。

由想象常受媒介影响这个事实看，传达虽大体是“物理的事实”而实不全是“物理的事实”。还有一层，创造意象受传达的影响，还不仅在媒介，最重要的还在心理的背景。想出意象来预备传达出去，和想出意象不预备传达出去，心理的背景大不相同。一个受社会影响支配，一个不受社会影响支配。照克罗齐说，艺术家都是自言自语者，没有把自己的意境传达给别人的念头，因为同情、名利等都是艺术以外的东西。这固然是一部分的真理，但却不是全部真理。艺术家同时也是一种社会的动物，他有意无意之间总不免受社会环境影响。艺术的动机自然须从内心出发，但是外力可以刺激它，鼓励它，也可以钳制它，压抑它。风气的势力之大实非我们意料所及。如果英国伊丽莎白后时代，戏剧不是最流行的娱乐，莎士比亚也许不会写出他的许多杰作，如果拜伦生在18世纪初叶，他也许和蒲柏做同样的假古典派的诗。每时代的文学风格都与当时社会背景有关，我们只稍研究文学史就可以知道。人是社会的动物，到能看出自我和社会的分别和关联时，总想把自我的活动扩张为社会的活动，使社会与自我同情。同情心最原始的表现是语言。艺术本来也是语言的一种。没有社会就没有语言，也就没有艺术。有一派心理学家［如包尔温（Baldwin）］以为艺术起于“自炫的本能”，固然太过重艺术的社会性，其实也不无真理。艺术家有时虽看轻社会，鄙视它没有能力欣赏较高的艺术，但是心中仍不免悬有一种未来的理想的同情者。钟子期死后，伯牙就不再鼓琴，这真是艺术家的坦白。有些人知道“千秋万岁名，寂寞身后事”，所以把作品“藏之名山，传之其人”。这种同情心的需要并不减低艺术的身份，而且艺术可珍贵的地方也就在此。几千年前或几万里外的一个人的心里的灵光一闪烁，还能在我们心里引起共鸣反应，这种“不朽”是多么伟大！克罗齐派学者把艺术完全看成个人的，否认传达与艺术有密切关系，就没有见出这种伟大。

四

英国心理学派批评家理查兹说过："批评学说所必依靠的台柱有两个，一个是价值的讨论，一个是传达的讨论。"关于传达的讨论，克罗齐的学说不甚圆满，已如上所述。现在我们来看他对于价值的讨论结果如何。所谓价值就是好坏美丑的问题。比如看到一件艺术作品，我们可以说，这是丑的或是美的么？我们能够比较两个作品，说这个比那个更美么？如果能够，这美丑的标准是如何定出来的呢？

严格地说，克罗齐的美学中不能有价值问题。因为批评价值时，被评判的对象一定是人人看得见、觉得着的。在艺术方面，这种被批评的对象通常是作品。克罗齐否认传达为艺术的活动，否认传达出来的东西为艺术，他所谓艺术完全是含蓄在心里的意象，那是除自己以外没有旁人能看得见的，所以旁人无法可以评判它的好坏美丑。就这一层说，我们可以见出克罗齐抹煞传达的另一个毛病，就是抹煞传达，势不能不同时抹煞价值。他着重创造和欣赏的同一，忘记创造者和欣赏者有一个重要的分别。创造者直觉形象时，所凭借的是自己的切身经验，欣赏者将原形象再造出来时，所凭借的第一是创造者所传达出来的作品。就创造者说，美丑固可在形象本身见出，而就欣赏者说，形象的美丑必须于作品的美丑见出。普通所谓"批评"不仅批评意象本身（内容）的价值，尤其要批评该意象的传达或表现（形式）是否恰到好处。这就是说，批评的对象不仅在意象本身，而尤在意象的传达方式。克罗齐否认作品为艺术，而欣赏者就失去被评判的对象了。

再近一层说，单论未传达出来的形象或意象，它能否有美丑的分别呢？克罗齐也承认艺术的特殊价值是美，犹如善是伦理的特殊价值，真是科学的特殊价值。在他看，“美就是成功的表现，说得更干脆一点，就是表现，因为没有成功的表现并非表现。”丑则为“没有成功的表现”。美是绝对的，没有程度的分别。凡是直觉都是表现，都是艺术，凡是艺术都是美的。大艺术家的直觉和一般人的直觉只在分量上有分别，在性质上并无分别。我们不能说这个艺术作品比那个更美。如果莎士比亚的《李尔王》悲剧是完美的表现，如果他的某一首十四行诗也是完美的表现，那么，我们就不能说那部悲剧比那首十四行诗更美更伟大。这种说法在事实上固不能使人满意，在名理方面也有很多毛病。克罗齐的美学可以用下列方程式总结起来：

直觉=表现=创造=欣赏=艺术=美。

这个等式表面虽承认美的实在，实际上则根本推翻美丑的分别。凡是艺术都必为成功的表现，都必定美，没有成功的表现就不是艺术，那么，丑（没有成功的表现）就须落在艺术范围之外，既是艺术就不能拿“丑”字去形容了。克罗齐如果彻底，就只能承认艺术与非艺术的分别，而在艺术范围之内，不能承认美与丑的分别。这样一来，艺术范围之内，美成为绝对价值，无比较可言了。绝对价值论其实根本否认价值的存在，因为价值是长短高低善恶美丑等程度上的估计，必定有比较才能见出。我们在第十章里承认“美”是形容“表现”的，却同时承认“表现”在“恰到好处”这个标准点以下有许多程度上的分别，所以艺术范围之内不但有美丑的分别，而美的本身也有等差。

“表现”有程度上的分别，是一切文艺批评的基本信条。我们说这一部书比那一部书写得好，或是这一个艺术家比那一个艺术家伟大，都默认这个信条。艺术的最高理想自然是情（即情趣或内容）见（即表现）于词（即意象或形式），恰到好处。但是实际上有情溢于词的，也有词富于情的。这两种虽非完善的艺术，究仍不失其为艺术。黑格尔分艺术为三种，物质超于精神（即词富于情）者为象征艺术，古埃及和印度艺术为代表；精神恰好混化于物质（即情见于词）者为古典艺术，古希腊艺术为代表；精神超于物质（即情溢于词）者为浪漫艺术，近代欧洲艺术为代表。如依克罗齐的见解，则只有黑格尔所解释的古典艺术才真是艺术（他固然没有这样说，但这是他的表现说所应有的结论）。他自己也承认古典艺术和浪漫艺术对于意象和情趣各有偏重，同时却肯定一切艺术必同时为古典的与浪漫的，离不开意象也离不开情趣。但这只是理想，实际上艺术有偏于古典的亦有偏于浪漫的，克罗齐却没有在他的美的定义里留位置给这两种艺术。他以为寓言不是艺术，因为在寓言里情趣与意象可分立。但是他如果严格地说话，中世纪的宗教艺术以及但丁的《神曲》都应该不是艺术了。如果依我们的比较价值论，寓言，偏于古典的和偏于浪漫的作品在艺术上仍有位置，虽然都不是理想的。

第十二章
艺术的起源与游戏

一

我们在分析美感经验时，特别着重形象的直觉不带实用目的一层道理。欣赏和创造既都要和实际人生中保持一种“距离”，那么艺术对于人生不是一种奢侈品么？它的起源究应如何解释呢？

第一个要点我们应先明白的就是艺术起源甚早，它并不是文化发达以后的产品。据考古学者的研究，穴居野处的人便已经有艺术。他们在洞壁所画的兽像和他们日用的石器都是人类最古的艺术品。儿童在个体生命史中和野蛮人在种族生命史中是相平行的。在极幼稚的儿童中我们就可看出艺术的表现，例如抟土作像、架枝为屋、扮演成人以及欢喜听故事等，都常流露很丰富的想象和美感的情趣。有一派学者并且进一步说，不但人类，就是冥顽的鸟兽便已有艺术的表现。艺术就是语言，语言也就是艺术，它们都是表达情思的工具，所以鸟鸣狮吼就是诗歌和音乐的雏形，雀跃猴戏便是跳舞和戏剧的雏形。从这些事实看，我们可以知道研究艺术的起源应该从研究野蛮人、儿童以及动物的活动入手。近百年来学者对于这种研究颇费苦心，他们结论如何呢？

最流行的学说把艺术溯源到游戏。康德便已指出艺术和游戏的类似。诗人席勒在他的《美感教育书简》里把这个学说加以发挥。在他看，艺术和游戏同是不带实用目的的自由活动，而这种活动则为过剩精力的表现。造化的仁慈是无限的，它所赋予的精力不但可以使生物能应付生存竞争的需要，还有余裕使他们可以自由挥霍。就生存竞争的需要说，生物是受必然律支配的；就过剩精力说，生物是自由的。他说：

> 狮子在无饥饿之迫及无敌兽可搏战时，它的富裕的精力于是另寻出路，它于是在旷野中狂吼，把强悍的气魄费在无所为而为的活动上面。昆虫在光天化日之中蠕蠕飞跃，只是为着要表现生存的欢乐；鸟雀的和谐的歌声也决不是饥寒的呼号。这些现象中都显然有自由的表现。所谓自由虽非脱净一切束缚，却是脱净固定的外来的束缚。动物在工作时是迫于实际生活的需要，在游戏时是过剩精力的流露，——是洋溢的生命在驱遣它活动。

孔子所谓“行有余力，则以学文”，本是一句规范生活的格言。席勒的主张颇相近，不过他的话是一种科学的解释。

席勒的精力过剩说经过英国斯宾塞的发挥阐明，影响于是更大。斯宾塞的新贡献在拿生理学来解释过剩精力的由来。高等动物的营养物比较低等动物的丰富，它们无须费全副精力来保存生命，所以有过剩精力。但是高等动物的过剩精力来源还不仅此。它们要用多方的活动应付多方的需要，在某特殊活动进行时，其他活动就须休息，休息就是恢复和增长精力的机会。因此，在高等动物中，精力常是供过于求。这种过剩精力须求发泄，如果它没有机会发泄于收实效的郑重其事的活动，就发泄于无所为而为的模仿的活动。例如儿童没有建筑的需要，可用于建筑的精力无可发泄，才架枝抟土，作造屋的游戏。

德国生物学家谷鲁斯以为游戏实在不能拿席勒、斯宾塞的精力过剩说来解释。如果游戏完全由于过剩精力，则过剩精力发泄到无余时，游戏即应因之停止，但是真正好游戏的人和动物往往玩到精疲力竭时还不肯放手。小猫抓住一个纸团就可以玩个几点钟；终日埋头苦费心思的学生到晚间对于一切事都没有气力去做，可是陪亲友作牌戏，还是精神焕发，从此可知过剩精力纵是游戏的助力，也决不是它的主因。游戏的花样随性别、年龄而差异，男孩的游戏和女孩的游戏不同，成年人的游戏和幼童的游戏不同，猫的游戏和犬的游戏又不同，过剩精力说也无从解释这些游戏形式的差异。把游戏看作无目的的活动也是一种误解，好游戏者对于所作游戏，都在想象中悬有固定的目的，许多游戏如果不带竞争就没有趣味，便是明证。斯宾塞的游戏模仿说也有毛病。依他说，模仿建筑就要根据在实际生活中所得的建筑的经验，这个意义的模仿虽是常见，但不能用来解释儿童的游戏。儿童的游戏活动都带有几分试验性和创造性，很少根据自己的以往经验。

因此，谷鲁斯另提出一个学说来代替精力过剩说，它通常叫做“练习说”。他以为游戏并非无目的的活动，实在是生命工作的准备。游戏的目的就是把工作所要用的活动预先练习娴熟，所以游戏的形式随动物种类而差异。小猫戏纸团，是练习将来捕鼠；女孩抱木偶，是练习将来做母亲。游戏就是学习，幼稚期是游戏期也是学习期。“动物并非因为幼稚才有游戏，它实在因为要游戏才有幼稚期。”游戏是根据一种普遍的本能而对于某种特殊的技艺预加练习。生命的需要是多方的，应付需要的活动也应该是多方的。如果每种活动都要有特殊本能做基础，则有限的拘板的本能难以应付无限的变动不居的环境。有游戏本能便可省去许多特殊本能，因为许多特殊活动都可以利用游戏在幼稚期学习。游戏虽不像斯宾塞所说的全为模仿，却与模仿相辅而行。模仿也是一种普遍的本能，功用和游戏也相似，都是利用普遍的本能预习特殊的技艺。模仿必有榜样，游戏却有时全凭冲动，猫戏捕鼠，犬戏搏击，都不必有榜样。游戏也有时利用模仿所得的活动，男孩戏营造，女孩戏育婴，就带有几分模仿。谷鲁斯以为欣赏都带有“内模仿”（详见第四章）。欣赏是以游戏的态度暗地模仿所欣赏的事物，如果游戏全为预习，何以在成年后游戏仍不停止呢？游戏是伴着快感的。本能的满足，激烈的活动，以及自觉能驾驭环境所生的自尊心，都是快感的来源。儿童在游戏中得到这许多快感，不肯放弃它们，所以到成年后仍然游戏。谷鲁斯晚年又拿“发散说”（catharsis），来补充“练习说”。本能的活动都带有天然的情感。本能可实现，附带的情感便可自由发泄，否则情感淤积起来，就有碍身心的发展。游戏的功用就在使本能活动可实现，把可以为患的附带的情绪发泄出，因而把它的坏影响加以“净化”。这一点颇值得注意，因为它和亚理斯多德的悲剧发散说以及弗洛伊德的升华说都颇相近（参见第十六章）。

谷鲁斯的学说把游戏和模仿都看作本能，是一个大缺点。所谓“本能”是得诸遗传的对于特殊环境的特殊应付方法。例如小鸡初出世就能啄食是由于本能，但是这个本能只能应用于啄食，不能应用于营巢孵卵。游戏和模仿都不像这样固定的本能，都只是普遍的天然的倾向。犬戏搏击，鸟戏歌舞，女孩戏育婴，虽都是游戏，而活动的方式却不相同，把这许多不同的活动通称为“游戏本能”或模仿本能，实在是太含混。不过“练习说”和“游戏本能说”并无必然的关联，后者虽不能成立，前者却不必随之俱倒。

关于游戏问题还有许多其他学说。美国心理学家霍尔（Stanley Hall）说游戏是个体的婴儿时代复演种族的婴儿时代，例如人类祖先巢居，儿童戏爬树，便是“复演”巢居生活。德国心理学家拉萨腊斯（Lazarus）说游戏是逃免厌倦，借活动来振作精神。这一说以游戏为“消遣”，与常识相符，与精力过剩说恰相反。这些学说都各有片面的真理，也都各有难点。本章非专论游戏，所以姑且把它们略去，只取最流行的“精力过剩说”与“练习说”来研究一番，看看艺术是否起源于游戏。

“精力过剩说”我们立刻就可以把它抛开。这并不是因为它错误，是因为它太笼统。一切活动都是精力的表现，不但游戏和艺术是如此，实际生活的工作亦莫不然。要说是没有事干，精力不得开销才去游戏，这在一部分人固然是事实，但也还是一件待解释的事实。世间可用精力的活动极多，何以于工作之外又要游戏和艺术呢？近代生活日渐繁忙，治生不暇者何以仍然不舍艺术呢？米勒（Millet）、高更（Gauguin）诸大画家都是困苦终身的。席勒要赞美造化，赞美人生，以为由精力过剩所得的自由活动是最可宝贵的天赋珍品；其实人生可贵，并不在有过剩精力时才可流露自由活动，而在能超过自然需要的紧迫，于精疲力竭时仍有自由活动的表现。在许多艺术家的奋斗史中我们都可以见出这点真理。

其次，如果“练习说”可以解释游戏，则文艺显然与游戏不同。谁能说音乐、图画等艺术是要把将来在实际生活上所用得着的本领预习娴熟呢？和游戏最类似的艺术莫过于戏剧，演戏的目的是在预习扮假面孔，将来好欺骗生存竞争场中的对手么？我们已再三说明过，美感经验不带实用目的，如果应用“练习说”来解释艺术，则非但艺术与美感无关，即美感也不能脱离实用目的了。

二

如果艺术上的游戏说不过如此，我们就不用费时间去讨论。但是问题并不如此简单。我们纵然否认艺术就是游戏，艺术起源于游戏仍是一个可能的假设。要断定这个假设能否成立，我们须作较精密的分析，看艺术和游戏接近的地方在哪里，由游戏中可否演出艺术来，假如可能，再看演进的次第如何，艺术超过游戏的地方在哪里。

我们不肯轻于否认艺术和游戏的关联，最大的理由在从研究儿童心理学所得的事实。稍和儿童接触过的人们都知道儿童同时是游戏者又是艺术家，比如他在地上画一个圆圈，在圆圈里涂抹几点几划，然后再画两条直线把它撑起，说那是他爸爸或是他哥哥，这纯是艺术呢？还纯是游戏呢？这并非偶然的关联，我们把儿童游戏的心理详加分析，便可以见出艺术和游戏有许多相类似的地方。

瑞士儿童心理学家皮亚杰（Piaget）曾举过两个实例，颇可引来作讨论的起点。他的孩子有一天在厨房里看见一只死鸭，立刻就跑到会客室里手脚朝天地卧在地板上，告诉人说："我是死鸭。"有一天他和他的小女孩约瑟林在山上散步，约瑟林埋怨她父亲走得太快，使她走得脚痛。她父亲道歉说："实在对不起，我并不是有意的。"走到半途时，约瑟林忽然止住她父亲说："现在你是约瑟林，我做爸爸，你向我埋怨，埋怨我走得太快。"她父亲照办了，她扮着他的口调说："实在对不起，我并不是有意的。"

这一类的游戏是极常见的。从这中间我们可以看出游戏的一个特点，就是把意象加以客观化。皮亚杰的孩子心里刚印上一个"死鸭"的意象，要把它从心里外射出来，使它变成一个具体的情境，于是自己就卧在地上扮死鸭；她心里刚印上一个"道歉"的意象，要把它从心里外射出来，使它变成一个具体的情境，于是请她的父亲和她自己换过地位来扮演一次。意象本来是得诸外物界的，是客观的事实所变成的主观的观念。实在世界都要先化成意象世界，才能为知觉的对象。儿童在游戏时把意象仍然还到外物界，看来虽似扮演外物，实在他的样本是自己心里的意象而不是意象所本的外物。意象之先的情境是实在的，意象之后的情境是他根据意象为样本而创造出来的。意造的情境虽是实在的情境所引起的，却不受它拘束。

例如父亲可以变成女儿，女儿可以变成父亲，人可以变鸭，这都是经过几分意匠经营的结果；依皮亚杰说，都经过象征作用，把可闻可睹的具体的情境来象征心里的意象。艺术家的创作和儿童的游戏，繁简虽有不同，而历程却是一样。他也是把意象加以客观化，也是把心境从外物界所摄来的影子做样本，加以若干意匠经营之后，换个新面目返射到外物界去，造成一个具体的形象。

儿童的图画也是如此。他心里有一个人形，要把它表现出来——“表现”就是“客观化”——所以在地上画一个圆圈，加上几个点和几条线。他的样本不是实在的人体，而是自己心里的意象。儿童所能组成的人形的意象原来就很粗略，所以他的图画并非人形的写真，只是人形的象征。他看人时，只注意到运动的部分，所以耳和躯干往往被忽略去，手和脚常画得一样长，头部常画得比实际的大几倍。儿童在游戏时都用象征，而他们的象征的方法向来是很粗拙。一条竹棍可以拿来当马骑，一个沙桶一会儿是屋，过一会儿是车，再过一会儿又是马。但是在这种粗拙的象征中便寓有许多艺术原理。他所用的象征和象征事物总有几分类似点，所以含有几分模仿作用在内。但是它也是创造的。像艺术家一样，儿童观察事物只注意到它的最新奇的片面，把其余一切都丢开。他既然抓住这新奇的片面之后，便特别加以放大，加以夸张。他看人体时觉得最惹注意的是头目，手足司运动也很有趣，所以就毅然把比较呆板的躯干丢开，把全部笔墨都费在头面手足的描写。所以他的作品是经过选择、放大、意造种种作用而来的。

把意象加以客观化，就是于现实世界之外另造一种理想世界。凡是游戏都是一种“想当然耳”的勾当，用科学的术语来说，都是一种“佯信”（make-believe）。成人对于荒诞无稽的事多不肯置信，因为他的知识较广，罣碍较多，不免处处受现实纠正和约束。儿童不受这种约束，所以他的幻想来去无碍，他的支配环境的办法也比较灵巧。念头一动，随便什么东西都可以任他的游戏的手腕玩弄；你给他一个世界，他立刻可以造出无数世界来还给你。这样的实例在文学家的回忆录中是常常见到的。英国小说家斯蒂文森说：

> 我的堂兄弟和我每晨都吃麦粥。他吃时用糖，说他的国里常被雪盖着；我吃时用牛奶，说我的国里常遭水灾。我们互传消息，说这里还有一个小岛浮在水面，那里还有一片山谷没有被雪盖起，这里的居民都住在木柴的棚里，那里的居民四季以船为家。

婴儿在游戏时意造空中楼阁大半都是如此。只要有一点实事实物触动他的思路，他立刻就生出一个意境，立刻就把这个意境渲染得五光十彩。这种幻想有时随生随灭，有时可以维持到几年之久，成为有连续性的故事。德拉库瓦教授举过一个例子：一个小孩从五岁到九岁都在幻想一个故事。乔治·桑也说幼时心里常有故事盘踞着。从这些实例看，儿童的幻想和文学的创作有几分类似。

儿童的幻想一方面根据现实，一方面也是超脱现实的。他拿现实世界所生的意象做材料，另外造出一种或无数种比较合口胃的世界来。所以德拉库瓦教授说：

> 儿童的游戏……对于世界是执着也是遁逃；他一方面要征服它，同时也要闪避它；他在这个世界上面架起另一个世界出来，使自己得到自己有能力的幻觉。

游戏和幻想的目的都在拿意造世界来弥补现实世界的缺陷。卢马（Rouma）在他的《社会学的教育学》里举过这样的一个实例：一个有心病的孩子一直到 11 岁都是过孤单的生活，没有伴侣来往。他于是意造一个角色出来做他的朋友。他常和这位想象的朋友谈话，吃饭时在席上设一虚位让他坐。旁人夺去这座位时，他就要生气。像这样的实例在幼儿园里是常见的。严格地说，儿童的幻想大半是欲望的满足。他心里想起一种意境，就姑信以为真实，把它外射出去，成为一种游戏、故事或图画。依弗洛伊德派心理学者说，文艺也是欲望的满足，它的符号也是象征隐意识中的观念。这种说法固然有些偏激，但确也有片面的真理。就满足欲望一点说，文艺和儿童幻想显然有直接的关联。

我们在上文说过，儿童对于意造的另一世界所抱的态度是“佯信”。这“佯信”的态度也很值得研究。我们拿成人的眼光来窥测儿童心理，把“意造的”和“实在的”划得很清楚，把“信”和“不信”两种态度也划得很清楚，以为儿童心中也有这样很清楚的分别，其实这是大谬不然。在儿童心中一切分别都是很蒙混的，我和物都是同此心，同此理；人境和仙境也只有一壁之隔。我们在第三章所讨论的“移情作用”在儿童中最为流行。其实“移情作用”可以说是儿童所特有的看待外物的方法，人越老越难起“移情作用”。到成年后“移情作用”大半只在“侥幸的霎时”中才会发生，刚发生时立即消灭；儿童则时时刻刻都使用移情作用。他看见星说是天眨眼，看见露说是花垂泪，把没有生气的东西都看作和人一样，和他做朋友，和他谈话。他心中想到一个意象把它外射于游戏，只是一瞬间的事，信和疑的问题很少闯到他的眼前。这种由意象直接变为动作的活动，在心理学上通常叫做“念动的活动”（ideomotor activity），常发生于兴会淋漓、心不旁注时。我们在第三章所说的“移情作用”和在第四章所说的“内模仿”都可以说是“念动的活动”。“念动的活动”是专心的结果。一般人往往以为儿童不能专心，其实最专心的莫过于儿童。在他游戏或幻想时，都是把全副精力摆在里面，专心想到游戏的动作，或幻想中的事变，把物和我的分别以及真和伪的分别都忘去了。德拉库瓦教授说得好：

> 儿童拿扫帚当马骑时，心里除骑马这个动作之外什么也没有想到。骑马这件事和附带的动作与情感把他的意识完全占住了，因而把扫帚变成马。他固然没有看到马，可是也没有看到扫帚。引起他的反应者并不是感官所接触的实物，而是该实物所生的观念；他一举一动，都随着这个观念走。所谓“佯信”就是这种心的活动和物的富裕组合起来的，所以任何事物都可以变成一个玩具，一个性质固定的玩具也可以变成任何事物。这种佯信只要和现实有一点沾挂就行了；这种沾挂点是容易得到的，他只要专注意于本身真实的游戏动作，或是看来像是真实的某一个细节。一个小孩子摆一个碟子在棉花制的小黑奴的手里，摆

得恰好叫它不落，向人说："他真是一个小黑奴，你看他能用手捉东西。"这就是抓住和现实可相沾挂的一点，作佯信的根据。

总之，儿童在游戏时常不自觉是在游戏，他聚精会神到极点时，常把幻想的世界看成实在的世界。他在幻想世界中过活时，仍然持着郑重其事的态度，不肯轻于放过近于荒唐或是不合逻辑的细节。教育家裴斯泰洛齐的孩子在三岁半时有一天戏扮屠户，听到他母亲叫他的小名时，立刻抗议说："不，你现在应该叫我屠户了。"萨利（J. Sully）在《儿童心理学研究》中举过很多类似的实例。有两位小姊妹正在戏做买卖，她们的母亲走进来向扮店主的姐姐吻了一吻，她的妹妹立刻就啼哭起来说："妈妈，你向来不和开店的人接吻！"儿童聚戏时大家无形中都有一种了解，就是都相信所戏的玩意是真的。如果有一个儿童插嘴说一句露破绽的话，大家就立刻都觉得扫兴。儿童游戏时常偷偷窃窃地瞒着大人们，不肯让他们看见，也是怕他们嘲笑或批评，在热烈灿烂的幻觉之上泼冷水。

我们费许多篇幅讨论儿童对于幻想和游戏的"佯信"，因为这是游戏和艺术一个最大的类似点。艺术家也和儿童一样，在把热烈灿烂的幻想外射为具体的形象时，对于所意造的世界也不觉其虚幻。

席勒和斯宾塞拿游戏比拟文艺时，都注重无目的的自由活动这个特点，谷鲁斯反对他们，以为游戏都有固定的目的。其实这种争执完全起于词义的含混。席勒和斯宾塞所谓"无目的"，是指"无外在的实用的目的"，就这个意义说，他们的见解并不十分错误。游戏和艺术的目的都不在活动本身以外的结果，而在活动本身所伴着的快感。比如儿童戏耕种或是演员扮演农夫，目的都不在收获而在从这种活动本身中寻乐趣。游戏和艺术的目的不是外在的，是为活动而活动的，所以它们是自由的活动。

人类要求自由的活动，也是一件耐人玩味的事实。人是有生气的。“生气”的定义可以说就是“自由的活动”。不生则已，有生即不能不有动。亚理斯多德在《伦理学》里说，人生的最后目的在求幸福，而幸福就是“不受阻挠的活动”。这句话实在是至理名言。人生最苦的事就莫过于不能动，所以疾病、幽囚、死灭是人所最厌畏的。婴儿从堕地之后就处处寻机会活动，年龄愈长，活动也愈激烈，愈变化多端。许多儿童的游戏在成人看来像是精力的浪费，其实在这种毫无实用的活动之中，儿童才见出自我的权能，才能享到生存的快乐。

人生来好动，所以厌恶限制。现实界虽是很宽广，但是它不能任人尽量地自由活动，所以仍是有限制的。人不安于此，于是有种种苦闷和厌倦。鸡能产卵固然是一件幸事，但是它不能产金卵，仍然是美中不足。实然的世界使人苦闷厌倦，人于是丢开它去另求可然的世界。苦闷起于人生对于“有限”的厌倦，幻想就是人生对于“无限”的寻求。“不可能”和“不可知”对于人都有极大的引诱力。小而儿童的游戏和幻想，大而文艺、宗教和哲学，都是由有限求无限，由“可能”、“可知”求“不可能”、“不可知”的冒险。

因为要求“无限”、“不可能”和“不可知”，所以距离较远的事物最能引起儿童的遐想。萨利说：“一片隐约在望的远山在儿童的丰富的幻想之中常塞满着无数奇形怪状的景物。”他引的一位德国学者的话也说得很好：

> 儿童的幻想有一个普遍性，就是相信辽远的天际外，或是树林湖山以及一切眼睛所见到的事物的背后，都另有一个完全新奇的世界。我在儿童时和小朋友们在谷场里戏捉迷藏，总觉得每捆草的后面一定有什么奇怪的东西藏在那里。但是我始终没有起过不虔敬的念头要把那捆草翻过来看看后面到底有什么。

年龄愈长，对于现实的认识愈精确，现实的压迫也就愈沉重。现实压得使人没有可以自由活动的机会，处处都是平凡和呆板，于是苦闷的心情也逐渐增加。人要在这呆板平凡的世界中寻出一点生机来排解这种苦闷，于是要活动，要冒险，要寻出一些出乎常轨的偶然的变动。“偶然”、“机会”、“运气”都是“无限”的片面，所以它们常常能引起人的遐想，激发人的生气。这种心理的要求在赌博中最容易见出。赌博全是一种“碰机会”的游戏。有赌博癖者的真正目的都不在赢钱。如果他知道没有输的可能，没有到结局时就知道自己一定胜利，赌博的趣味便已十去八九。赌博所以能引人入胜者就在它的结果不能预定，使赌博者时时希望偶然的幸运恰好落到自己的头上来，所赢的东西价值尽管很小，可是它是“偶然的幸运”的象征，也就是“无限”的象征，所以能引起很大的快慰。

人到愈闲散时，愈觉生活的单调，愈感到苦闷，愈想有偶然的事变来破岑寂，愈想有激烈的刺激来激起生气，所以游戏和文艺的需要在闲散时也愈紧迫，就这个意义说，“精力过剩说”确有几分真理。德拉库瓦教授说：“苦闷是活动和幻想的最强的激动剂。心在苦闷时对于目前的时间和内心的节奏都感到乏趣，它除了这个节奏的单调和这个时间的悠久之外别无所感。因此，它希望从这个沉重而空虚的时间中跳出，去寻求生气蓬勃的瞬息，去寻生活的丰富和圆满。”这种心理是艺术和游戏所共同的。就这一点说，文艺确是一种“苦闷的象征”。

总观上述各节，我们可以看出游戏和艺术有四个最重要的类似点：一、它们都是意象的客观化，都是在现实世界之外另创意造世界。二、在意造世界时它们都兼用创造和模仿，一方面要沾挂现实，一方面又要超脱现实。三、它们对于意造世界的态度都是“佯信”，都把物我的分别暂时忘去。四、它们都是无实用目的的自由活动，而这种自由活动都是要跳脱平凡而求新奇，跳脱“有限”而求“无限”，都是要用活动本身所伴着的快感，来排解呆板现实所生的苦闷。

三

游戏和艺术虽相类似，但是究竟是两回事。世间许多好游戏的儿童后来没有成为艺术家，世间也有许多大艺术家在儿时并不好游戏，音乐家贝多芬和莫扎特都是著例。小说家司各特和诗人雨果在幼时确是以游戏著名的，不过这些实例既有正有反，便不能据为论证。

游戏和艺术的异点究竟在什么地方呢？谷鲁斯、顾约、马夏尔和兰格斐尔德诸人都注重艺术的社会性，以为社会性存在与否，就是艺术和游戏的根本区别。儿童游戏时常怕旁人看见，所以躲在成人的背后。他们只图自己高兴，并没有意思要拿游戏来博得同情和赞赏。纯粹的游戏都是为着本身的快感，没有客观的价值。尽兴极欢，便已达到游戏的目的，不必有美丑的分别。斯蒂文森说："我在幼时常用焦木塞画一对胡须，虽然没有人看见，也觉得很趾高气扬，我现在回想这种心境，仍恍然如在昨日。"儿童在游戏时，愈没有人看见，精神愈专注，幻想愈浓密，兴致也愈畅快淋漓。他抓住一个玩具，可以单独一个人接连玩上几点钟之久，不觉困倦。这种过度的唯我主义的色彩实在起于自我观念的暧昧，他没有把我和物分清楚，自己高兴时以为旁人和鸟兽草木器皿等也都和自己一样高兴，所以没有把自己的情感传达给旁人以求同情的意思。儿童自然也有时欢喜成群作戏，但是每个人仍只顾到自己。他既然可以和猫狗玩，和玩具玩，自然也就可以和同年的小伴侣玩，但是他并没有想到这些小伴侣是旁观者或是同戏的伙伴，他把他们也不过看作玩具一样，借以实现自己的幻想罢了。他扮店主，他弟弟扮主顾时，他弟弟就只是主顾而不复是他弟弟，如果他弟弟不在时，他也可以拿傀儡做主顾。旁的儿童只是他的意造世界中的真人物，他并没有心思要他们对自己的游戏本领表示同情和赞赏。他玩得高兴时，他的伴侣头撞痛了在号啕大哭，他心里却若无其事地仍继续玩他的。从此可知游戏的动机中很少有社会的成分。年龄渐长，游戏中容或逐渐杂入社会的成分，但是那就不是纯粹的为游戏而游戏了。

游戏不必有欣赏者，艺术的创造就不能不先有欣赏。游戏只是表现意象，艺术则除“表现”之外还要“传达”。艺术家见到一种意境或是感到一种情趣，一定要使旁人也能见到这种意境，也能感到这种情趣，心里才得安顿，所以他才把它表现出来，传达给旁人。传达欲是同情心的表现。人是社会的动物，到能看出自我和社会的分别和关联时，总想把自我的活动扩张为社会的活动。同情心是为群的也是为我的。它是为群的，因为它要分享旁人的苦乐；它也是为我的，因为它要把自我伸张到和社会一样大。同情心最初的表现是语言。艺术本来也是语言的一种。没有社会就没有语言，没有社会也就没有艺术。顾约说：“艺术的情绪根本是社会的。它的结果是扩张个体的生命，使它沉没到较大的较普遍的生命里去。艺术的最高目的就在产生带有社会性的美感的情绪。”

包尔温以为艺术起于“自炫的冲动”（self-exhibiting impulse），也是注重艺术的社会性，不过把它看得太窄狭一点，因为他只看到同情心的唯我的一面。有些艺术家自然反对这种论调。他们说：“我们是为艺术而艺术，并非借此求名，所以没世无闻，也不以为悔。”他们有时并且以为社会和艺术是不相容的，要能不求迎合社会心理，才能创造出真正艺术来。这些话都有片面的真理，却不能证明艺术没有社会性。求“名”是一件事，求“知音”、“同情”又另是一件事。真正艺术家尽管不求虚名，却没有不望知音、同情者。

因为游戏缺乏社会性，而艺术冲动的要素却恰在社会性，所以游戏不必有作品，而艺术则必有作品。作品的目的就在把所表现的意象和情趣留传给旁人看。罕恩（Yrjo Hirn）在《艺术的起源》里批评席勒、斯宾塞说道：“游戏只要过剩精力已发泄，或是本能已得到暂时的练习，便算是达到目的。艺术的作用却不仅在造作的活动，凡是真正艺术的表现都必有一件东西做了出来，可以流传下去。”换句话说，游戏和艺术虽同是把意象加以客观化，造成另一世界，游戏的意造世界是“逢场作戏”的，转瞬境迁，即归乌有，而艺术的意造世界则不随创造的活动同归于尽，创造的活动尽管过去，而创造的成绩则可永垂不朽。儿童在沙滩上堆砂为屋，随堆起，随推倒，既已尽兴，便无留恋；艺术家对于得意的作品，往往用慈母保护婴儿的热爱去珍护它。这个分别是显而易见的。

艺术冲动既含有社会性，所用的材料和方法因之也和游戏不同。游戏对于材料是无所选择的。一个意象不管是粗疏或是精美，一浮到儿童的灵活的脑里，立刻就变成一个意造世界；一个玩具，无论有生气或无生气，一落到儿童的好玩的手里，立刻就变成活跃的人物。游戏所用的材料只是一种象征，一种符号，它的本身价值如何，儿童常不过问。他想戏骑马时，目前有扫帚就用扫帚，有凳子就用凳子，反正这不过是一种符号，重要的还是骑马这个意象。艺术家对于材料就不能这样随便。无论是形色，是声音或是文字，它一方面须能象征，一方面也须有内在的价值。艺术的意象和情趣也是同样的经过选择陶炼来的。生糙粗率的意象和情趣对于艺术是无意义的，它一定要具有一种美形式。所谓“美形式”就是全体和部分的和谐。艺术作品是一个有机的整体，其中全体和部分都息息相关，各部分的大小和位置也须有内在的必然性，所以添一分则嫌多，减一分则嫌少，移动一分则失去和谐。这种特点在游戏中是寻不出来的，游戏没有客观的价值和美丑的分别。我们只要把儿童在游戏时所画的人物和艺术的作品稍加比较，这种分别就立刻现出。儿童画纯是象征，艺术品则于象征之外还须具有形式美。

总观以上各节，我们对于游戏和艺术的关系可以作这样一个结论：艺术和游戏都要在实际生活的紧迫中发生自由活动，都是为着享受幻想世界的情趣和创造幻想世界的快慰，于是把意象加以客观化，成为具体的情境。这就是所谓“表现”。不过纯粹的游戏缺乏社会性，而艺术则有社会性，它的要务不仅在“表现”而尤在“传达”。这个新要素加入，于是把原来游戏的很粗疏的幻想的活动完全变过。原来只是借外物做符号，现在这种符号自身却要有内在的价值；原来只要有表现，现在这种表现还须具有美形式。我们可以说，艺术冲动是由游戏冲动发展出来的，不过艺术的活动却在游戏的活动之上下过进一步的功夫。游戏杂用金砂，无所取择；艺术则要从砂中炼出纯金来。

第十三章

艺术的创造（一）：想象与灵感

一

游戏是初步的创造，它和艺术一样，也要应用创造的想象。我们在上章已经说明游戏和艺术的关系，现在可以进一步讨论艺术的创造了。

艺术的创造在未经传达之前，只是一种想象。就字面说，想象（imagination）就是在心眼中见到一种意象（image）。意象是所知觉的事物在心中所印的影子。比如看见一匹马，心中就有一个马的模样，这就是马的意象。马既在心中留下它的模样，它不在眼前时，我仍然可以回想起它的模样如何，这是记忆，也就是想象。不过这种想象只是回想以往由知觉得来的意象，原来的意象如何，回想起的意象也就如何，没有什么新创，所以它通常叫做“再现的想象”。

“再现的想象”只是在记忆中复演旧经验，决不能产生艺术。艺术必须有“创造的想象”。既是“想象”，就不能从无中生有，因为它不能离开意象，而意象是由经验得来的。既是“创造的”，就不能只是复演旧经验，必须含有新成分。这个新成分是什么呢？它不是想象所用的材料，因为这材料就是从经验得来的意象。因此，它只能是材料组合所取的形式。创造的定义可以说是："根据已有的意象做材料，把它们加以剪裁综合，成一种新形式。"材料是固有的，形式是新创的；材料是自然，形式才是艺术。举一个浅近的实例来说，比如"风乍起，吹皱一池春水"一句词九个字所指的意象，拆开来说，都很平凡，但是合在一起——综合这个意象所成的形式——却非常新鲜有趣，叫人不能不承认它是创造出来的艺术。一切艺术作品都可作如此观。论各部分材料，它是旧有的，所以人人能了解；论全体形式，它是新创的，所以是艺术。凡是艺术创造都是平常材料的不平常综合，创造的想象就是这种综合作用所必须的心灵活动。

在一般人看，创造的想象是神秘的，只许人惊赞，不许人分析。其实它像一切自然现象一样，也可以用科学方法去研究。近代心理学家研究这个问题，已得很多的成绩，就中尤以法人里波（Ribot）的贡献为最大。

分析起来，创造的想象含有三种成分：（一）理智的，（二）情感的，（三）潜意识的。

就理智的成分说，创造的想象在混整的情境中选择若干意象出来加以新综合，要根据两种心理作用。一为"分想作用"（dissociation），是选择所必需的；一为"联想作用"（association），是综合所必须的。

"分想作用"就是把某意象和与它相关的意象分裂开，把它单独提出。意象都是嵌在整个经验里面而不是独立的。如果没有分想作用，以往的经验便须全部复现于记忆。小孩子读死书，读熟之后往往只能背诵全篇，而不能单提出该篇中某一段或某一句。如果叫他单提出某一句来，他须从头背诵起，一直背诵到该句所在的地方才能记起该句。这种记忆是最笨拙的。他只是囫囵吞枣，食而不化。他虽能背诵全篇，却永远没有应用其中一字一句的可能。如果记忆都像这样，便不能有创造，因为创造是把向来不在一块的元素综合成新形式，记忆如果须全部出现，我们便无法把某元素从全体情境中单独提出。

里波以为分想作用是消极的，是创造的预备，联想作用是积极的，是创造的成就。其实这不尽然。有时分想作用自身便是积极的，便是一种创造。艺术的意象有许多并不是综合的结果，只是在一种混乱的情境中把用得着的成分单提出来，把用不着的成分丢去，有时也能造成很完美的意象，好比在一块顽石中雕出一座像一样。比如“长河落日圆”，“微风燕子斜”，“采菊东篱下，悠然见南山”，“风吹草低见牛羊”一类的意象，全无联想的痕迹，而却不失其为创造。它们都是只凭分想作用，在一个混整的情境中把和情感相调协的成分单提出来，造成一种新意象。单是选择有时就已经是创造。

但是文艺上的意象大多数都起于联想作用。所谓联想作用就是由甲意象而联想到乙意象。我们在第六章已讨论过联想的性质，以及接近联想和类似联想的分别。

这两种联想之中尤以类似联想为重要，许多漫不相关的事物经过诗人的意匠经营，都可以生出关系来。海棠花可以“凝愁”也可以“带醉”，浮云可以是白衣也可以是苍狗。前例是把物看成人，里波称为“拟人”，就是我们在第三章中所说的移情作用；后例把甲物看成乙物，里波称为“变形”。我们在第三章已经说过，“拟人”是美感经验的要素。静物的情感化，宇宙的生命化，以及神话寓言的起源，都是“拟人”的结果。“变形”在文艺中也是常见的。“鬓云欲度香腮雪”，“大弦嘈嘈如急雨，小弦切切如私语”，“大雪纷纷何所似，撒盐空中差可拟，未若柳絮因风起”，都是“变形”类的类似联想。里波分析类似联想，只举“拟人”、“变形”两类。其实“拟人”之外还可以另立“托物”一类。“拟人”把物看成人，“托物”则把人看成物。《列那狐的故事》托动物的奸诡隐射中世纪的封建人物，便是“托物”的著例。在中国文艺中“托物”尤其重要。屈原寄孤愤于香草，庄周托玄想于大鹏，这些前例引起后世许多学者的模仿。大约用这一类修辞格者都被逼于环境，不能直说心事，于是以隐语出之。例如骆宾王《在狱咏蝉》诗说：“露重飞难进，风多响易沉”，是暗射谗人的话。清朝人咏紫牡丹说：“夺朱非正色，异种亦称王”，是暗刺爱新觉罗氏代明朝入主中夏事，都是“托物”以言志。

“拟人”、“托物”、“变形”三种类似联想虽不同，而在实际上常不可分开。“水是眼波横，山是眉峰聚”可以说是“拟人”，也可以说是“变形”，“天寒犹有傲霜枝”可以说是“拟人”，也可以说是“托物”。这三种类似联想在文学上极为重要。它们最普通的用处在“比喻”。上文所举各例在修辞学中都属于“比喻”格。文学上的文字大半都不用本意而用引申义。文字的引申义大半都由“比喻”得来的。例如“流云吐华月”一句中只有“云”、“月”两字用本意，“流”、“吐”、“华”三字都用引申义。依本义说，“流”只能用于水，“吐”只能用于动物，“华”原来是“花”的同义字，引申为“美丽”。再如杜审言的《早春游望》诗中四句：“云霞出海曙，梅柳渡江春。淑气催黄鸟，晴光转绿苹”之中最见精采的是“出”、“渡”、“催”、“转”四个动词（即诗话家所谓“诗眼”），而这四个动词都是用引申义。文艺大半是象征的。“象征”就是以甲为乙的符号，也可说是一种引申义，它也是根据类似联想。天平和法律完全是两件事，因为同具公平一个特质，所以天平常象征法律。在陶渊明的诗里松菊象征孤高；在周敦颐的《爱莲说》里，莲花象征清洁；《诗经》首章《关雎》依毛说是象征“挚而有别”。在一般成语中狐象征媚，龙象征灵，日象征阳刚，月象征阴柔，雷霆象征怒，阴霾象征凄惨，蒲柳象征衰弱，葭莩象征亲戚，都是类似联想的结果。象征大半是拿具体的东西代替抽象的性质。美感都起于形象的直觉，所以文艺作品都要呈现具体的意象出来，直接撼动感官。如果它用抽象的概念，便不免犯普泛化的毛病，我们只能把它当作一条真理思索，不能把它当作一个意象观赏。抽象的概念在艺术家的脑里都要先翻译成具体的意象，然后才表现于作品。这种翻译就是象征。文艺是象征的，所以有人说，文艺是在“殊相”中见出“共相”，在“感觉的”之中表出“理解的”，这就是说，它以具体的意象象征抽象的概念。不过这种说法颇容易惹起误解。在文艺中概念应完全溶解在意象里，使意象虽是象征概念而却不流露概念的痕迹，好比一块糖溶解在水里，虽然点点水之中都有甜味，而却无处可寻出糖来。“寓言”大半都不能算是纯粹的艺术，因为寓言之中概念没有完全溶解于意象，我们一方面见到意象，一方面也还见到概念。

二

创造的想象虽要根据“分想作用”和“联想作用”，但是这些理智的成分决不能完全解释创造。比如“细雨鱼儿出，微风燕子斜”两句诗所写的意象，是在微风细雨的春天许多意象之中选择出来的，在细雨中不仅见到鱼儿出，在微风中也不仅见到燕子斜，诗人选择这两个意象出来时就把其他意象丢开，所以可以说是“分想作用”的结果。但是在许多意象之中，诗人何以单提出这两个意象而忽略其他意象呢？再比如“忽见陌头杨柳色，悔教夫婿觅封侯”两句诗是“触景生情”，因柳色而想到夫婿，可以说是“联想作用”的结果。但是杨柳所能引起的联想是无数的，它可以因经验的邻近而联想到栽柳人，或是柳色最佳的河边，它可以因性质的类似而联想到眉的轻盈，或是衣衫的嫩绿，何以在这个地方独唤起夫婿的记忆呢？“分想作用”和“联想作用”只能解释意象的发生如何可能，却不能解释在许多可能的意象之中何以某意象独被选择。

有选择就有抛弃。选择和抛弃是心理上普遍的现象。园里有许多花草，我在一个时间之内只注意到某几种花草；街上有许多行人，我在一个时间之内只注意某个女子或是某个老翁。选择之中又有选择，看花我或只注意到颜色，看女子我或只注意到面孔。原因是很简单的，我看到的是能引起我的情趣的，我没有看到的是不能引起我的情趣的。联想起来的意象也是如此。一般人以为联想不依逻辑，全是偶然的。其实它不依逻辑是真，说它是偶然，则不符事实。它也有原因，也有必然性，不过使它具必然性的原因不是理智而是情感。去取全凭好恶，好恶就是情感的流露。比如上文“忽见陌头杨柳色”例中的杨柳虽然可以唤起无数意象，但是“夫婿”的意象对于“春日凝装上翠楼”的闺中少妇带有极深的情感，这情感就是使“夫婿”的意象浮上心头的原动力。情感触境界而发生，境界不同，情感也随之变迁，情感迁变，意象也随之更换。同一事物在这个境界里触动这种情感，唤起这种意象，在另一个境界里又触动另一种情感，唤起另一种意象。“昔我往矣，杨柳依依，今我来思，雨雪霏霏”是一种境界，一种情感，一种意象。“无情最是台城柳，依旧烟笼十里堤”又是另一种境界，另一种情感，另一种意象。情感和意象都是生生不息的，时时刻刻都在创造中。

文艺作品都必具完整性。它虽然可以同时连用许多意象，而这许多意象却不能散漫零乱，必须为完整的有机体。创造的想象和寻常幻想的分别就在此。寻常幻想是散漫零乱的。两个意象稍可接触，即相依附，辗转流散，没有底止。如果把这一串幻想写出来，处处都是牛头不对马嘴。创造的想象却须把散漫零乱的意象融成一气。把原来散漫零乱的意象融成整体的就是情感。比如钱起的“曲终人不见，江上数峰青”，秦少游的“可堪孤馆闭春寒，杜鹃声里斜阳暮”，前句都是说人事，后句都是写物景，我们却不觉得这两种不同的意象摆在一块嫌不伦不类，它们反而能互相烘托，就因为它们同是传出一种凄清的情感。两个意象在性质上尽管不相类似，如果在情感上能相协调，便可形成一种完整的有机体。“手挥五弦，目送飞鸿”，“鸢飞戾天，鱼跃于渊”，“树摇幽鸟梦，萤入定僧衣”，都是两种不同的意象因情感的调协而形成整体的。

文艺作品都是把一种心情寄托在一个或数个意象里，所以克罗齐以为凡是艺术都是抒情的。意象要恰能传出情感，才是上品。意象可剽窃而情感则不能假托。前人由真情感所发出的美意象，经过后人沿用，便变成俗滥浮靡，就是有意象而无情感的缘故。没有两个完全相同的境界，便没有两个完全相同的情感，传达情感的语言意象也就不能一致。严格地说，这个人所用的语言和意象没有第二个人可以沿用，沿用便是偷懒说谎。所以“拟古”、“用典”、“集句”、“用陈语”在艺术上都是毛病。江淹拟陶渊明《归田园居》诗在拟诗中算是最上品，仍远逊原作。辛稼轩词好用陈语，例如《秋水观》一首长词大半用庄子语，这种作品只能说是文字的游戏，决不是艺术。“武帝植蜀柳于灵和殿前，常曰：‘此柳风流可爱，似张绪当年’”，几句散文本极富诗意，王渔洋在《秋柳》里引用这个典故造成“灵和殿里昔人稀”的句子，便索然无味。江淹、辛稼轩和王渔洋都本是很大的诗人，尚且不免蹈这些毛病，下此书蠹词匠的堆砌典故，更不足谈了。

创造艺术是一件煞费心血的事，又不能裨益实用生活，许多艺术家都以穷困终身，何以追求艺术者仍络绎不绝呢？这就由于艺术是一种情感的需要。真正艺术家心中都有不得不说的苦楚。如果可以不说而勉强寻话说，那就是无病呻吟。音乐家贝多芬有一个时期以人世为苦，烦闷想自杀，因为胸中蕴藉没有泄尽，所以隐忍不死。司马迁受腐刑后，也常说他所以忍辱不死者是为着完成他的《史记》。饥寒可忍，垢辱可忍，烦恼可忍，一切可摆脱，独有艺术不能摆脱。艺术家的胸襟大半如此。他所以不能放弃艺术者，就因为受情感的驱迫。人有情感自然要发泄，欢喜必形诸笑，悲痛必形诸哭。倘若心中有情感要勉强压住隐起，那就是打断生机的流露。苦乐都是从生机的郁畅得来的。"舒畅"就是快乐，"抑郁"就是痛苦。文艺是表现情感的，就是帮助人得到舒畅而免除抑郁的一种方剂。歌德在23岁时曾钟爱一位已许过人的女子，烦闷无计排解，正谋自杀，忽然听到耶路撒冷为失恋而自杀的消息，他拿自己的遭遇体验那位少年的悲剧，就想象出一部作品出来了。他自己说过："这个消息对于我仿佛是黑暗中一线光明，我立刻就把《少年维特之烦恼》的纲要想好。"他埋头两个星期，把书写成，于是他的自杀的念头才打消。文艺发泄情感的功用在这个例子中最易见出了。从亚理斯多德到弗洛伊德，许多学者都以为文艺对于情感有"净化"（catharsis）的效验，就是说情感不发泄对于心身都有坏影响，一经发泄，这种坏影响便被"净化"不复为祟。歌德写《少年维特之烦恼》的经过便是一个好例。

文艺是一种慰情的工具，所以都带有几分理想化。艺术家不满意于现实世界，才想象出一种理想世界来弥补现实世界的缺陷。这个普遍的事实就是弗洛伊德派学说的根据，不过他们把缺陷和弥补都看成性欲的，未免过于偏狭。依他们看，文艺都是欲望的"升华"（sublimation），把鼓动低等欲望的潜力［叫做"来比多"（libido），大半是属于性欲的］移来鼓动较高尚的情绪。文艺像梦一样，用处在使欲望得到化装的满足。它可以说是性欲的象征。最早的文艺是神话，它就是原始社会的公共欲望的表现。人类在潜意识中早有弑父娶母的欲望。古希腊俄狄浦斯的故事就是这种欲望的象征。许多神话都与"俄狄浦斯情意综"（Oedipus complex）有关系，所以其中主要人物大半都有母无父。姜螈履大人迹而生后稷，孔子之母祷于尼丘而生孔子，圣马利亚禀神意而生耶稣，都是著例。近代文艺中性欲的色彩尤其浓厚。例如屠格涅夫曾迷恋一个很庸俗的歌女，在小说中于是写出许多恋爱革命家的有理想和热情的女子，就是在文艺中求缺陷的弥补。弗洛伊德的这番话自然也有一番真理，不过缺陷和弥补都不必像他所说的全在性欲方面。

欲望升华说的最大缺点在只能解释文艺的动机，而不能解释文艺的形式美。我们在第二章已经说过，生糙的情感是无济于事的。艺术家之所以为艺术家不仅在有深厚的情感（因为只有深厚的情感不一定能表现于艺术），而尤在能把情感表现出来。他的创造要根据情感，而在创造的一顷刻中却不能同时在这种情感中过活，一定要把它加以客观化，使它成为一种意象。他自己对于这个情感一定要变成一个站在客位的观赏者，然后才可以得到形式的完美。

三

理智的和情感的两种成分都是意识所能察觉的，但是创造的想象还有意识所不能察觉的成分，这就是通常所谓"灵感"（inspiration）。艺术须赖灵感，这是古今中外的共同信仰。柏拉图在《斐德若篇》对话里说：

> 有一种迷狂症是诗神激动起来的。她凭附一个心灵纯朴的人，鼓动他的狂热，唤起诗的节奏，使他歌咏古英雄的丰功伟业来教导后人。无论是谁，如果没有这种诗人的狂热而去敲诗神的门，他尽管有极高明的艺术手腕，诗神也永远不让他升堂入室。

柏拉图所谓“诗人的狂热”就是灵感。依他说，灵感是神的启示，比艺术手腕还更重要。艺术家在得到灵感时，常不费心血，就可以写出完美的作品。歌德著《少年维特之烦恼》的经过，便是灵感的好例。他自己说听到耶路撒冷自杀的消息，仿佛突然见到一道光在眼前瞥过，立刻就把全书纲要想好。他一口气把它写完，然后把稿子复阅一遍，自己觉得很诧异，因为他丝毫没有费力。他说：“这部小册子好像是一个患睡行症的人在无意识之中写成的。”

灵感之来往往出于作者自己的意料之外，作品已经创造成功了，他才发现自己又创造了一件作品。雕刻家罗丹作《流浪的犹太人》的经过便是如此。他在《回想录》里说：“有一天我整天都在工作，到傍晚时正写完一章书，猛然间发现纸上画了这么一个犹太人，我自己也不知道它是怎样画成的，或是为什么要去画他。可是我的那件作品全体便已具形于此了。”

有时苦心搜索而不能得的，在无意中得到灵感，顿时寻求许久的意象便涌上心头。音乐家柏辽兹（Berlioz）替贝朗瑞（Béranger）的《五月五日》诗谱乐曲，谱到收尾的叠句：“可怜的兵士，我终于要再见法兰西”时，猛然停住，再三思索，终于想不出一段乐调来传这叠句的情思。过了两年，他游罗马，有一天失足落下河去，遇救没有淹死，爬出水时口里所唱的一段乐调，就是两年之前再三搜索而不能得的。

从这几个实例看，灵感有两个重要的特征。第一，它是突如其来的。我们在表面寻不出预备的痕迹，它往往出于作者自己的意料之外。根据灵感的作品大半都成得极快。第二，它是不由自主的。希望它来时它偏不来，没有期待它来时，它却蓦然出现。作者在得灵感时常超过自己平素的能力。平素他所不能做到的在灵感中他可以轻易地做到。凭借灵感的作品往往比纯恃艺术手腕的作品价值较高。

因为灵感有这两种特征，古时学者大半都把它看作神的启示。在灵感之中仿佛有神凭附作者的躯体，暗中在酝酿他的情思，驱遣他的手腕。作者对于得自灵感的作品只是坐享其成，这种信仰是很普遍的。古希腊人以为各种文艺都有一个女神（muse）主宰。在原始社会中，诗人大半就是预言者，他是代天传旨的。西方诗人做史诗，在开章中往往有一段照例的招邀诗神的话。中国文学家也有“下笔如有神助”之说。相传江淹有一夜梦见郭璞向他说：“吾有笔在卿处多年，可以见还”，他探怀中得一枝五色笔，便还给郭璞。他以后做诗，就绝无美句。这也是相信天才由于神鬼的凭借。

但是在科学界中这种神秘的解释已经不能成立了。依近代心理学家说，灵感大半是由于在潜意识中所酝酿成的东西猛然涌现于意识。我们最好择几种类似灵感的潜意识现象来研究一番，然后拿它们来比较灵感，就可以见出灵感究竟是怎么一回事了（“潜意识”和弗洛伊德所说的“隐意识”不同，详拙著《变态心理学》）。

人于意识之外，还有潜意识，潜意识也可以作想象思考的活动，这是近代心理学上已成立的事实。最显著的例子是"自动书写"（automatic writing）。有一种病人在专心做一件事或是和人谈话时，你摆一管笔在他的手里，同时用针刺他的麻木的部分，他意识中虽没有痛感，而手则在描写被针刺的经验。催眠状态也很相类似。受催眠者的言动和在醒时的言动往往不同。在醒时没有膂力，在催眠中他可以举起平时所不能举起的重量。在催眠中他忘记催眠前的经验，在催眠后他又忘记催眠中的经验。"后催眠的暗示"更加奇怪。你吩咐受催眠者在醒后某时某刻做一件事，他醒后虽然记不起你所吩咐的话，到了时刻却不由自主地无意地把你所吩咐的事做得一字不差。从这些事实看，可见一个人可以有两重或多重人格。在意识中他呈现一种人格，在潜意识中他又呈现另一种人格。受催眠者和患睡行症者的潜意识往往可以涌上浮面来，把意识完全遮蔽住，于是有"人格的交替"。詹姆斯举过一个例子：一个人跌下火车之后，把原来的经验都忘记，在一个镇市上做了几个月的小生意。有一天他忽然醒过来，发现身旁事物都不是习见的，才自疑何以走到这么一个地方。旁人告诉他说他在那里做过几个月的小生意，他绝对不肯相信。他在做小生意时，就专靠潜意识的活动。

灵感和这种潜意识的活动是属于一类的，所不同者在"人格的交替"中潜意识完全把意识遮蔽住，在灵感中潜意识所酝酿成的意象涌现于意识中，而意识仍旧存在。至于潜意识的活动是否与意识的活动相同，想象的进行在潜意识中和在意识中是否遵照同一原理，心理学家对于这种问题还没有定见，弗洛伊德派学者的“压抑说”和法国变态心理学者的“分裂说”都各有难点（详见拙著《变态心理学》）。不过有两点我们是可以断定的。第一，潜意识的活动大半仍依联想作用。在潜意识中联想不受意识和理性的节制，活动更较自由，所以潜意识的想象比意识的想象更丰富，在意识中所搜索不得的往往可以在潜意识中酝酿成功。不过因为缺乏理性的节制，潜意识的想象也往往较错乱无章。所以潜意识所酝酿成的须经过意识的润饰，才能成为完美的作品。第二，在潜意识中，情感的支配力较在意识中更大，这也是因为理智弛懈的缘故。潜意识估定价值的标准也全是情感。意识所认为微细的东西如果带有浓厚的情感，在潜意识中可以占极重要的地位。创作受情感的影响大半都在潜意识中。弗洛伊德以为文艺是慰情泄欲的东西，就潜意识说，这话颇近于真理。

灵感既起于潜意识的酝酿，所以虽似突如其来，却不是毫无预备。比如上文所说的歌德写《少年维特之烦恼》的例子中就很容易见出预备的痕迹。他自己钟爱夏绿蒂，久萌念自杀。他自己的经验恰如他在书中所描写的。这本书的情节在他的潜意识中酝酿已许久。耶路撒冷的情节和他自己的经验很相似。这个类似点就成了点燃一大堆火药的导火线。所谓灵感，就是埋伏着的火药遇到导火线而突然爆发。灵感也要有预备，所以想一部书的布局或是作一个数学难题，费过一番心血之后，就可以把它丢开不去再想，姑且去玩几天或是改做旁的事，让所想的东西在潜意识中去酝酿，到了成熟时期，它自会突然涌现。大数学家普恩加来（Poincaré）的数学发明大半是在街头闲逛时于无意中得到的。文艺的创作道理也是一样。许多人不知道发明和创造在潜意识中都早已有预备，便以为它们是“凑巧”、“碰机会”，实在是误解灵感的性质。

在潜意识中酝酿成的意象何以特别在某一时会才涌现于意识呢？这个问题也很值得研究。概括地说，意识作用弛懈时，潜意识中的意象最易涌现。所以艺术家自述经验，往往以为创作时的心境有如梦境。音乐家瓦格纳的《莱茵河的黄金》三部曲的开场调，就是在梦境中作成的。据他的《自传》说，三部曲已完全写成时，开场调仍没有想出。他方乘船过海，昼夜不能安眠，有一天午后，他倦极才得微睡，仿佛觉得自己沉在急流里面，听到流水往复澎湃的声音自成一种乐调。醒后他便根据在梦中所听到的急流的声音谱成三部曲的开场调。每个人大概在梦中都做过很好的文章，或是说过很漂亮的话。英国诗人柯尔律治的《忽必烈汗》就是梦境的作品。他本来嗜鸦片，有一天醉后坐在椅上睡着。临睡前他在一部游记里读到这一句话：“忽必烈汗令在此地建一座宫殿，并且修一个堂皇的花园，于是一道围墙把十里肥沃的土地都圈在里面。”在三刻钟的熟睡中他梦见根据这个典故做成二三百行诗。刚醒时他还记得清楚，于是取纸笔把它赶快写下。写到数十行时，忽然有客来访，把他的思路打断了，客去后则梦中所见已模糊隐约，不能续写。他所写下来的五十三行为他的全集中三杰作之一。在中国文学史中我们也常遇到同样的事。刘后村的《沁园春》词序说：“癸卯佛生之翼日，梦中有作。既醒，但易数字。”传说周美成的《瑞鹤仙》词也是梦中作的。他在“梦中作此词，既觉而不知所谓”。这两首词也都是名作。

灵感有时来有时不来，于是艺术家想出种种方法来招邀它。招邀灵感的方法也很可注意。意大利戏剧家阿尔菲耶里（Alfieri）在听音乐时想象力最盛，他的作品大半是在听音乐时想成的。李白在饮酒时创作力最大，杜工部有“李白斗酒诗百篇”之语。美国爱伦·坡（Allen Poe）、英国德·昆西（De Quincey）都借助于鸦片。法国的伏尔泰和巴尔扎克都借助于咖啡。莫泊桑借助于以太，据他自己说，《庇耶和姜恩》一部小说全是受以太的影响写成的。德国诗人席勒在创作时欢喜嗅烂苹果的气味，他的写字台上常摆几只烂苹果。他在创作时又常喜把脚浸在冷水里。卢梭有所思索，则露顶让赤热的太阳晒头脑。弥尔顿作诗欢喜躺在床上。奥地利作曲家莫扎特（Mozart）在制曲之前常作体操。尼采要在散步时思想才容易涌现。中国的李长吉也有“驴背寻诗”的故事。欧阳修在《归田录》里说：“余生平所作文章多在三上，乃马上枕上厕上也。盖惟此尤可以属思耳。”这些招致灵感的方法目的不同，有些是在提起精神，但是大部分是要造成梦境，使潜意识中的意象容易涌现。音乐、鸦片、酒、强烈的日光以及骑马、登厕都有催眠的功效。

文艺的创造还有一件有趣的事实，就是意象的旁通。这也有时起于潜意识的酝酿。诗人和艺术家寻求灵感，往往不在自己“本行”的范围之内而走到别种艺术范围里去。他在别种艺术范围之中得到一种意象，让它在潜意识中酝酿一番，然后再用自己的特别的艺术把它翻译出来。郭若虚在《图画见闻录》里所记的吴道子一段故事就是最好的例：

> 唐开元中，将军裴旻居丧，诣吴道子请于东都天宫寺

> 画神鬼数壁，以资冥助。道子答曰："吾画笔久废，若将军有意为吾缠结舞剑一曲，庶因猛励以通幽冥。"旻于是脱去缞服，若常时装束。走马如飞，左旋右转，挥剑入云，高数十丈，若电光下射，旻引手执鞘承之，剑透室而入。观者数千人，无不惊栗。道子于是援毫图笔，飒然风起，为天下之壮观。道子平生绘事，得意无出于此。

这就是把从剑术所得来的意象翻译于图画。我们也可以说吴道子从剑术中得到灵感。剑术的意象和图画在表面上本不相谋，但是实在默相会通。画家可以从剑的飞舞中得到一种特殊的筋肉感觉，把它移来助笔力，可以得到一种特殊的胸襟，把它用来增进图画的神韵和气势。唐朝草书大家张旭尝自道经验说："始吾见公主担夫争路，而得笔法之意，后见公孙氏舞剑器而得其神。"王羲之看鹅掌拨水的姿势，取其意为书法；司马子长遍游名山大川之后，文章的气势日益浩壮，都是由于意象旁通的道理。意象可旁通，所以艺术家如果想得深厚的修养，不宜专在"本行"之内做功夫，应该处处玩索。云飞日耀，风起水涌，花香鸟语，以至于樵叟的行歌，嫠妇的野哭，当其接触感官时，我们常不自觉其在心灵中可生若何影响，但是一遇挥弦走笔，它们都会涌到手腕上来，在无形中驱遣它动作。在作品的表面上虽不必看出这些意象的痕迹，但是一笔一划之中都会潜寓它们的神韵和气魄。这些意象的蕴蓄就是灵感的培养。

第十四章
艺术的创造（二）：天才与人力

一

创造要有天才，这是大家公认的事实。就字面看，“天才”就是天生的才能，并没有什么费解，但是如果我们要研究天才的成因，那就不是一件易事了。古代学者每逢到不易解释的现象都归原于天。世界是天造的，语言文字是天造的，一切人所不知不能的事物都有天作主宰。“天”字于是成为科学的止境，一旦溯原到天，什么就可以不去追问了。关于天才的信仰大半也是如此。但是近代科学却不甘心到了“天”就止步，因上有因，它要追问到底，“天”的本身也还是一个未知数。于是心理学家和生物学家们对于一般人所认为无可解释的“天才”也偏要去求一个解释。“天才”问题只是较大的遗传与环境的问题中一个枝节。学者因侧重某一个要素而分为两派。

有一派说，天才得诸遗传。天才好比拥有良田大厦的富家子弟坐享祖宗的余荫，他的厚福并非是他自己的劳力的酬报。遗传的媒介是生殖细胞。每个生殖细胞之中含有四十几个染色素，而每个染色素又代表无数遗传的特质。父母两系的生殖细胞如此配合则生下愚，如彼配合则生上智，也犹如它们如此配合则生高鼻子，如彼配合则生低鼻子一样。每个人从投胎时贤愚便已命定。祖宗有聪明种，子弟自然聪明；祖宗有愚笨种，子弟自然愚笨，正如种瓜得瓜，种豆得豆一样。研究天才的心理学专家最欢喜替伟大人物理家谱，说某大音乐家有几代祖宗都精通音乐，某文学家有几代祖宗都有文学天才。他们以为这都是天才起于遗传的证据。

天才自然与遗传有关，但是决非遗传所单能解释。遗传学自身还是一种人自为说的科学。“习得的性质”究竟能否遗传，不类似祖宗的新种究竟如何产生，物种究竟如何起源，如何进化，种种问题都还没有明确的解决。我们拿自身尚是问题的遗传来解释天才，结果亦不过仍是一种问题而已。天才都必超越已有标准。如果天才全赖遗传，则子孙至多只能像祖宗。只能像祖宗，就是只能达到已有标准，不能叫做天才。比如曹操父子都擅长诗文，似乎可以证明遗传说，但是他的祖宗和后裔都寂然无闻，他的天才从什么地方遗传来，以后又遗传到什么地方去了呢？曹丕和曹植在文学上成就都很大，这是由于先天的遗传好，还是由于后天的教养好呢？德国生物学家魏意斯曼（Weismann）说过：“假如沙摩岛上生了一个孩子，天才像莫扎特一般高，他能够有什么成就呢？至多只能听到从三四个到七个单音的音阶，他自己至多只能创造比这简单音阶稍复杂的乐调，但是他决不能创造交响曲，正犹如古希腊科学家阿基米德不能发明电气机械一样。”发明和创造都不免有所因袭。第一个拾树叶遮蔽身体的人，第一个制布帛为衣裳的人，以及第一个发明电气的人都要有若干天才。但是同样天才在原始时代只能拾树叶遮蔽身体，在科学进步时代才能发明电气。造飞车的墨子，造天风地动仪的张衡倘若生在今日，造就岂不更加伟大？从此可知“社会的遗产”对于天才的影响也很大了。

达尔文派学者多侧重环境，所谓“社会的遗产”便是环境中一个要素。侧重环境便是侧重教养，侧重教养便是侧重吸收社会的遗产。但是环境的意义却比社会的遗产较广。天时、地利、人事，无一不属于环境。环境对于天才不仅供给滋养品，尤重在供给刺激剂。时代愈有剧烈的变动，则刺激愈大，天才也愈易产生。古希腊的伯里克理斯时代，意大利的文艺复兴时代，英国的伊丽莎白后时代，法国的路易十四时代，中国的汉唐两朝都是轰轰烈烈的时代，所以能产生伟大的文艺作者。因此一般人常说，伟大的人物都是时代的骄子，文艺都是时代和环境所返射的缩影。托尔斯泰说过：“所谓伟大人物不过是贴在历史上的签子，他们的姓名只是历史事件的款识。”

环境的影响自然也不可否认，但是单是环境也决不能解释天才。同是一个时代的作者成就往往大相悬殊。随着时代走的大半都不是天才，天才大半都走在时代前面。古今许多伟大作家对于他们的时代和环境往往持反抗的态度。社会是守旧的，对于天才的新创也往往加以仇视。天才不但要创造新作品，还要创造能欣赏这种新作品的群众。新群众的产生往往是在新作品的产生之后的一代中。浪漫派和象征派的诗，后期印象派的画，以及中国白话文学，在初出世时都被人唾骂，到后来才有人能欣赏，便是明证。

就史实说，伟大的时代不一定能产生伟大的文艺。美国的独立和法国的大革命在近代都是极重大的事件，而当时文艺却卑卑不足高论。反之，伟大的文艺也不一定有伟大的时代做背景。歌德和席勒时代的德国还很混沌纷乱，没有统一，在当时欧洲先进国家看，还是一个初脱野蛮社会的民族。16世纪的意大利除了在艺术上的成就，在政治方面也无丰功伟绩可言。从此可知文艺与时代并无必然关系。现在一般人颇惊讶俄国和中国在近二十年之内，经过许多的变动，还没有伟大的文艺产生，又有人在期望激烈变动之后必有伟大文艺为其当然的结果。这都是过信时代对于文艺的影响。

法国学者泰纳（Taine）在他的《英国文学史》中标出种族、时代、环境三大要素来解释一切文艺作品。他的主张流衍为近代法国文坛上所谓“科学的批评”。这派学者以为我们如果能明白作者的种族、时代和环境，便已明白了他的作品。所以他们特别注重传记的研究。这种见解可谓同时兼顾到遗传（即种族）和环境（包括时代）两种影响，恰能调和上述两说的偏见。但是他们忘记猴公、猴母和看猴戏的群众之外，还有一个演戏的猴子。遗传和环境的影响我们并不否认，但是作者的个性也不可一概抹煞。曹丕和曹植，苏轼和苏辙，就种族、时代和环境三个要素而言，都大致相同，但他们两兄弟的作品却悬殊很远。这种差异就是个性的表现。

个性也是一个要素，所以研究一个作者时，我们不但要知道他的祖宗如何，他的时代和环境如何，尤其重要的是了解他自己的个性。近代天才心理学专家也颇见到这点，但是他们从个性观点出发所得的结论是很奇怪的。依法国学者冒罗（Moreau de Tours）说：“天才是一种精神病。”意大利精神病学者郎白洛莎（Lombroso）则更进一步说：“天才只是一种叫做癫痫（epilepsie）的精神病。”弗洛伊德派心理学者以为文艺是被压抑欲望的升华，虽不说文艺活动就是精神病，却承认文艺活动与精神病的来源成因相同。

如果天才确实是一种精神病，则陶渊明、李太白、吴道子、莎士比亚和米开朗琪罗一类人物都是疯人，而世界上许多伟大事业都成于疯人之手了。天才固然往往同时患精神病，但是世间也有不患精神病的天才，至于不是天才的精神病人更不可胜数。少数天才患精神病，其中因果关系也还是问题；究竟是天才由于精神病，还是精神病由于天才的过度活动呢？运动家往往患心脏病，我们不能拿这种事实来证明运动家就是患心脏病者，这种道理是很显然的。法国学者耶勒（Janet）曾经说过，精神病大半起于心力的疲乏，而天才则见于心力的饱满。精神病人大半缺乏综合力和意志力，而综合力和意志力恰为天才的要素。从此可知文艺作者的个性不能完全从精神病学的观点来研究了。

天才为精神病说既不圆满，然则天才所表现的特殊个性究应如何解释呢？本来“个性”这个东西，如果仔细分析起来，是很不易捉摸的。除了得于遗传与环境两者之外，个性还剩下什么呢？这个问题曾经引起许多学者的争辩。持“命定说”者（大半是唯物派学者）以为每个人的生命都是遗传与环境“命定”或支配的，除了遗传和环境两种影响的总和以外，便别无所谓个性，所以人全是被造成的，贤者不必自矜，愚者也不必自咎。持“自由说”者（大半是唯心派学者）则谓人有自由意志，自由意志可以战胜遗传与环境，人对于自己的行为以及自己的造就，须担负责任，不能把它们委诸盲目的造化。这两说牵涉到哲学，非本文所能详论。我们承认遗传与环境的影响非常重要，但是同时也相信在固定的遗传和环境之下，个人也还有努力的余地。“时势造英雄，英雄亦造时势。”遗传与环境对于人只能算是一种机会或是一笔本钱，至于人能否利用这种机会，能否拿这笔本钱做出生意来，则所谓“神而明之，存乎其人”了。

天才所得于遗传与环境者也是如此。天才大半享有较优厚的遗传和环境的影响，这是不可否认的事实；但是这句话不一定可以倒过来说：较优厚的遗传和环境的影响一定能够酝酿出天才。遗传和环境相同而成就大小往往悬殊甚远，这就全靠个人的努力与不努力了。在我们看，这种个人的努力就是遗传与环境以外组成个性的一个要素。人一半是外力造成的，一半也是自己造成的。

一般人对于天才往往有很大的误解。他们以为有天才固然用不着人力，没有天才也用不着人力；因为有天才的人力是赘疣，无天才的人力是虚费。这好像说，吴道子生下来就会作画，许多生来本不会作画而努力学作画的人都是劳而无补。这种见解的错误，任何大艺术家的行迹都可以拿来证明。牛顿在科学界总算得一个天才，他常常说：“天才只是长久的耐苦。”法国生物学家布丰也说过类似的话。文学界大家所公认为近代最大的天才作家莫过于莎士比亚和歌德。人人都知道歌德是一个博学者。至于莎士比亚也不是像一般人所想象的那样毫无凭借。他在创造之前曾费过半生的精力去改作前人的剧本。在他的著作中我们可以找出许多凭据来，证明他的学识非常丰富，所以医生们都猜想他当过医生，律师们都猜想他学过法律。中国诗人中最不像用过功夫的莫如陶渊明和李太白。陶渊明是在性情上做过修养功夫的，至于学问方面他也有“好读书”的自供。李太白集中极多拟古的作品，他极佩服谢玄晖，杜工部说他“往往似阴铿”。杜工部自道经验的话尤其值得玩味。他说：“读书破万卷，下笔如有神。”要达到“下笔如有神”的境界，大半都要先下“读书破万卷”的功夫。

二

天才都要有人力来完成，在文艺方面尤其是如此。概括地说，文艺所不能不借助于人力者有三大端。

一、蓄积关于媒介的知识

各种艺术都有它的特殊的学问，其中最基本的是关于媒介的知识。媒介就是表现和传达的工具。例如图画的媒介是形色，音乐的媒介是声音，文学的媒介是语言文字。媒介和艺术的关系非常密切，一种媒介往往只适宜于一种风格，媒介与风格不相称时则难引起美感。比如同是一座塔，用象牙去雕和用花岗石去雕，尽管模样相同，而风格却不能一致。用象牙雕的宜于精致，用花岗石雕的宜于雄伟。同是一种人情，用诗写和用词写所生的印象不同；同是用诗写，用古体和用律体所生的印象不同；同是用古体写，用五言和用七言所生的印象又不同。艺术上风格的变迁，媒介往往是一个主因。比如说画，欧洲画风最鲜明的分水线是在15世纪。在15世纪以前，油画法未流行，画家大半用壁画法（fresco）。壁画法须先在壁上敷一层湿垩，趁其将干未干时涂上颜色，画成之后再在面上敷一层油漆，以防风雨的剥蚀。预备了一壁湿垩，即须随时画成，不能迁延时日。所以壁画法下笔须快，涂色之后即不易修改。下笔既要快而又不易修改，所以意大利“原始派”画家大半都从大处落墨，从线条稳重、颜色鲜明、姿态雄杰上见功夫。到15世纪以后，油画逐渐盛行，远近阴影的研究逐渐精确，于是画家渐弃粗枝大叶的涂抹，而着意于精细微妙的渲染。从前画家只留下固定的轮廓，此后画家却要捉住飘忽去来的阴影和色调；从前画家在意境上下功夫，此后画家则日趋于写实主义。有人说这是欧洲艺术的进步，有人说这是欧洲艺术的退步，无论如何，这种变迁是很能证明媒介对于风格的影响。

入手学一门艺术，就必先认识它的特殊媒介。认识媒介并非一件易事。再比如说图画，媒介的认识要包括透视学、解剖学、颜料制造法和配合法种种专门知识在内。有时很大的艺术家因为对于媒介没有十分研究清楚，遂至于误事。雷阿那多·达·芬奇便是一个好例。他的《最后的晚餐》本来是文艺复兴后的一大杰作，但是因为它是用一种不耐潮湿的油画颜料，涂在一个易受潮湿的墙壁上，不过多时就消蚀去了。雷阿那多时代是壁画法和油画法代替的时期，他想用油画法于壁画，而对于油画的性质并没有彻底认识，以致像《最后的晚餐》那样大的杰作不能以真面目传于后世（现在所传的都是临摹本或修改本），总算是美中不足了。

各门艺术都有如此等类的关于媒介的专门知识，最显著的是文学方面。文学的媒介是语言文字。要明白一国的语言文字，第一要知道它的音（音韵学），第二要知道它的义（训诂学），第三要知道它的音的组合原则（音律学），第四要知道它的意的组合原则（文法学），第五要知道它的音和义的组合对于读者或听者所生的影响（修辞学及美学）。这些都是专门学问。在中国和欧洲几个先进国中，这些学问都各已有几千年的历史。这几千年中学者对于它们已经费过许多心血，积蓄了许多有价值的经验。这些经验不是任何天才可以赤手空拳，毫无凭借，在毕生之内所能积蓄起来的。所以文学家不能不走捷径，先将前人关于语言文字研究所得的结果加以一番研究，用不着自己去在平地造山岳。只是这一层就已经够费心血了。

文学不是可以不学而能的。一般过信天才者往往说：文学是情感的自然流露，比如《国风》及一般民歌的作者何尝研究声音、训诂等学问？但是它们终不失其为天地间至文。这种话本来极有道理，但是如果以古人之已然，责后人之必然，则实在是一大错误。从历史看，文艺都是由不自觉转到自觉，由“自然流露”转到“有意刻画”。各民族文学进化史中都有民歌时期，也都有仿民歌时期。在民歌时期（如中国国风乐府时期）中，作者是全民众，一人倡之，无数人和之，众口流传，互相增改，他们无意于为文而自中法度。在仿民歌时期（如中国晋唐时期），作者变为特殊阶级的分子，他们在自然流露的作品中见出法度来，便沿用这种法度自作新诗。这种变迁在语言自身就可以见出。语言在原始时期虽没有文法学而却有文法。原始人民虽不必学文法而后说话，但是自从后人注意到这种文法把它归纳为条例之后，学语言者便不能不注意它。法度原来是自然习惯造成的，在开端者本出于自然，在后起者却不能不学习。语言如此，艺术也是如此。“艺术”一词在西文中原含有“人为”的意义。社会愈进化，艺术的人为的成分也就愈多；人为的成分愈多，人力的需要也就愈大，这是自然的倾向。

二、模仿传达的技巧

我们在第十一章已说过，创造之中都寓有欣赏，但是创造却不仅是欣赏。欣赏和创造都要直觉到一种形象；欣赏只要直觉到形象就可以止步，创造却须再进一步，把这个形象外射成为具体的作品，传达给旁人看。克罗齐以为见到一种意象就已经是“表现”，显然没有顾到创造所以超过欣赏的地方。见到一种意境是一回事，把这种意境传达出来却又另是一件事。苏东坡论画竹，常谓须先有成竹在胸，然后铺纸拈毫，一挥而就。一般人都可以有“成竹在胸”，但是只有画家才能把在胸的成竹画在纸上。“成竹在胸”是直觉，是欣赏，是创造的初步。画在纸上才是创造的完成。画出之后，在我胸中的成竹才不仅我能见到，旁人也可以因我的画而见到。如果“成竹在胸”已是“表现”，则画出成竹便是“传达”。

我心里想到一棵竹，枝叶茎干，件件都了然于心，何以我不能把它画出来呢？因为我不能动手，所谓“不能动手”就是不能任竹的意象支配筋肉的活动，使笔顺着适当的筋肉活动，恰画出胸中成竹来。穷到究竟，艺术的创造都不过让所欣赏的意象支配筋肉的活动，使筋肉所发动作，恰能把意象画在纸上、谱在乐调里或是刻在石上。这种筋肉活动像走路、泅水一样，都从习惯得来，不是天生的。习惯的养成都需要人力。我想到一棵竹虽然不能画一棵竹，但是想到一个“竹”字却能信手写一个“竹”字。实在一棵竹和一个“竹”字在心中都不过是一种意象，“竹”字意象能支配我的手腕筋肉作写“竹”字的活动，而竹本身的意象却不能支配我的手腕作画竹的活动，就由于我练习过写字，没有练习过作画，我的手腕筋肉只有写“竹”字的习惯而没有画竹的习惯。我如果勉强提笔画一棵竹，我所画出来的和我原来所想象的全不符合。我本来想画一条直线，而所画出来的却是一条七弯八扭的曲线；我本来想在线上表现一种骨力，而所画出来的却是一堆毫无生气的墨迹。画家能做我所不能做的事，就因为他的筋肉已养成一种意到笔随的习惯，这种筋肉习惯就是画艺中的特殊技巧。

各种艺术都有它的特殊的筋肉技巧。例如写字、雕刻、图画、弹琴，都要有手腕上的技巧；唱歌、演戏、说话、吹箫，都要有喉舌上的技巧，跳舞要有全身筋肉的技巧（严格地说，每种艺术都要用全身筋肉，因为每部分筋肉都与全体筋肉系统相联贯）。要想学一门艺术，就要学习它的特殊的筋肉技巧。天才也逃不脱这一关。所谓“学习”不过包含两种活动，一种是尝试，一种是模仿。这两种活动是分不开的。我们只要看小儿学走，或是成人学游泳，就可以知道尝试也要根据模仿。艺术的成就本来在创造，而创造却须从模仿入手。生命是连续的，创造并不是从无中生有，只是旧经验的新综合。所谓“旧经验”涵义甚广，上文所说的关于媒介的知识是一种，现在所说的筋肉技巧也是一种。

创造都基于模仿，而模仿的目的大半是养成筋肉的技巧，我们可以举写字为例。小儿学写字，最初是描红，其次是写印本，再其次是临碑帖。这些方法的目的都在以旁人的书迹为模型，逐渐养成手腕筋肉的习惯。字有骨力，有姿态，骨力和姿态都是筋肉运动的结果。筋肉作某一种活动则得柳公权的劲拔，作另一种活动则得赵孟頫的秀媚。王羲之观鹅掌拨水，张旭观公孙大娘舞剑，也是模仿一种特殊的筋肉活动。学写字的最易得益的方法是站在书家身旁，看他如何提笔，如何运腕，如何贯注全身筋力。因为他的筋肉习惯已经养成了，我在实地观察他的筋肉如何动作，就可以讨一点诀窍来，免得自己去暗中摸索。推广一点说，一切艺术上的模仿都可作如是观。

再比如作诗文，似乎不用什么筋肉的技巧，其实也是一理。诗文都要有情感和思想。情感都见于筋肉和其他器官的变化，喜时和怒时的颜面筋肉和循环呼吸等各不相同，这是心理学家所公认的事实。思想离不开语言，而语言则离不开喉舌的动作，想到“竹”字时，口舌间筋肉都不免有意或无意地作说出“竹”字的动作。这是行为派心理学的创说，现在也已得多数心理学家的赞同了。诗人和文人常欢喜说“思路”。所谓“思路”并无若何玄妙，也不过是筋肉活动所走的特殊方向而已。这种筋肉活动是否可以模仿呢？中国人论诗文的模仿，向来着重“气”字。苏子由说：“辙生好为文，思之至深，以为文者气之所形。然文不可以学而能，气可以养而致。”这“气”究竟是怎么一回事呢？我们最好择几段论“气”的文章来加以分析。

刘海峰《论文偶记》说：

> 凡行文多寡短长抑扬高下，无一定之律而有一定之妙，可以意会而不可以言传。学者求神气而得之于音节，求音节而得之于字句；则思过半矣。其要在读古人文字时，便设以此身代古人说话，一吞一吐，皆由彼而不由我。烂熟后我之神气即古人之神气，古人之音节都在我喉吻间。合我之喉吻者便是与古人神气音节相似处，久之自然铿锵发金石。

曾国藩在《家训》里也说：

> 凡作诗最宜讲究音调。须熟读古人佳篇，先之以高声朗诵，以昌其气；继之以密咏恬吟，以玩其味。二者并进，使古人之声调拂拂然若与我喉舌相习，则下笔时必有句调奔赴腕下，诗成自读之，亦自觉琅琅可诵，引出一种兴会来。

这都是经验之谈。从这两段话看，可知“气”与声调有关，而声调又与喉舌运动有关。韩昌黎说：“气盛则言之短长与声之高下皆宜。”声本于气，所以想学古人之气，不得不求之于声。求之于声，即不能不朗诵古人作品。桐城派文人教人学文的方法大半从朗诵入手。姚姬传与陈硕士书说：“大抵学古文者必要放声疾读，又缓读，只久之自悟。若但能默看，即终身作外行也。”朗诵既久，则古人之声可以在我的喉舌筋肉上留下痕迹，“拂拂然若与我喉舌相习”，到我自己作诗文时，喉舌筋肉也自然顺着这个痕迹活动，所谓“必有句调奔赴腕下”。从此可知文人所谓“气”也还只是一种筋肉的技巧。

古今大艺术家在少年时所下的功夫大半都在模仿这种筋肉上的技巧。画家、雕刻家和音乐家都要把手腕练得娴熟，歌者、演戏者和演说者，都要先把喉舌练得娴熟，作诗文者都要先把气势声调练得娴熟。在练习时他们往往利用前人的经验，前人的经验要从他们的作品中揣摩出来。这种练习和揣摩正如小儿学走，打网球者学姿势，跳舞者学步法一样，并无若何玄妙，也并无若何荒唐。

三、作品的锻炼

天才的完成须有人力，在作品的锻炼中尤易见出。文学家和艺术家所发表给旁人看的作品都是最后的改定本。在这种成熟的作品中我们往往只见到收获，而不能见到收获所经过的艰难困苦。成熟的作品大半是水到渠成，不露雕凿痕迹。所以一般人对于文艺的创造遂有种种误解。这个人说，文艺是情感的自然流露，不是人力所可强求的；那个人说，创造全凭想象，用不着理解和意志。他们援引"倚马万言"、"斗酒百篇"一类的故事来烘托天才的奇迹。文艺作者自己也往往有矜才好誉的癖性，明明是呕心血所得来的作品，他们却告诉人说是信手拈来、不假思索的。其实他们心里暗地知道世间并没有"倚马万言"、"斗酒百篇"那样容易的事。我们只要到伦敦博物院和巴黎国家图书馆去看看名著原稿的涂抹的痕迹，或是翻翻第一流作家自道经验的记载，就可以知道许多关于天才的传说都是无稽之谈了。

据里波及一般心理学家的研究，文艺的创造可分为两种，一种是反省的，一种是直觉的。凡是作品都必有一个中心观念，不过中心观念如何发生，则随人而异。反省类作者在下手时心中就悬有一个中心观念（或主旨），然后抱着这中心观念去四方八面地思索，逐渐发展，以至于作品的完成。直觉类作者则入手并无确定明了的观念，他先只作普遍的修养，让潜意识中酝酿一种观念，到时机成熟时便猛然爆发，他便趁这一股灵感，构成他的作品。我们一般人先定题目后做文章就是反省的创造，偶然兴到即作一诗一文，就是直觉的创造。两种创造程序可列为下表：

（甲）反省的创造
- 第一步——中心观念的生发（有意识的思索）
- 第二步——创造（作品的完成）
- 第三步——修改

（乙）直觉的创造
- 第一步——普遍的修养（潜意识的酝酿）
- 第二步——中心观念的涌现（灵感）
- 第三步——中心观念的发展及作品的完成

这两种创造在第二步中都是一线灵光的突现，第一步大半都经过长期的准备，第三步需时的长短则随人而异，所谓锻炼的功夫就在这第三步中见出。从表面看，直觉的创造需人力较少，但是它一定要有普遍的修养。而且里波的区分是抽象的，在实际上凡是创造都不能无直觉，也都不能无反省，所差别的不过是程度的深浅罢了。歌德在著《少年维特之烦恼》时偏用直觉，所以两星期就可以写成；在著《浮士德》时偏用反省，所以要费六十年的心血。他自述著《浮士德》的经验说："本来只可以从自然流露得来者，我须以意志力得之，此其所以为难。"（注：这种分别就是周作人先生所说的"赋得"与"偶成"的分别。"偶成"全凭一时兴会，往往是长期修养后的收获。"赋得"是有意为文，苦心刻画，许多大艺术家也往往走这条路，也不可一概轻视。据废名先生谈：他的散文小说都是惨淡经营的结果，他的诗则偶然兴到，一挥而就。这也是"反省"和"直觉"两种作法的好例。）

本来"自然流露"一句话是很容易引起误解的。我们在第二章已经说过，文艺固然不能无情感，但是生糙的情感却无济于事，作者在表现情感于文艺时，不能同时仍在那种情感中过活，一定要从主位的经验者退到客位的观赏者，把自己的情感悬在心眼前当作一幅图画去看。一言以蔽之，直觉之后都须有反省。意象是生生不息的，直觉到一种意象并非难事，所难者在丢开许多平凡的意象而抉择一个最精妙的意象。最精妙的意象不一定是最初来到的。一般平凡作家大半苟且偷安，得到一个意象便欣然自足，不肯作进一层的思索。真正艺术家却要鞭辟入里，要投到深渊里去披泥探珠，所以他们所得到的意象精妙深刻，不落俗套。他们使用媒介来传达意象也是一样谨慎。每一种话都有几种说法，但是只有一种说法是精确的。一般人得其近似便已心满意足，艺术家却不惜苦心思索，寻得一个字稍嫌未安，便丢开再寻，再寻得一个字仍有未妥，则又丢开再寻，一直寻到最精确的字才肯放手。造句布局也是如此。这种功夫就是从前诗人所谓“锻炼”。依皮日休说，“百炼成字，千炼成句”，锻炼之难可想而见了。

艺术风格有难有易。简易是艺术最后的成就，古今中外最大的艺术作品都是简单而深刻。但是要达到简易，必先从难处入手。入手便简易，最易流于肤浅俗滥。姜白石论诗说：“人所易言，我寡言之；人所难言，我易言之。”寡言人所易言者便是从难处入手，易言人所难言者便是归到简易。比如在诗的方面，陶渊明、苏东坡和袁子才的作品可以都说是简易，但是品格彼此各有悬殊。陶渊明专在性情上做根本工夫，他的诗正如姜白石所说“文以文而工，不以文而妙”，自是圣品；苏东坡是从难处做到平易，所以虽平易而不俗滥；袁子才入手就是平易，便流入下乘了。

从难处入手，便是从锻炼入手。锻炼有两个目的，一是避免不精确，二是避免平凡俗滥。它不容有丝毫苟且，所以是

“艺术上的良心”的表现。这种功夫常须有绝大的意志和忍耐性才可以做到。李长吉的母亲常骂李长吉说：“是儿要当呕出心乃已尔!”福楼拜在通信中常自道著《包法利夫人》的艰辛说：

我不知道今天何以生气，许是为了我的小说。这部书总是做不出，我觉得比移山还更困倦。有时我真想哭一场。著书须有超人的意志，而我却只是一个人。

我今天弄得头昏脑晕，灰心丧气。我做了四个钟头，却没有做出一句来。今天整天就没有写成一行，虽然是涂去了一百行。这种工作真难！艺术！艺术！你究竟是什么恶魔，要咀嚼我们的心血呢？为着什么呢？

文学家和艺术家的传记中类似的话举不胜举，只是这一两条就可证明作品的锻炼须费极大的精力而不是可以纯任天才了。锻炼的功夫大半见于修改。欧阳修每作一文，即糊在墙壁上，改而又改，到改定时常不存原文一字。朱晦庵尝见过他的《醉翁亭记》原稿，发端凡三四行，复悉涂去，而易以“环滁皆山也”五字。洪景卢《容斋续笔》里有一条说：

王荆公绝句“春风又绿江南岸”，原稿“绿”作“到”，圈去，注曰“不好”，改“过”字，复圈去，改为“入”，旋改“满”，凡如是十许字，始定为“绿”。

像这样的修改是最值得研究的。西方图书馆及博物院中常存有许多名著的原稿，从中我们可以见出作者自己修改的真迹。只有莎士比亚有“向来不涂抹一行”的传说，不过他的原稿已散失，无从证明。拿他的著作集第一次刻本和后来的刻本比较看，修改的痕迹也很显然。其余作者没有不改而又改的。

严格地说，诗文都只有作者自己能修改，因为旁人所感到的兴会不同，所见到的意象不同，所想到的语言自亦不同，拿这个人的意思杂入那个人的作品里，总不免有不相贯注的毛病。杜工部有“文章千古事，得失寸心知”之句，欧阳修也说：“疵病不必待人指摘，多作自能见之。”文艺作家都必须同时是自己的严厉的批评者。不过批评他人易，批评自己难。作家大半有把自己看得太高的癖性，在创作时又往往兴高采烈，本来是极平常的一个作品，在作者自己看来，却是一个了不得的成就。所以作品成后请他人评改一番，往往最易得益。韩退之替贾岛定“僧推月下门”为“僧敲月下门”，郑谷改齐己《早梅》诗“前村风雪里，昨夜数枝开”中的“数”字为“一”字，李泰伯改范仲淹《严先生祠堂记》“云山苍苍，江水泱泱，先生之德，山高水长”中的“德”字为“风”字，都比原作胜百倍。

以上三端——媒介知识的储蓄，传达技巧的学习以及作品的锻炼——是天才借助于人力者最重要的功夫。但是我们不要忘记，这三步功夫只是创造的基础。没有做到这三层功夫，和只做到这三层功夫就截止，都不足以言文艺的创造。艺术家一方面要有匠人的手腕，一方面又要有诗人的心灵，二者缺一，都不能达到尽美尽善的境界。

第十五章
刚性美与柔性美

一

凡美都是“抒情的表现”，都起于“形象的直觉”，并不在事物本身。所以就理论说，艺术是不可分类的。可分类的只是事物，而直觉是心理的活动，是最单纯而不可再区分的现象。克罗齐竭力反对历来学者把艺术分为抒情的、叙事的、表演的、造形的、悲剧的、喜剧的等，就是因为这个道理。但就事实说，事物的形态不同，它们所引起的美感的反应也往往不一致。为方便起见，我们可把这些不一致的美感的反应加以分类，说某类作品是悲剧的，某类作品是喜剧的，某类作品是叙事的，某类作品是抒情的。本文所说的两种美也就是根据这种办法而分别出来的。

自然界事事物物都可以说是理式的象征，共相的殊相，像柏拉图所比拟的，都是背后堤上的行人射在面前墙壁上的幻影。科学家、哲学家和艺术家都想揭开自然之秘，在殊相中见出共相。但是他们出发点不同，目的不同，因而在同一殊相中所见得的共相也不一致。

比如走进一个园子里，你抬头看见一只老鹰站在一株苍劲的古松上，向你瞪着雄赳赳的眼，回头又看见池边旖旎的柳枝上有一只娇滴滴的黄莺，在那儿临风弄舌，这些不同的物体在你心中所引起的情感如何呢？依科学家看，“松”和“柳”同具“树”的共相，“鹰”和“莺”同具“鸟”的共相；然而在情感方面，老鹰却和古松同调，娇莺却和嫩柳同调。借用名学的术语在艺术上来说，鹰和松同具一种美的共相，莺和柳又同具另一种美的共相。它们所象征的性格不相同，所引起的情调也不相同。倘若莺飞上古松的枝上，或是鹰栖在嫩柳的枝上，你立刻就会发生不调和的感觉；虽然为变化出奇起见，这种不伦不类的配合有时也为艺术家所许可。

自然界本有两种美，老鹰古松是一种，娇莺嫩柳又是一种。倘若你细心体会，凡是配用“美”字形容的事物，不属于老鹰古松的一类，就属于娇莺嫩柳的一类；否则就是两类的混和。从前人有两句六言诗说：“骏马秋风冀北，杏花春雨江南。”这两句诗每句都只举出三个殊相，然而它们可以象征一切美。你遇到任何美的事物，都可以拿它们做标准来分类。比如说峻崖、悬瀑、狂风、暴雨、沉寂的夜或是无垠的沙漠，垓下哀歌的项羽或是横槊赋诗的曹操，你可以说这都是“骏马秋风冀北”式的美；比如说清风、皓月、暗香、疏影、青螺似的山光、媚眼似的湖水，葬花的林黛玉或是“侧帽饮水”的纳兰成德，你可以说这都是“杏花春雨江南”式的美。这两种美有时也可以混合调和。老鹰有栖嫩柳的时候，娇莺有栖古松的时候，犹如男子中之有杨六郎，女子中之有木兰和秦良玉，西子湖滨之有两高峰，西伯利亚荒原之有明媚的贝加尔。

比如说菊花，在“天寒犹有傲霜枝”之中它有“骏马秋风冀北”式的美，在“帘卷西风，人比黄花瘦”之中它有“杏花春雨江南”式的美。李白在写《蜀道难》和《将进酒》时，陶渊明在写“纵浪大化中，不喜亦不惧”时，属于前一类；李在写《闺怨》、《长相思》和《清平调》时，陶在写《游斜川》和《闲情赋》时属于后一类。

这两种美的共相是什么呢？定义正名向来是难事，但是形容词是容易找的。我说“骏马秋风冀北”时，你会想到“雄浑”、“劲健”；我说“杏花春雨江南”时，你会想到“秀丽”、“典雅”；前者是“气概”，后者是“神韵”；前者是刚性美，后者是柔性美。

二

刚性美是动的，柔性美是静的。动如醉，静如梦。尼采在《悲剧的起源》里说艺术有两种，一种是醉的产品，音乐和跳舞是最显著的例；一种是梦的产品，一切造形艺术如图画、雕刻等都是。他拿日神阿波罗和酒神狄俄倪索斯来象征这两种艺术。你看阿波罗的光辉那样热烈闪耀么？其实他的面孔比瞌睡汉的还更恬静，世界一切色相得他的光才呈现，所以都可说是从他脑里梦出来的。诗人、画家和雕刻家的任务也和阿波罗一样，全是在造色相，换句话说，全是在做梦。狄俄倪索斯的精神则完全相反，他要喷出心中积蓄得很深厚的苦闷，要图刹那间尽量的欢乐，在青葱茂密的葡萄丛里，看蝶在翩翩地飞，蜂在嗡嗡地舞，他也不由自主地没入生命的狂澜里，放着嗓子高歌，提着足尖狂舞。他虽然没有造出阿波罗所造的那些光怪陆离的图画，可是他的歌迸出内心的情感，他的舞和大自然的脉搏共起伏，也是发泄，也是表现，总而言之，也是人生一种不可少的艺术。在尼采看，这两种相反的美熔化于一炉，从深心迸出的苦闷借鲜明的意象而呈现，于是才有古希腊的悲剧（详见第十七章）。

尼采所谓狄俄倪索斯的艺术是刚性的，阿波罗的艺术是柔性的。不过在同一艺术之中，作品也有刚柔之别。比如说音乐，贝多芬的第三交响曲和第五交响曲固然像狂风暴雨，极沉雄悲壮之致。而月光曲和第六交响曲则温柔委婉，如怨如诉，与其谓为“醉”，不如谓为“梦”了。

三

艺术是自然和人生的返照。创作家往往因性格的偏向而作品也因而畸刚或畸柔。米开朗琪罗在性格上和艺术上都是刚性美的极端的代表。你看他的《摩西》！有比他的目光更烈的火焰么？有比他的须髯更硬的钢丝么？你看他的《大卫》！他那副脑里怕藏着比亚力山大的更惊心动魄的雄图罢？他那只庞大的右臂迟一会儿怕要拔起喜马拉雅峰去撞碎哪一个星球罢？亚当是上帝首创的人，可是要结识世界第一个理想的伟男子，你须得到罗马西斯丁教寺的顶壁上去物色。这一幅大气磅礴的《创世记》中没有一个面孔不露着超人的意志，没有一条筋肉不鼓出海格立斯的气力。但是柔性美在这里是很难寻出的。除德尔斐仙（Delphic Sibyl）以外，简直没有一个人像女子。这里的夏娃和圣母都是英气逼人的。

雷阿那多·达·芬奇恰好替米开朗琪罗做一个反称。假如《亚当》和《大卫》是男性美的象征，女性美的象征从《密罗斯爱神》以后，就不得不推《蒙娜丽莎》了。那庄重中寓着妩媚的眼，那轻盈而神秘的笑，那丰润灵活的手，艺术家已经摸索追求了不知几许年代，到达·芬奇才带着血肉表现出来，这是多么大的一个成功！达·芬奇的天才是多方面的。他的世界中固然也有些魁梧奇伟的男子（例如《自画像》），可是他的特长则在能摄取女性中最令人留恋的表现出来。藏在日内瓦的那幅《授洗者圣约翰》活像女子化身，固不用说，连藏在卢佛尔宫的那幅《酒神》也只是一位带醉的“蒙娜丽莎”。再看《最后的晚餐》中的耶稣，他披着发，低着眉，在慈祥的面孔中现出悲哀和恻隐，而同时又毫没有失望的神采，除着抚慰病儿的慈母以外，你在哪里能寻出他的“模特儿”呢？

四

中国古代哲人观察宇宙，似乎都从艺术家的观点出发，所以他们在万殊中所见得的共相为“阴”与“阳”。《易经》和后来纬学家把万事万物都归原到两仪四象，其所用标准，就是我们把老鹰配古松、娇莺配嫩柳所用的标准。这种观念在一般人脑里印得很深，所以历来艺术家对于刚柔两种美分得很严。在诗的方面有李杜与韦孟之别，在词的方面有苏辛与温李之别，在书法方面有颜柳与褚赵之别，在画的方面有北派与南派之别，在拳术有太极与少林之别。清朝阳湖派和桐城派对于文章的争执也就起于刚柔的嗜好不同。姚姬传的《复鲁絜非书》是讨论文章上刚柔之别的，他说：

> 自诸子而降，其为文无有弗偏者。其得于阳与刚之美者，则其文如霆如电，如长风之出谷，如崇山峻崖，如决大河，如奔骐骥；其光也如杲日，如火，如金镠铁；其于人也如凭高视远，如君而朝万众，如鼓万勇士而战之。其得于阴与柔之美者，则其为文如升初日，如清风，如云，如霞，如烟，如幽林曲涧，如沦，如漾，如珠玉之辉，如鸿鹄之鸣而入寥阔；其于人也漻乎其如叹，邈乎其如有思，暖乎其如喜，愀乎其如悲。观其文，讽其音，则为文者之性情形状举以殊焉。

姚姬传所拿来形容阳刚之美的，如雷电、长风、崇山、峻崖、大河等，在西方文艺批评中素称为 sublime；他所拿来形容阴柔之美的如云霞、清风、幽林、曲涧等，在西方文艺中素称为 grace。grace 可译为“清秀”或“幽美”。sublime 是最上品的刚性美，它在中文中没有恰当的译名，“雄浑”、“劲健”、“伟大”、“崇高”、“庄严”诸词都只能得其片面的意义，本文姑且称之为“雄伟”（理由见下文）。西方学者常讨论“雄伟”和“秀美”的分别，对于“雄伟”的研究尤其努力。

五

sublime 一词起源于古希腊修辞学者郎吉弩斯（Longinus）。

他曾著一书《论雄伟体》。不过他专指诗文的高华的风格，后人言“雄伟”则意义较为广泛。近代关于“雄伟”的学说大半发源于康德。康德早年曾作一文《论秀美与雄伟的感觉》，以为“秀美”使人欣喜，“雄伟”使人感动；对“秀美”者多欢笑，对“雄伟”者多严肃。花坞、日景、女子、拉丁民族都以“秀美”胜，高山、暴风雨、夜景、男子、条顿民族都以“雄伟”胜。在这篇论文里康德只列举事实，到后来写《审美判断的批判》时他才讨论学理。在这部书里他仍然把“雄伟”和“秀美”对举，关于“雄伟”的文字占了全书二分之一。他以为“雄伟”的特征为“绝对大”。一切东西和它相比都显得渺小的就是“雄伟”。“雄伟”有两种，一种是“数量的”，其大在体积，例如高山；一种是“精力的”，其大在精神气魄，在不受外物的阻挠，在能胜过一切障碍，例如狂风暴雨（我们的译名中“伟”字可以括尽康德的“数量的 sublime”的意义，“雄”字可以括尽“精力的 sublime”的意义）。我们对着“雄伟”事物时，心里都觉到一种“霎时的抗拒”，仿佛自己不能抵挡这么浩大的力量。这是“雄伟”所以异于“秀美”的，“秀美”所生的情感始终是愉快，“雄伟”所生的情感却微含几分不愉快的成分。但是这种“霎时的抗拒”究竟是霎时的，它唤起内心的自觉，使我们隐约想到外物的力量和体积尽管巨大无比，却不能压服我们的内心的自由；因此，外物的“雄伟”适足激起自己焕发振作。

六

康德之说如此，后来有许多学者把它加以阐明修改，就中以英人布拉德雷在《牛津诗歌演讲集》所提出来的最为明晰精当，我们现在把它撮要介绍在这里。上文关于康德的话稍嫌粗略，布拉德雷的学说可以当作一个注脚用。

何种事物才能使人觉得“雄伟”呢？诗人柯尔律治有一次观瀑布，想找一个最合式的字样来形容它，推敲了许久，觉得只有“雄伟”两个字最恰当，他听到后来的一位游客惊赞道：“这真是雄伟！”心里非常高兴。但是他的同游的一位太太接着说道：“真的，在我生平所见过的东西之中这是最乖巧（pretty）的了。”“乖巧”用在这里，何以使我们觉得太杀风景呢？因为只有很小的东西才可以说“乖巧”，而“雄伟”恰是与“乖巧”相反的，“雄伟”的东西大半具有巨大的体积。比如嶙峋峻峭的悬崖，一望无边的大海，包罗万宿的天空，耸入云霄的高塔，才能产生“雄伟”的印象；在动物中只有狂啸生风的虎，回旋天空的鹰和逍遥大海的长鲸；在植物中只有十寻苍松和千年翠柏，才能配上这个形容词。一只猫或是一只金丝雀，一棵柳或是一朵海棠只能说“秀美”；如果说它“雄伟”，就未免像上例那位太太说瀑布“乖巧”了。

没有巨大体积的东西是否绝对不能为“雄伟”呢？“雄伟”不惟在体积方面可以见出，在精神方面也可以见出，有时体积愈弱小，愈足衬出精神魄力的伟大。屠格涅夫在散文诗中所写的麻雀是一个最好的例：

我正打猎归来，沿着园中的大路向前走，我的狗在前面跑。

猛然间它的脚步慢了起来，屏声息气地偷偷地向前走，好像它嗅到前面有猎物似的。我沿路探望，看见地上躺着一只还未出窠的小麻雀，喙上有一条黄色的边缘，顶上的毛还是很嫩的，它是从窠里落下来的，那时正在刮大风，把路旁的树吹得发抖。它躺在地上不动，只是鼓着两只羽毛未丰的翅膀作半飞的姿势，却没法飞得起。

我的狗慢慢地向它走去，突然间好像弹丸似的从树上落下来一只黑颈项的老麻雀，紧紧地落在狗的口边，浑身都蓬乱得不成个样子，它还是一壁哀鸣，一壁向狗的张着的大口和大齿飞撞了一回又一回。

它要援救它的雏鸟，所以把自己的身子来搪塞灾祸。它的渺小的身躯在惊怖震颤，微细的喉咙渐叫渐哑；它终于倒毙了。它牺牲了它的性命。

在它的心眼中狗是多么巨大的一个怪物！但是它却不能留在安全的枝上，一种比它的更强的力量把它拖下来了。

我的狗站着不动，后来垂尾丧气地踱回来。它显然也认识到这种力量。我唤它来到身边；我向前走过时，一阵虔敬的心情涌上我的心头。

是的，请莫要笑，我在看到那只义勇的小鸟和它的热爱的迸发时，心里所感觉到的确实是虔敬。

爱比死，我当时默想到，比死所带的恐怖还更强有力。因为有爱，只因为有爱，生命才能支持住，才能进行。

屠格涅夫所描写的这只麻雀可以说是 sublime 了。使它“雄伟”的究竟是什么东西呢？这自然不是它的体积而是它的爱和勇。爱和勇虽能使人敬重，却不常使人觉得“雄伟”，何以在这里特别使人觉得“雄伟”呢？这就与麻雀的体积有关。假使从犬口中营救雏鸟的是一只巨鹰，它的爱和勇就不免难够上“雄伟”的程度了。以麻雀那样微小脆弱的鸟，而能显出那样伟大的爱和勇，它的精神和它的体积相比较，更显出它的伟大，所以它使人产生“雄伟”的印象。

照这样看，“雄伟”之所以为“雄伟”，不仅在体积而尤在精神。高山大河的“雄伟”在体积，屠格涅夫的麻雀的“雄伟”在精神，前者是康德所说的“数量的雄伟”，后者是康德所说的“精力的雄伟”。康德讨论“雄伟”，举例大半取自然界事物，后人颇疑其主张自然之外无“雄伟”，以为他没有注意到道德和艺术的“雄伟”，其实这大半可以包在“精力的雄伟”里面。康德在《实践理性批判》里本来说过：“世间有两件东西，你愈默想它们，愈体验它们，它们愈使你惊羡敬仰：一个是在我们上面的繁星灿然的天空，一个是在我们心里面的道德律。”这就是显然承认后人所谓“道德的雄伟”了。有时一件事物可以同时见出上面所说的两种“雄伟”。《创世记》开章的“上帝说要有光，世上就有了光”这句话就是好例。从黑暗混沌之中猛然现出光来，而这个光又是普照全世界的，这是“数量的雄伟”。这么一件大事单靠上帝说一句话就做成了，这是何等气魄！这是“精力的雄伟”。

康德所下的“雄伟”的定义是“绝对大”，从有限中见出无限才是“雄伟”。后人多附和此说，于是“不可测量”成为

"雄伟"的一个特质。法人巴希（V. Basch）在《康德美学论》里辩驳此说。布拉德雷也颇不以为然。"时间"和"空间"两个观念可以说是"不可测量的"，"有限"的东西都不能说是"不可测量"。比如一座高山或是一只巨鹰可以给人以"雄伟"的印象，却不是"不可测量"的，据布拉德雷的意见，"雄伟"所具的"大"与其说是"不可测量的"（immeasurable），无宁说是"未经测量的"（unmeasured）。我们在觉得一件事物"雄伟"时，心中只是惊赞其伟大，并不曾有意要测量它究竟伟大到何种程度，并不曾拿它和一个标准来比较，而明确地断定它比任何物都较大，像康德所说的。我们只觉得它极伟大，非常伟大。这所谓"极"和"非常"常仅为美感经验中霎时的幻觉。这种幻觉是感觉"雄伟"所必有的，没有这种幻觉就不能发生"雄伟"的印象。比如在惊赞泰山"雄伟"时，猛然想到峨眉山还更比它高大，在惊赞一只老鹰"雄伟"时，猛然想到一只比它小的鹞子就可以打杀它，"雄伟"的印象便无形消失了。所以"不加比较"、"未经测量"是感觉"雄伟"的一个必要的条件。本来在一切美感经验中，"意象"都要"绝缘"，都要"孤立"，不仅"雄伟"的意象是如此。

七

在觉到一件事物"雄伟"时，我们的心里起何种变化呢？我们说娇莺嫩柳秀美，说老鹰古松雄伟，就主观方面说，我们自己的心境有什么不同呢？感觉"秀美"时心境是单纯的，始终一致的。感觉“雄伟”时心境是复杂的，有变化的。秀美的事物立刻就叫我们觉得愉快，它的形态恰合我们感官脾胃，它好比一位亲热的朋友，每逢见面，他就眉开眼笑地赶上来，我们也就眉开眼笑地迎上去，彼此毫不迟疑地、毫无畏忌地握手道情款。我们对于秀美事物的情感始终是欢喜的，肯定的，积极的，其中不经丝毫波折。雄伟事物则不然。它仿佛挟巨大的力量倾山倒海地来临，我们常于有意无意之中觉得自己渺小，觉得它不可了解，不可抵挡，不敢贸然尽量地接收它，于是对它不免带着几分退让回避的态度。但是这种否定的消极的态度只是一瞬间的。我们还没有明白察觉到自己的迟疑时，就已经发现它可景仰，可敬佩。我们对它那样浩大的气魄，因为没经常见过，只是望着发呆。在发呆之中，我们不觉忘却自我，聚精会神地审视它，接受它，吸收它，模仿它，于是猛然间自己也振作奋发起来，腰杆比平常伸得直些，头比平常昂得高些，精神也比平常更严肃，更激昂。受移情作用的影响，我们不知不觉地泯化我和物的界限，物的“雄伟”印入我的心中便变成我的“雄伟”了。在这时候，我也不觉得还是在欣赏物的“雄伟”，还是在自矜我的“雄伟”，这种紧张激昂而却严肃的情感是极愉快的。总之，在对着“雄伟”事物时，我们第一步是惊，第二步是喜；第一步因物的伟大而有意无意地见出自己的渺小，第二步因物的伟大而有意无意地幻觉到自己的伟大。第一步心情就是康德所说的“霎时的抗拒”，它带着几分痛感。第二步心情本已欣喜，加以得着霎时痛感的搏击反映，于是更显得浓厚。这个道理我们在看高山大海时都可以体验得到。山的巍峨，海的浩荡，在第一眼看时，都要给我们若干震惊。但是不须臾间，我们的心灵便完全为山海的印象占领住，于是仿佛自觉也有一种巍峨浩荡的气概了。

第二种心情是一切美感经验所同具的，第一种心情是感到“雄伟”时所特有的。始终不带几分震惊，不带几分自己渺小的意识，便不能感到“雄伟”。英人博克（Burke）所以说“雄伟”之中都含有“可恐怖的”（terrible）一个成分。但是“恐怖”的字样用在这里未免稍嫌过火。“恐怖”所引起的反应态度通常是逃避，“雄伟”对于观者的心魂却有极大的摄引力。“恐怖”是一种实际人生的情感，而“雄伟”的感觉像一切其他美感经验一样，却离开实用的索绊而聚精会神地陶醉于目前意象。“雄伟”的感觉之中含有类似“恐怖”的成分而却未至于“恐怖”。我们只能说“雄伟”大半是突如其来的，含有几分不可了解性的。心灵骤然和它接触，在仓皇之中，不免穷于应付。但是这只是霎时的，不是明白地现于意识的。这种突然性就是“霎时的抗拒”的主因。失去“突然性”则本来“雄伟”的事物往往失其为“雄伟”。同是一座高山，第一次望见时觉得它“雄伟”，以后愈熟识就不免愈觉其平常。杜甫在“造化钟神秀，阴阳割昏晓”中，所见到的是山的“雄伟”，李白在“相看两不厌，惟有敬亭山”中，苏东坡在“青山有约常当户”中，却只是见到山的和蔼可亲了。同是一件事物也可以常常使人觉到“雄伟”，这是由于观者别具慧眼，常常发现它的新奇，并不足证明“雄伟”的感觉不必带有“突然性”。

所谓“突然性”是出乎意料之外的，是寻常知觉不能完全抓得住的。知觉不能完全抓得住它，便不免嫌它不合常轨，嫌它还有缺陷。“雄伟”的东西往往使人觉得它有些卤莽粗糙，就是因为这个道理。米开朗琪罗的作品中往往留有一片不加雕琢的顽石，这种粗枝大叶的作法最易产生“雄伟”的印象，也最易使人嫌它不“完美”，不“精致”。所以康德派美学往往拿“雄伟”和“美”对举，不把“雄伟”当作一种美。黑格尔则以为形式不称精神，精神不就范于形式而泛滥横流，才有“雄伟”。其实美有难易，“雄伟”是美之难者，因为它不像平易的美只容纳一些性质相同的单调的成分。它不惟容纳美，还要驯服丑，它要把美的和丑的同纳在一个炉子里面去锤炼。

八

和“雄伟”相对的为“秀美”，历来学者多偏重“雄伟”，很少把“秀美”单提出来讨论的，因为“秀美”的问题没有“雄伟”的问题那么复杂。把它单提出来讨论的有斯宾塞（H. Spencer）。在他看，“秀美”的印象起源于筋肉运动时筋力的节省。运动愈显出轻巧不费力的样子，愈使人觉得“秀美”。动物中最“秀美”的如羚羊、猎犬和赛跑的马等，运动器官都特别发达；最不“秀美”的如龟、象、海马等，运动器官都特别迟钝。从此可知“秀美”和运动有关了。斯宾塞自述发现秀美和运动的关系之经过说：

> 有天晚上我去看一个舞女奏技；她的动作大半很牵强过分，我暗地骂她鄙陋，如果观众不是一般以随人拍掌叫

> 好为时髦的懦者，她那种技艺是一定受人嗤鄙的。但她偶然也现出一点秀美的动作，都是比较不大费力做出来的，我注意到这点，同时想起许多互证的事实，因而下了这样一个结论：在要换一个姿势或是要做一个动作时，费的力量愈少，就愈现得秀美。换句话说，动作以节省筋力者为秀美，动物形状以便于得到筋力节省者为秀美，姿态以无须费力维持者为秀美，至于非生物的秀美则因其和这种形态有类似的地方。

这个道理很容易拿例证来说明，兵士在稍息时比在立正时秀美，因为在立正时他现出有意做作的样子，而稍息时则手足放在自然的位置，无须费力。我们取站的姿势时常把体重放在一只腿上，这只腿总是竖得笔直的，其余一只腿则很安闲地弯着，这是由于节省筋力的缘故；头稍偏向某一方，也是因为这个道理。雕刻家常模仿这种姿势，就因为它特别秀美。初学滑冰或骑脚踏车的东歪西倒，胖汉跑路时肢体不灵活，跛子走路时两足上下参差，口吃者说话时用尽气力说不出一个字来，乡下人在绅士面前讲礼，处处都露出尴尬的样子，这都是最不秀美的举动。我们何以觉得它们最不秀美呢？就因为旁人看得出卖气力的痕迹。会做一件事的人（无论是跳舞、说话、走路或是行礼）往往驾轻就熟，行若无事，旁人看不见他费力，所以觉得他“秀美”。

拿筋力节省的原则来解释非生物的“秀美”似比较难些，其实也并不难。非生物的形态和生物的形态往往有许多类似点。因有类似点，我们往往把非生物当作生物看待，以为它也有知觉和情感。原始式的知觉都不免带有“拟人作用”。看见一棵树或是一座山，我们常常把它看作一个人，以人的经验来了解物的姿态。因此“秀美”虽本来是能运动的生物所表现的一种特质，就被人引申用来形容非生物了。比如橡树看来不如柳树“秀美”，是什么缘故呢？橡树的枝子是平直伸出的，和树干几成垂直线，我们看到它时，便隐约想到维持平直的姿势，好比人平举两手一样，是多么费力的事，所以我们说它不“秀美”。反之，柳树枝条是向下垂着的，我们看到它时，便隐约想到它像人的胳膊在安闲无事时的姿势，用不着费大力，所以我们觉得它“秀美”。再比如波纹似的曲线是一般人所公认为最美的线，依斯宾塞说，它所以最美者就由于曲线运动是最省力的运动。直线运动在将转弯时须抛弃原有的动力（momentum）而另起一种新动力，转弯愈多，费力愈大。曲线运动则可以利用转弯以前的动力，所以用力较少。我们觉得曲线运动最秀美，因为它最省力；我们觉得一切曲线都美，因为由它联想到曲线运动。

斯宾塞以为这种现象起于同情作用。他说：“赖有同情作用，我们看旁人临险，自己也战栗起来；看见旁人挣扎或跌落时，自己的肢体也动作起来；我们并且仿佛分享他们所经验到的筋肉感觉。他们的动作如果卤莽笨拙，我们也微微觉到自己发笨拙动作时所应有的不快感；他们的动作如果轻巧娴熟，我们也尝到轻巧动作所应有的快感。”照这段话看，斯宾塞的“同情作用”（sympathy）就是我们在第三章所讨论的“移情作用”（empathy）了。那时候学者本来还没有采用“移情作用”这个名词。近来兰格斐尔德在他的《美感的态度》一书中采用斯宾塞的学说，就把“秀美”当作移情作用的一个实例，我们在上文讨论“雄伟”时已经说过感觉“雄伟”时常起移情作用，现在我们知道感觉“秀美”时也是如此，可见得移情作用在美感经验中是一个最广泛的现象，而“雄伟”和“秀美”的感觉在根本上也并无二致了。

九

斯宾塞的筋力节省说虽含有一部分真理，但是并不能尽“秀美”的意蕴。我们看到“秀美”事物时所感觉到的与其说是筋力的节省，不如说是欢爱的表现。“秀美”事物仿佛向我们微笑，这种微笑是表现它自己的欢喜，也是表示它对于我们的亲爱。“秀美”是女子所特有的优点，大半含有几分女性的引诱。德国哲学家谢林（Schelling）说过：“艺术和自然一样，极境全在秀美。它不但与事物以形象，使它们各具个性，还要进一步作画龙点睛的功夫，使它们显出‘秀美’。‘秀美’事物可爱，就因为艺术先使它们现出向人表示爱情的样子。”爱和欢喜是相连的。“秀美”事物表示爱，所以都带几分喜气。英国文艺批评学者罗斯金说过：“你如果想一位姑娘显得秀美，须先使她快活。”

“秀美”表现欢爱的道理，法国美学家顾约在他的《现代美学问题》里说得最透辟：

> “秀美”不是像斯宾塞所说的，只是力量的节省；最要紧的是它表现一种意志。在生物中“秀美”的动作总

是伴着两种相邻的情感，一是欢喜，一是亲爱。欢喜是由于觉到生活美满，和环境恰相谐和；既与环境谐和，就已有同情的倾向。“秀美”表现两种心境：一种是自己的满意，一种是要旁人也满意。“秀美”都伴着筋肉的松懈，动物只有在安息时，在生活圆满平静时筋肉才会松懈，到了悲哀、愤怒和斗争的时候，肢体就立刻僵硬起来了。比如有一条狗在玩耍，你在树林里做一点声响，便可以看见它立刻变换姿势，把颈子伸直，耳尾和躯干也立刻耸竖起不动。反之，亲爱往往表现于波纹似的轻巧的动作，全无卤莽、暴躁或棱角的痕迹。这种动作是同情的流露，所以能引起观者的同情。此外如微微弯曲的体姿，尤其是颈项稍向下低着，胳膊随意垂着的时候，除同情之外，还表现一种凄恻、忧愁的神情，似乎求人怜惜的样子；观者看到这种姿态就不免起怜惜的心情。垂柳惹人怜惜，就因为这个道理。最后，“秀美”都带有自舍（abandon）的样子，人不是在爱的时候不会完全自舍，所以我们赞同谢林的秀美表现爱情说；因其表现爱情，所以“秀美”最易动人；它向人表示爱，所以人也爱它。年轻的姑娘在没有尝到爱的滋味时，就还没有比“美”（beauté）更美的绝顶的“秀美”（grâce）。她像小孩子一样，可以具有欢喜时的“秀美”，却还没有柔情所流露的“秀美”。

总观上述各节，关于“秀美”的学说有两种，一派人说它是由于筋力的节省，一派人说它是由于欢爱的表现，这两说是否互相冲突呢？法国哲学家柏格森也曾经注意这个问题。他兼采这两个学说。我们看见省力的运动，自己也仿佛觉到它所伴着的筋肉感觉，这是“物理的同情”（sympathie physique）。这种“物理的同情”随即引起“精神的同情”（sympathie morale）。我们不但觉得秀美的事物表现轻巧的运动，并且还觉得它是向我们运动，来亲近我们，我们所以觉得它和蔼可亲。柏格森不否认秀美中有“物理的同情”，但是以为“精神的同情”为它的最要紧的元素。我们觉得柏格森的说法比较圆满。“秀美”本来是女性的。我们描写女性美时通常用“幽闲”、“轻盈”、“温柔”、“娇弱”等字样，这些特征可以说是“不露费力痕迹的”（斯宾塞说），也可以说是“引起同情的”（顾约说）。因为它现出不费气力的样子，所以我们觉得它弱，觉得它不抗拒我们而亲近我们，因此向它表示怜爱，这就是柏格森所谓“物理的同情引起精神的同情”。

第十六章
悲剧的喜感

一

莎士比亚曾经说过，世界只是一座舞台，生命只是一个可怜的演员。从另一意义说，这种比拟是不甚精确的。若是堕楼的是你自己的绿珠，无辜受祸的是你自己的苔丝狄蒙娜，你要哭泣，你要心寒胆裂。但是在看表演他们的悲剧时，你纵然也偶尔洒一洒同情之泪，你的眉宇却很飞舞，你的心腔却很伸张。欧里庇得斯和莎士比亚诸大悲剧家都把生的苦恼和死的幻灭通过放大镜，而后再用极浓的色彩把它们描绘出来。我们站在他们所描写的图画之前，虽然更觉悟到"生命只是一段蠢人演述的故事，满口的叫嚣和愤慨，没有一点儿意义"，可是并不因此而悲观绝望。血和泪往往能给我们比欢笑更甜美的滋味。这种悲剧的喜感自何而来呢?

这个问题的历史同美学思想史一样久远，许多诗人、哲学家和科学家都在这上面费过心思，到现在还没有定论。我们姑且把历来重要的学说加以介绍和批评，然后再提出一个比较满意的答案来。

最初想到这个问题的是柏拉图。他以凌迈千古的大诗人而大声疾呼，逐诗人于理想国之境外。悲剧家尤其是他所嫉视的。在他看，怜悯和悲愁都是人性中的卑劣癖，应该受理智压住。悲剧家却逢迎人性中这个弱点，拿灾祸罪孽的幻象来激动它，滋养它，实在不道德。所以他们应该受政府限制。

柏拉图的学说在后来影响甚深，幸灾乐祸说可以说从他起来的。据这一说，悲剧的喜感是幸灾乐祸的表示。自己站在干岸上，所以看到旁人手慌脚乱地救翻船，心里觉得愉快。卢梭曾写过一封万言书劝阻达朗贝尔在日内瓦开剧场，用意就是如此。近来法国批评家法格（M. Faguet）把它更加以扩充。在他看，悲剧和喜剧都是一样，都是描写旁人的灾祸。这些灾祸如果是可笑的，就叫做喜剧；如果是可怕的，就叫做悲剧。悲剧和喜剧所生的愉快程度虽有深浅，而为幸灾乐祸则一。他在《古今戏剧》里面说："人是一群猛兽，我知道很清楚，因为我自己就是其中之一。"他又假设这样一段对话：

"我看过《斐德尔》（Phédre），真悲惨，我看得哭起来了。"

"戏的情节怎样？"

"其中有一个女子失恋自杀，还有一个男子因为妒忌，把亲生的儿子弄死了。"

"你去看这种戏吗？不是好人！"

"但是我流过眼泪的。"

"虽然流眼泪，心里却觉得一种喜感。"

"这话倒对。"

“这种喜感把哭时一点好意都打消了。你原来是要在旁人的灾祸中求喜感，总算你达到了目的。骨子里就是这么一回事，你是一个凶恶的人。泰纳要说你还没有脱净猴子的根性哩。你知道，他以为人的祖先是两种猴子，一种凶恶，一种狡猾，人还没有完全变形。爱看喜剧的是狡猾的猴子，爱看悲剧的是凶恶的猴子。”

站在法格这面照妖镜前，我们都不免有几分自惭形秽。平心而论，人这种动物确实是魔性多于神性的。罗马的人兽斗，西班牙的牛斗，中世纪凌辱异教徒的酷刑，以及历史上许多其他残暴的行为，都可以证明幸灾乐祸的心理。在人世较大的剧场中，也是很普遍的。近代“人道主义”的文化已经把这野蛮根性洗净了么？报纸上每遇离婚、暗杀、失火、地震、打仗一类的天灾人祸，观者都仿佛有一种喝热血似的狂热，以先睹为快。这种动机是不难推测的。但丁描写的地狱，比天堂生动活跃多了。残酷成性的何止于人？上帝不惮琼楼玉宇的高寒，怕也是像诗人丁尼生在《食藕者歌》里面所说的，因为俯看下界阴霾毒焰中的众生，是一件赏心乐事吧？

但是人性繁复，如果我们把性恶看成悲剧喜感的唯一原因，就不免把问题化得太简单了。这个世界里还缺乏灾祸罪孽么？如果你要幸灾乐祸，看实在的应该比看想象的更痛快，又何必花钱进剧场呢？何况好事多磨，也是古今中外所同声惋惜的。读《刺客传》到图穷匕首见，秦王绕柱而走时，我们固然觉得兴会淋漓，不忍释手，可是同时也觉得荆轲失败，是终古一大恨事。读热烈悲壮的故事，我们常于不知不觉中替它们臆造一个圆满收场。有江淹的《恨赋》就有尤侗的《反恨赋》，有《红楼梦》就有使宝黛终成眷属的《续红楼梦》。18世纪英国剧场演莎士比亚的《李尔王》，都把它的悲惨结局完全改过，让 Cordelia 嫁了 Edgar，带兵回来替李尔王报了仇。这种翻悲剧为喜剧的玩艺，中外都很流行。我们尽管说它不是艺术，却不能不承认它有一般人的心理要求做后盾。从此可知幸灾乐祸说不圆满了。

英国18世纪学者博克所提出来的悲剧说很可以做幸灾乐祸说的一个有趣的对比。法格拿悲剧的喜感来证明性恶，博克却拿它来证明性善。法格比拟人猿，博克也借重于生物学的论证。在他看，社会之所以能成立，全赖同情心的维系。人在何种境遇最需要同情心的温慰呢？不消说得，是在悲愁苦恼的时候。如果旁观者见着悲愁苦恼便生痛感，同情心便不易发生。悲剧的喜感就是同情心的表现。我们同情于不幸者，所以不幸的事能使我们愉快。境界愈悲惨，同情心的需要也愈大，因此它所引起的喜感也愈强烈。实际人生的悲剧，据博克说，比舞场上所表现的更能引人同情，所以引起的愉快也愈大。他曾经用过这样一个比喻：

> 倘若你择定一个日子，去表演一部最庄严最动人的悲剧，选聘最有本领的名演员，用尽心力去饰台布景，使诗歌、图画、音乐三种艺术熔冶于一炉，正当观众齐集，人心悬悬待开幕时，你如果猛然宣告有一位居高位的国事犯要在邻场就死刑，则立刻之间剧场必为之一空。这时候你就会知道模仿艺术的力量比较薄弱，而承认同情心的胜利了。

这种学说带着很浓厚的18世纪英国功利主义的色彩，言之成理，析之无稽。博克忘记人世间确实有痛感这么一回事，而痛感实在起于灾祸罪孽。身经其境，固然叫苦，袖手旁观，也不免哀矜。亲眼看邻人受刀刺火焚，决不像看但丁《神曲·地狱》章那样兴会淋漓。实际的悲剧和经过艺术点染过的悲剧究竟不同，历来谈悲剧者很少人注意它的不同点究竟何在，法格和博克都犯了这个毛病。博克的弃剧场而就刑场的假设，拿来说政治趣味浓于艺术趣味的英国人，也许近于事实；若是说人性本来如此，就不免以偏概全，所据不足了。如果依他的见解，我们同情于哈姆雷特，所以欢喜看他惨死，同情于罗密欧与朱丽叶，才高兴知道他们的姻缘不成就，这种推理也显然是怪诞。总之，人性是善的，也是恶的。只见到恶的方面便说看悲剧是幸灾乐祸，只看到善的方面便说看悲剧是由于同情心。这对于人生的真面目和悲剧的真面目都是没有看得清楚。

二

法格和博克都拿整个人性来说。还有一派学者丢开性善性恶的争辩，而专研究观剧时一瞬间的心理变化。法国17世纪学者杜博斯（Dubos）在他的《诗画评论》中首开端倪。他以为悲剧的功用只是在满足强烈刺激的需要。人心原来好动，一遇闲散，便苦厌倦无聊。因此，消遣是人生中一大需要。消遣有两种方法：一种是观心冥想，一种是感受外来印象的刺激。观心冥想的乐趣只有少数幸运者能享受，一般人都沉溺于感官刺激。刺激愈强烈，喜感也愈浓厚。最强烈的刺激莫如悲哀苦恼，悲剧之能动人，即由于此。悲剧好比强烈的饮料，是帮助排遣烦闷的。

哥伦布大学教授汤姆斯（C. Thomas）曾作一文，立意与此颇相近。他说："有一种喜感，只要一出力，只要一运用官能，便可觉到。要寻求这种由发泄心力而来的喜感，我们不一定要去寻通常所谓赏心乐事，最好是去寻苦痛悲惨和危险。这些东西才能给人以强烈的震撼，才能引起与生命同义的情感的兴奋。"悲剧常以死为题材，"因为在我们远祖看，死是最大的灾祸，是最可恐怖的事件，所以也是激动想象的最强烈的磁石。"

这种学说含有若干真理，以看戏为解闷之助者都该承认。但是它的最大弱点在没有分清实在和想象。实在的灾祸苦恼往往使人不快，想象的灾祸苦恼才有时引起喜感。如果亲眼看见一位白发衰翁见弃于子女，深夜里冒着雷电风雨在荒野中挨命，你会像看表演《李尔王》时那样兴高采烈、拍掌叫好么？

法国 17 世纪学者芳丹纳尔（Fontenelle）的学说可以拿来做这个难点的答辩，他说：

> 喜和痛虽是两种不同的情感，而原因却无大异。如搔皮肤，太激烈则生痛感，稍轻缓则可生喜感。从此可知本来虽是痛感，只要把它变弱些，就变成一种轻松愉快的微痒了。人心本来好动，使它动的就是悲哀苦恼也无妨，只要有一件东西把它们的力量减轻一点就行了。在剧场中凡所表现的虽跃跃如实境而究竟不是实境。观者尽管耳迷目眩，理智尽管为感觉和想象所蒙蔽，心里总还脱离不了"这是虚幻"一个想头。这个想头尽管很薄弱，尽管受蒙

> 蔽，其力量还能减杀观者看见无辜受祸所生的痛感，把它一直减轻到变为喜感的程度。观者一方面见到自己所爱好的主角不幸受祸，替他流泪，而同时返想到这幸亏还仅是空中楼阁，心里又觉到快慰。

这个学说很值得注意，因为它从艺术观点立论，把实际的悲剧和想象的悲剧分开来说，是个创见。它颇近于下文所说的"心理距离说"，不过它着重"这是虚幻"的意识，还是没有明白美感经验。观者在兴高采烈时决不会回想到"这是虚幻"。英国哲学家休谟在他的《悲剧论》里也不满意芳丹纳尔的学说，但是根据另一理由。罗马著名演说家西塞罗（Cicero）弹劾维尔斯屠杀西西里人那一篇诉词，把当时屠杀的惨状描写尽致，法官和观众听了都非常高兴。他所描写的尽是事实，所以听者所得的喜感不能推原于芳丹纳尔所谓"这是虚幻"的想头。据休谟的分析，当时听者的心理变化有两种成分，一种是痛感，起于残酷的印象；一种是喜感，起于雄辩（eloquence）。这两种成分之中，喜感较占优势，不但压住痛感，而且能借用痛感的力量来扩张自己的情绪之流。痛感如何能扩大喜感呢？心好比琴弦，已在震颤之际，稍加弹动，便成宏响。有悲惨印象而无艺术，痛感固终为痛感；有艺术而无悲惨印象，则喜感虽存在而不强烈。悲惨印象感动心弦之后，心才愈加敏捷，受艺术的浸润力也愈加强大。比如说，原来痛感只有四成，而喜感却有六成，弱不敌强，四成痛感于是把所有的力量转借给喜感，而喜感便扩充为十成了。悲剧和西塞罗的雄辩同理，所不同者悲剧更能引人入胜，因为它是一种模仿。而模仿本身就是喜感之源，像亚理斯多德在《诗学》中所说过的。

休谟所谓“雄辩”是指词藻的富丽和音调的和谐。他虽然反驳芳丹纳尔，而以艺术的眼光讨论悲剧，则与芳丹纳尔同为杰出。他所着眼的悲剧大半是诗剧，他的弊病在侧重悲剧的装饰方面，而装饰究竟不是悲剧的命脉所在。图画描写悲惨情境，不必借助于词藻音调，固不消说，近代作者以散文写悲剧也是常事。从此可知悲剧于词藻音调之外，还别有令人惊心动魄的特质了。

三

英、法两国学者研究悲剧喜感问题，都专从人类本性和心理变化两点出发，没有牵涉到较广泛的哲学问题。从哲学出发去研究悲剧，要推德国学者为最起劲。法格、杜博斯、博克诸人的学说已经很光怪陆离，黑格尔、叔本华、尼采诸人的奇思幻想更令人耳昏目眩了。读他们的作品，我们很难分别哪里是诗，哪里是哲学。他们的思想只有他们自己的语言能表达。用别一种语言来申述他们的意思，已近于鹦哥学语，若是再拿寻常理智来分析评判，那更未免剪云为裳，以迹象绳玄渺了。但是我们谈到悲剧问题，如果把他们的学说完全丢开，也未免有失虔敬。这里只得明知故犯，将不可申述的申述一遍，将不可批评的批评一遍，读者须知道这只是古人的糟粕。

诗人席勒要辩护艺术的特质在美不在善，所以拿悲剧的喜感来说明美并不背于善。在他看，宇宙全体以人类幸福为指归。一切事变，与这个目标相谐合的生喜感，与它相冲突的生痛感。但是冲突在宇宙中也很必要。无论什么东西，难能才见可贵。有冲突然后有奋斗，有奋斗然后有道德意识，有道德意识然后有快慰。奋斗愈剧烈，道德意识愈鲜明，快慰也愈深切。因此，最大的喜感是从和最难的逆境相奋斗而得来的，其中实含有痛感的成分。悲剧能引起最大的喜感，就因为它描写冲突和奋斗，就因为它能表现最高的道德意识。有许多情境，就局部看，尽管是悲惨，而就宇宙全体看，却有理性，却是一种和谐。悲剧的结局往往为生命的牺牲。“生命的牺牲本是一种矛盾，因为有生命然后有善；但是为着道德，生命的牺牲是正当的，因为生命的伟大不在它的本身，而在它是履行道德的必由之路。如果生命的牺牲成了履行道德的必由之路，我们就应该放弃生命。”

席勒的理想主义到了黑格尔的手里又得着一个更宽泛的哲学基础。黑格尔是一位极端的泛理主义者。他眼中的宇宙浑身都是理性。不过要看出宇宙的理性，我们应该着眼全体。貌似相反者往往实在是同一；在局部看来是冲突者在全体看来往往是和谐。悲剧就是一个好例。一般人见着为善不获报，为恶不见惩，便以为这是冤屈，于理不可解说，只能归咎于渺茫不可知的命运。其实宇宙中无所谓命运，祸福都是由人自招的。然则一般悲剧的主角都无辜受祸，这应该怎样解释呢？黑格尔的答案是他的著名的冲突说。凡是悲剧都生于两种理想的冲突，例如做忠臣的往往不能同时做孝子，做孝子的往往不能同时做忠臣。理想而至冲突，就是理想本身的一个缺点；因为有缺点，所以不能在完美的宇宙中实现，它的牺牲实在是孽由自作。换句话说，悲剧主角大半象征一种有冲突的片面的理想，他陷于灾祸时，在表面看虽似命运造的冤屈，而就宇宙全体说，实在是“永恒公理”（eternal justice）的表现。我们看悲剧时见出这“永恒公理”，见出完满宇宙中不容有冲突的理想存在，所以觉到喜感。换句话说，悲剧的喜感就是“永恒公理”胜利的庆贺。

黑格尔最推尊索福克勒斯的《安提戈涅》（*Antigoné*），以为它最能显出悲剧的特征。这部悲剧的情节就是以理想的冲突为中心。波吕涅刻斯是忒拜国的王子，父死之后，借重敌兵来争王位，战败被杀。新王克瑞翁悬令禁止人收葬他的尸首，违者处死刑。他的妹妹安提戈涅毅然不顾一切，把他收葬了。她本来和克瑞翁的儿子订过婚，她被处绞刑之后，克瑞翁的儿子也痛悼自杀。依黑格尔说，悲剧生于理想的冲突，这就是最好的实例。克瑞翁所代表的理想是国法，安提戈涅所代表的理想是友爱。这两个理想，就本身说，都很正当；但是就宇宙全体说，它们都失之太偏，不能调和。安提戈涅丧身，克瑞翁丧子，都可证明太偏的理想就是自己的致命伤，而“永恒公理”终归胜利。这种胜利的察觉就是喜感的来源。

席勒和黑格尔的毛病都在太看重理性。如果爱悲剧者每人都是像席勒和黑格尔这样的哲学家，他们的话也许有几分真理。但是一般人谁拿凭视宇宙的眼光去看悲剧？谁能时时记起“永恒公理”？任凭黑格尔如何洗清，人世间总不免有冤屈不平存在。《李尔王》中的考狄利娅，《奥赛罗》中的苔丝狄蒙娜，《国民公敌》中的医生有什么罪过可指摘呢？两理想冲突说不但不能应用到近代悲剧上去，就是应用到黑格尔所最推许的《安提戈涅》上面去也说不通。他的学说初出世时，爱克曼曾拿来和诗人歌德谈论，歌德付之一笑。他说："克瑞翁禁止收葬波吕涅刻斯，让尸臭染污空气，又让鸷鸟衔尸肉污神坛，这种行为对人对神就是大不敬，不能算维护国法，实在是叛国违法。"照这样说，克瑞翁并没有代表什么理想，《安提戈涅》一剧也不能说是表现两理想的冲突了。

如果我们由黑格尔转到叔本华（Schopenhauer），华严世界就一变而为阴森地狱了。叔本华以为生命只是无底止的竞争，尝遍灾祸罪孽，到终局仍不免一死。明知在这无涯孽海里探险是无所归宿的，人们何以不放弃这种无意义的企图呢？人生来就披上一个枷，钳制他不得自由。这个枷就是他自己的"生存欲"。创世主是一个最酷的刑吏，他不仅向众生施行种种酷刑，而且想出妙计来，叫受刑者不愿丢开笞挞之苦。生不过是死的准备，而死却胜于生，因为死之后一切忧患苦恼就沉没到遗忘之国里去了。"如果你敲墓门问陈死人愿否再生，他一定向你摇首。"

人的原始罪孽在投生。既投生之后还有方法从罪孽中逃脱出来么？这是极难的事，除非你抱有极大的智慧和超人的意志，如释迦牟尼，看透人生虚幻，毅然摆脱"生存欲"，直接达到"涅槃"。人生最上法门就在"退让"（resignation）。所谓"退让"就是知其不可为而不为。悲剧是最上的艺术，就因为它能教人"退让"，能把人生最黑暗的方面投到焦点上，使人看到一切都是空虚而废然思返。悲剧主角也像我们自己一样，卖尽气力和命运搏斗；但是我们不如他，他知道势不均力不敌，就缴械投降，不再受"生存欲"的钳制。他的"退让"就是他的胜利。我们本来也以受"生存欲"的钳制为苦，无如自己无力解脱；但是看到旁人能解脱，好比听说战胜过自己的敌人已被旁人打杀一样，也是一件快事。不仅如此，在看悲剧的一顷刻中，我们的心魂全让庄严的意象钩摄住，如火如荼的“生存欲”因之暂时失其作用。这种剧战后片时的稍息，也是喜感的来源。

在许多人看，人世全是孽海，艺术全是苦闷者的呼号，叔本华的厌世主义比较黑格尔的泛理主义似稍近于真理。麦克白临死时叫道：

熄灭罢，熄灭罢，短促的烛火！

巴米尔临死时叱穆罕默德说：

你应该胜利，世界原来是为强暴者而创造的！

我们听到这种垂死的呼声或是看到维尼（De Vigny）的狼闭着眼睛倒下地任猎户宰割时，都不能不承认叔本华的话言之有理。但是如果我们再走远一步，便知道概括立论是很危险的，叔本华也不是例外。古希腊三大悲剧家的作品中并未曾表示“退让”的态度，叔本华自己也承认过。近代悲剧虽较悲观而却不能谓为厌世。姑且拿莎士比亚的作品来说，麦克白死时没有怨天么？奥瑟罗自杀时没有尤人么？怨天尤人都是表示不甘心。他们虽然抛开生命而却没有抛开“生命欲”，决不是叔本华所谓“退让”。

尼采（Nietzsche）著《悲剧的起源》，用意就在纠正叔本华的错误。黑格尔从道德观点去看世界，以为世界处处呈现理性。叔本华把这种泛理主义推翻而代以盲目的“生存欲”，看出人生处处是苦，于是“世界何须存在”遂成为问题。尼采说，生命只是罪孽苦恼，实在像叔本华所说的；你如果从道德观点着眼，你决寻不出理由来辩护世界何以应存在。世界的存在只能从艺术观点去解释。这花花世界虽然充满着灾祸罪孽，但是如果你从窄狭的现实圈套里跳出来看看，它却是多么光怪陆离的一幅图画！创世主丢开丹青粉垩之后，自己谛视这幅伟大的创作，心里多么快慰！你如果觉得这世界不是好居住的，你就把它看成好玩赏的也很好，何必太拘泥呢？

古希腊人知道这个秘诀。他们不但能把世界看作一个意象去赏玩，自己还去创造意象，与造物争巧；所以他们虽然也知道人生苦恼，而却没有流于悲观。他们的救世主是阿波罗（日神）。在他的恬静幽美、光彩四射的额纹中，古希腊人看出形形色色的奇梦，于是依影图形，创成他们的伟大的造形艺术和《荷马史诗》。

阿波罗之外，古希腊人又崇拜狄俄倪索斯（酒神）。所以他们不仅能酣梦，而又能沉醉。当薰风四煽的艳阳天，羊在草场中跳跃，鸟在绿条上和歌，他们受着狄俄倪索斯的启示，不由自主地跳入波涛澎湃的生命之流中，遗忘小我，杂入行乐人群中高歌狂舞，跳舞和音乐即起源于此。

在尼采看，阿波罗的艺术（史诗、雕刻、图画等）和狄俄倪索斯的艺术（跳舞和音乐）相结合，然后才有悲剧的产生。悲剧一方面是动的，像音乐一样，是苦闷从心坎迸出的呼号；一方面是静的，像雕刻、图画一样，是一个热烈灿烂的意象。悲剧的雏形是狄俄倪索斯神坛前祭奠者的合唱（chorus）。音乐所象征的苦闷借阿波罗的意匠经营，成为具体的形象，结果乃有悲剧。悲角中的主角如俄狄浦斯、普罗米修斯等都是狄俄倪索斯神的变形。

知道悲剧的起源如此，观者所得的喜感便不难解释了。他在庄严灿烂的意象之中，窥见惊心动魄的美，霎时间脱开现实的压迫，忘却人生一切苦恼，自然是眉开眼笑，喜不可言了。悲剧的主角只是生命的狂澜中一点一滴，他牺牲了性命也不过一点一滴的水归原到无涯的大海。在个体生命的无常中显出永恒生命的不朽，这是悲剧的最大的使命，也就是悲剧使人快意的原因之一。叔本华以为悲剧的结局是“退让”，只是看见一点一滴的堕落，而没有望见大海的金波荡漾。

尼采著书，有如醉汉呓语，心头无量奇思幻想，不分伦次地乱迸出来，我们只觉得他的话有些可疑，可是他的破绽究竟在哪里呢？他根本就没有给一条可捉摸的线索让你抓住。我们只能以幻想来遇他的幻想，若拿名学来分析，却有些困难。听哲学家讨论特殊问题，最容易走入迷路。他们关于悲剧的结论大半是从他们的全部哲学演绎出来的，不是从研究作品归纳出来的，所以像游丝悬在虚空里。他们的话固然不是全盘错误，他们的慧眼固然有时窥透常人所不能窥透的地方，但是他们的弊病在偏：以一点心得当作全部真理。幸好这个世界里哲学家占极少数，不懂得黑格尔、叔本华和尼采的愚夫愚妇们也还能欣赏莎士比亚或是易卜生。我们姑且把“永恒公理”、“生命欲”和“狄俄倪索斯”等音调铿锵的字还给哲学家们去咀嚼罢。

四

转身向近代心理学，看它能给我们一线微光么？弗洛伊德的门徒无孔不入，悲剧这块田地自然也没有被放弃。法格的“凶恶的猴子”到他们的手里更丑恶不堪了。他们说，文明只在表皮，里皮还是野蛮。人心深处全充满着原始欲望，尤其强烈的是性欲。在文明社会里面，原始欲望与道德法律不相容，于是被压抑到隐意识里去，形成所谓“情意综”（complexes）。这种“情意综”受意识作用的检察，想发泄而不得发泄，往往酿成迷狂症及其他神经病。要医治神经病，须设法使郁积在隐意识里的“情意综”得正当发泄，就是用弗洛伊德所谓“发散治疗”（cathartic cure）。有时被压抑的欲望也不一定酿成神经病，它们可以化装偷入意识阈而求满足。梦、幻想、神话之类都是原始欲望的化装。悲剧也是如此。弗洛伊德最欢喜谈“俄狄浦斯情意综”（Oedipus complex）。这个名词就出于索福克勒斯的一部悲剧。他以为弑父娶母是一个极强烈的原始欲望，它在《俄狄浦斯》这部悲剧中赤裸裸地流露出来而得满足了。我们每个人都有“俄狄浦斯情意综”，看这部悲剧时无心地把自己摆在主角的地位，被压抑的欲望于是得间接的满足，所以发生喜感。

这种风靡一世的学说能使我们满意么？要接受弗洛伊德的结论，须先接受他的“隐意识”这个大前提。这个前提在心理学本身的领域中还没有站得稳，我们最好不要过于趋时，把它应用来解释文艺。

弗洛伊德的"发散治疗"这个名词使我们联想到亚理斯多德在《诗学》中所说的 catharsis。这个词是二千年来学者聚讼的焦点，与悲剧喜感的问题关系尤其密切，因为它和近代心理学有渊源，所以我们不顾历史的次第，把它延迟到现在才讨论。

《诗学》第六章悲剧定义中有一句话，说悲剧"借引起哀怜和恐怖的情节，完成这些情绪的 catharsis"。以前学者大半都把 catharsis 这个字释作"净化"，以为悲剧可以净化哀怜和恐怖两种情绪中不洁的成分，所以有道德上的效用。19 世纪德国学者贝内斯（Bernays）才考定 catharsis 是医学上的一个术语，意为"发散"，这个解释现在已得一般学者的公认。"发散"是一种治疗法。例如体肤有脓汁淤积成肿毒时，可以用药"发散"去。古希腊人常患一种宗教狂，情感过度兴奋，以致心神不宁。他们医治这种病的方法是使病人听一种狂热的音乐。音乐把作祟的情绪"发散"了，病自然痊愈。因此亚理斯多德在《政治学》中提到音乐的 catharsis。音乐能"发散"宗教狂，就因为它能发泄淤积的强烈的情绪。《诗学》中所用的 catharsis 意义当然也和《政治学》中所用的相同。人生来就有哀怜和恐怖两种情绪，如果不发泄，也可以淤积起来，酿成苦闷。悲剧给这两种情感以发泄的机会，所以能引起喜感。

观此可知亚理斯多德的学说近于弗洛伊德的学说，不过比弗洛伊德说较为精当。他单提"哀怜"（pity）、"恐怖"（terror）两种情绪，或只是随意举例说明，不一定说悲剧所能"发散"的情绪只限于这两种。他在《伦理学》中说过："活动不被阻挠者（unimpeded activity）就是快乐。”这个定义也可以拿来和悲剧的效用相印证。活动是生命的特征，情感是活动的一种。人须生存，便须活动，便须发泄情感。“发泄”是自然界一个普遍的需要，是生命的别名。喜必露于笑，悲必露于哭。这种普遍的需要不满足，痛苦就跟着来。普通语言中“忧郁”、“苦闷”连着说，“舒畅”则和“快乐”同义，可见得“忧”由于“郁”，“苦”由于“闷”，“舒畅”而后“快乐”，是一般人所公认的。叔本华以为生命充满着苦恼，尼采以为悲剧发源于音乐，是苦闷从心坎迸出的呼号，这话都很真确，只是他们的结论未免怪诞。他们不曾觉到隐忧沉痛之际，放声一哭，心头就轻松愉快么？苦闷的呼号接着就是发泄后所应有的快慰。悲剧能生喜感，就是因为它能使人在想象的情境中发泄情感。这就是亚理斯多德所谓悲剧的 catharsis。

照这样说，实际的悲剧和艺术的悲剧不是没有分别么？弗洛伊德派学者除了用“化装”一个观念之外，似乎把实际上的情绪与艺术上的情绪看作一回事。亚理斯多德却把这个分别看得很清楚，所以他的悲剧定义中又有“饰以词藻”的话。用近代语来说，悲剧单引起“哀怜”、“恐怖”等情绪还不够，还要“出以艺术的手腕”。所以悲剧的喜感不单起于情绪的发泄，尤其重要的是起于艺术的欣赏。

五

悲剧是一种艺术作品，观悲剧是一种美感经验。我们在首二章中已详细说过，美感经验起于形象的直觉，在观赏的一刹那中，我们忘却实际的利害，专站在客观地位，把世界和人生当作一幅热烈灿烂的图画去看。同是灾祸，在实际人生中只能引起我们的哀怜和恐怖，我们不能把这种哀怜和恐怖化为喜感；在悲剧中它也引起哀怜和恐怖，但是艺术的欣赏把哀怜和恐怖所带的痛感的成分消净，所余的只是美感。穷到究竟，“悲剧何以发生喜感”的问题就是“艺术的欣赏何以能消净哀怜和恐怖所带的痛感”的问题。

这个问题的答案以第二章所说的“心理的距离说”为最圆满。在实际人生中遇见灾祸，如行船遇海雾，心里只惊怖临头的危险；在悲剧中遇见灾祸，如站在客观的地位看海雾，只叹赏它的景致美妙。换句话说，在悲剧中我们在目前情境和实际人生之中留出一种适当的“距离”来。这种“距离”不可太远，太远则不能取实际经验来印证，无从了解；也不可太近，太近则太关切身利害，结果不免使实用的动机压倒美感。在成功的悲剧中“距离”不太远，因为它所表现的是合于情理的事实；也不太近，因为悲剧的语言是经过艺术陶铸出来的，它的人物和情节是想象的，不寻常的，于近情理之中却含有若干不近情理的成分，不至使观者误认戏剧为实际人生。凡是真正的悲剧都绝对不是写实的；凡是善于观剧的人也决不让寻常实用的情绪来混乱美感。这个道理最好拿布洛所举的《奥瑟罗》的例子来说明。莎士比亚这部名著描写一个名将因信谗言疑心妻子不忠实。如果本来也疑心妻子的人去看这部戏，他应该比较一般人能了解奥瑟罗的妒忌心理；但是因为悲剧情节太和自己的经验相像了，他不免回味自己的苦痛，而不能把心放在戏上。因此，他虽然因观剧而发生热烈的情感，而却不是愉快的美感。这就是因为他把“距离”摆得太近的缘故。如果信弗洛伊德派学者的话，看悲剧也是带假面具去满足被压抑的欲望，那就是没有“距离”，所生的情感便不是美感了。亚理斯多德的“发散说”如果没有“饰以词藻”一句话去纠正，也就要犯同样的毛病了（详见第二章）。

总而言之，情感在悲剧中“发散”和在实际生活中发泄是不同的。悲剧所表现的世界在观赏者的心中是一个孤立的世界，和实际利害相绝缘。观赏者在聚精会神观赏剧中情节时，不知不觉地随流旋转；他在过一种极浓厚的生活，他在尽量活动，尽量发散情绪；但是这种生活，这种活动，这种情绪都和他日常所经验的完全是两回事。它们带着活动和发散所常伴着的愉快，而却不带实际生活的忧虑和苦恼。这是悲剧的喜感的特质。

观此可知“悲剧何以发生喜感”和“自然丑何以能化为艺术美”（参看第十章）是一个道理。悲惨的情境和自然丑都只是生糙的材料，须经艺术加以陶铸，给以新生命，然后才能引起真正的美感。因此，悲剧的喜感和一切美感一样，都是起于形象的直觉（参看第一章）。从前讨论这个问题的学者如杜博斯注重“这是虚幻”的意识，休谟注重“雄辩”的影响，叔本华注重“生存欲”的消失，尼采注重阿波罗的意象和狄俄倪索斯的热情相结合，本来都已隐约窥见悲剧喜感问题的正当答案。他们都没有把它握住，或是因为分析不彻底（如杜博斯和休谟），或是因为误于哲学成见（像叔本华和尼采）。［参看作者用英文写的《悲剧心理学》（K. T. Chu：*The Psychology of Tragedy*，1932，Strassburg.）］

第十七章
笑与喜剧

一

柏拉图在《会饮篇》里说过苏格拉底的一件轶事。有一晚，苏格拉底和雅典少年讨论恋爱问题，痛饮通宵。到天明时坐客都昏昏欲睡，只有苏格拉底一个人还是清醒的，仍然向座客滔滔清辩。一位新加入的饮客也喝醉了，他仿佛听见苏格拉底“逼得其余两个人承认喜剧和悲剧在精神上是相同的，长于悲剧者也一定能做喜剧。他们不得不承认，因为他们都喝醉了，没有十分听懂他的理由。”这是一件可惜的事。假如他们少喝几杯，把苏格拉底所说的悲剧和喜剧相同的理由记下来传给我们，也许我们在讨论悲剧之后，可以少费些精神来讨论喜剧。

悲剧和喜剧的心理有一点相同，是我们立刻就可以看出来的。它们都是一样难捉摸，一样可以容纳许多互相矛盾的意见。从柏拉图以来二千余年中学者对于“悲剧的喜感”这个问题固然仍是莫衷一是，对于喜剧的官司也还没有打得了结。

问题本来似乎很简单的。喜剧何以能引起快感呢？我们听到某一种话，看到某一种人物，或是处在某一种情境，何以发笑呢？何以觉得畅快呢？这种快感是否尽是美感呢？我们先把重要的学说介绍出来，加以讨论，然后再参较事实，寻出一个试用的结论来。

我们在上章已经谈过，有一派学者以为悲剧的喜感是幸灾乐祸的表示，最早而且最流行的喜剧学说也是着重幸灾乐祸的心理。柏拉图在《斐利布斯篇》对话里说：

> "悲剧的观众常在泪中带笑，你记得么？"
>
> "我自然记得。"
>
> "就是看喜剧时心里也是悲喜交集，你觉得不？"

他分析这种情感，以为它起于妒忌，于是接着说：

> "我们刚才说过：不美而自以为美，不智而自以为智，不富而自以为富，都是虚伪的观念。这三种虚伪观念弱则可笑，强则可憎。假如我们的朋友存着这些虚伪观念而对于他人却无损害，他们不只是可笑么？"
>
> "自然可笑。"
>
> "他们的这种蒙昧算不算是一种灾祸呢？"
>
> "是的。"
>
> "我们笑他们时，是畅快还是苦痛呢？"
>
> "显然觉得畅快。"
>
> "见到朋友的灾祸而觉得畅快，这不是由于妒忌么？"
>
> "是的。"

> “照这样看，我们笑朋友的愚蠢时，快感是和妒忌相联的。我们已承认妒忌在心理上是一种痛感，然则拿朋友的愚蠢作笑柄时，我们一方面有妒忌所伴的痛感，一方面又有笑所伴的快感了。”

柏拉图这一段话是喜剧心理学的发轫点，它一方面拿妒忌作笑的动机，为后来霍布斯的“鄙夷说”所自出；一方面又指出悲剧和喜剧的关联，说明喜剧同时具有快感和痛感，这个主张在近代也有附和者。

二

亚理斯多德的《诗学》中论喜剧的一部分已经散失。就所存的残编断简看，他的主张也很近于“鄙夷说”。他说：“喜剧所模仿的性格较我们自己稍低下，但所谓低下，并非全指凶恶。可笑性只是一种丑。”照这样说，笑的对象和憎的对象有分别。凶恶可以令人憎，无伤大节的拙劣才可令人笑。我们对于所笑的人物常不觉其可憎，许多著名的喜剧角色有时甚至是很可爱的。亚理斯多德以喜剧为艺术取丑为材料的实例，也是很可注意的一点。

“鄙夷说”的重要的提倡者要推英国哲学家霍布斯。他在《人类本性》（*Human Nature*）里说：

> 有一种情感还没有名称，它的表征就是我们所称为“笑”的面容变化。它通常是快感，至于它是怎样的快

感，以及笑时心中所想的是什么，何以觉得高兴，向来还没有人说过。如果说它起于“巧慧”或“诙谐”，这不免与事实不符，人们遇到不尴尬的失仪的事，虽然其中没有什么“巧慧”或“诙谐”，仍然是发笑。大家看惯的事物，就变成平淡无奇，也不足令人发笑。凡是令人发笑的必定是新奇的，不期然而然的。人有时笑自己的行动，虽然它并不十分奇特。人也有时笑自己所发的“诙谐”，尤其是爱人称赞的人。就这些实例说，笑的情感显然是由于发笑者突然想起自己的能干。人有时笑旁人的弱点，因为相形之下，自己的能干愈易显出。人听到“诙谐”也发笑，这中间的“巧慧”就在使自己的心里见出旁人的荒谬。这里笑的情感也是由于突然想起自己的优胜。若不然，借旁人的弱点或荒谬来抬高自己的身价，究竟是怎么一回事呢？如果我们自己或是休戚相关的朋友成为笑柄，我们决不发笑。所以我可以断定说：笑的情感只是在见到旁人的弱点或是自己过去的弱点时，突然念到自己某优点所引起的“突然的荣耀”感觉（sudden glorry）。人们偶然想起自己过去的蠢事也常发笑，只要他们现在不觉到羞耻。人们都不欢喜受人嘲笑，因为受嘲笑就是受轻视。

霍布斯的“突然荣耀”说在近代颇多附和者。英国的倍恩（A. Bain）和萨利（Sully）、德国的谷鲁斯（K. Groos）、法国的拉穆来（Lamennais）和美国的莎笛斯（Boris Sidis）诸人都接受他的要旨而略加更改。笑有时的确是表示鄙夷的。在奸险的人，笑往往是恶意的遮面具，所以有“笑面虎”和“笑里藏刀”之说。不过“突然荣耀”说并不可以解释一切事实。儿童的笑是天真的流露，同情的笑是亲善的表示，在风和日暖时对着花香鸟语的微笑是生存欢乐的表现，都决不能说是由于感到“突然的荣耀”。“鄙笑”（scorn）只是笑的一种，霍布斯的错误在把一切笑都当作鄙笑。

三

柏格森（H. Bergson）的笑的学说在近代也很重要，很可以拿来和霍布斯说相较。霍布斯以为笑起于两种发现，一是发现旁人的欠缺，一是发现自己的优胜。柏格森也注重发现旁人的欠缺一点，但是他拿纠正这种欠缺的念头来代替自豪的心思，所以笑虽起于发现旁人的欠缺而却不必含有恶意。依他看，笑有三大特点。第一，笑的对象限于人事。只有人才可笑，自然景物有美有丑，有可爱，有可恶，却没有可笑者。见动物或用器而发笑者大半因为它们而联想到人的拙劣。第二，笑是不关痛痒的，和强烈的情绪绝不相容。在见人言动拙劣而起哀怜或憎恶时，我们决不会发笑。既然笑，心中便没有深厚的情感。笑的趣味完全是理智的。第三，笑须有回声，须有附和者。单独一个人很不容易发笑，笑要有同情的社会来推波助浪。这种社会是有限制的。某种社会中的人对于某种笑话才会发笑。同是一个笑话换一个社会就不易引人发笑，所以喜剧最难翻译。

柏格森从这三个特点去寻笑和喜剧的来源，以为它在“生气的机械化”，在“把有生气的和机械的嵌合在一块”。比如说，一个行路人猛然跌倒，是一件可笑的事。假如他出于本意地坐在地上休息，就没有什么可笑。这就因为他遇到障碍物而不能随机应变，仍然很机械地用原来的步法走。他跌倒是表示他“心不在焉”，表示他笨拙，表示他像一件无生气的机械。凡是惹人发笑的人物和情境都可作如是观。比如丑角模仿旁人的动作姿势，越逼真越惹人发笑，是什么缘故呢？有生气的东西是瞬息万变的，没有两个人的面孔完全相同，一个人的动作姿势也不会前后完全一样。一个人可以把旁人的动作姿势模仿出来，那就显出那种动作姿势像机械的活动，缺乏生气应有的灵变了。凡是机械的动作都缺少弹性，都是把某一种活动复演到无穷止，环境尽管千变万化，而它的应付的方法却依然如故。无论是个人的行动或是社会的风俗制度，一到了变成呆板不合时宜的时候都可以成为笑柄。从前有一只船刚抵法国海岸就沉没了，法国关吏去救乘客的命，慌忙间第一句话就是：“你们有什么东西要报关么？”一位退伍的老兵改充堂倌，旁人戏向他喊“立正”时，他就慌忙把两手垂下，让所捧的杯盘落地打碎。这两个例子都是以有生命之物而呈现无生气的机械动作，所以惹人发笑。许多引人发笑的情境虽然在表面看来不能纳入这个公式里，但是仔细分析起来，都可以看成生气的机械化。喜剧家的本事就在拿这种情境和人物来引人发笑。莫里哀所描写的医生、律师、守财奴以及扮绅士气的暴发户种种喜剧角色，都是带有几分木偶气的人。

生气的机械化何以可笑呢？要明白这个问题，我们就要谈到笑的功用了。生命就是变化。要使生命美满，我们的心灵一要紧张，二要有弹性，才能随机应变。假如缺乏这两种生命的要素，纵使幸而可免生存竞争的淘汰，对于日常生活的粗浅的需要能够应付得大致不差，也终不免露笨拙丑陋的言动。这种笨拙丑陋的言动就是喜剧。它虽不是生命的危机，却是生命的美中不足。社会想生命尽美尽善，想每个分子都紧张而有弹性，不至于机械化，所以遇到笨拙丑陋的言动就以笑报之。笑是一种警告，也是一种惩罚。发笑者对于笑者仿佛是做一个姿势，使他觉悟自己的笨拙丑陋，立刻加以改正。笑既有这样的一个实用目的，所以柏格森以为笑的情感不纯是美感，喜剧也不能归到纯粹的艺术里面。但笑虽不纯是美感，它既是社会要求生命尽美尽善的表示，也就含有若干美感在内：

> 笑既是追求普遍完美这个实用目的（无意识的，有时并且是不道德的），所以不是生于纯粹的美感。但是它却也有几分美感，因为社会和个人在能超脱生存的急需时，把自己当作艺术品看，然后才有喜剧。总而言之，损害个人或社会生命的动作和习性，有自然结果去惩罚它。如果我们画一个圆圈把这些动作和习性包括起来，则在这个骚动和冲突的领域之外还另有一个中立圈，其中人与人相见，在身体心灵性格各方面仍不免流露丑拙。这虽无伤大体，但是社会为使每个人都具有最高限度的弹性和处群的能力起见，却也不能容留它。这种丑拙就是喜剧，笑就是对它们的惩罚。

柏格森的学说自然含有片面的真理。拘守陈规的小吏，卖弄文字的书蠹，以及戏台上傀儡似的丑角，都可以拿来说明

“生命的机械化”这条原理。不过柏格森的错误和其他哲学家的错误一样，在想把繁复的事例勉强纳到一个简单的公式里去。他要拿笑来证明他的“生命就是变化”这个哲学前提。合这前提的他极力铺张，不合这前提的他一概抹煞。像霍布斯一样，他也没有顾到婴儿的笑。他没有顾到人像傀儡像机械固然是笑柄，像牛像驴时虽不能说是生气的机械化，也还是可令人发笑。他没有顾到人像机械固然可笑，机械像人也可以令人展颐，近代影戏中就常用这种玩艺。柏格森的学说还有一个最大的缺点，就是只解释笑的起源和功用，而没有解释笑时何以发生快感。他把笑完全看作理智的产品，对于它的情感一方面则完全忽略了。

四

柏格森把笑完全看作理智的产品，就这一点说，他的学说和德国哲学界所流行的“乖讹说”（incongruity）或“失望说”（nullified expectation）颇相类似。依这个学说，可笑的事物大半是不伦不类的配合；我们根据寻常事理所起的期望如此，而结果却不如此，笑便是期望消失的表现。一个人听见衣橱里有声响，以为是老鼠，把它打开来看，才知道藏在里面的是他的婶母，他于是不由自主地发笑。这就是“失望说”的最好实例。婶母在衣橱里是一种不伦不类的“乖讹”，他原来没有“期望”她在那里，她在那里是出乎意料之外，所以令他发笑。

这个学说的来源极早，亚理斯多德在《修辞学》里便已提及，近代附和者极多，不过最重要者是康德。他在《审美判断的批判》里说："一种紧张的期望突然归于消失，于是发生笑的情感。"不过期望的消失本身并不能直接引起快感，快感是体力恢复平衡的结果。他曾经举过这样的一个实例："假如有人谈这么一个故事：一个印度人在苏拉镇上的英国人家看见一瓶啤酒打开时蒸发成泡沫流出，不禁连声惊讶。英国人问：'有什么奇怪的事？'印度人答道：'它流出来我倒不觉奇怪，我所惊讶的是原先你怎样把它装进瓶里去？'我们听到这个故事就发笑，并且觉得很大的快感。这并不是因为我们想到自己比这位无知的印度人聪明，也并不是因为理智能够发现其他愉快的理由。它是由于我们的期望涨到极点时突然消失于无形了。"

康德没有详细说明他的道理，后来叔本华才把它加以引申。依他说，笑起于期望的消失，而期望的消失则起于"感觉"和感觉所依附的"概念"有乖讹。他举过这样一个实例：巴黎某戏院的观众，有一晚要求奏《马赛曲》，经理不允许，大家就扰闹起来。一位警察站上台去维持秩序，说照例凡是没有登在戏的节目里面的东西都不能演奏。听众之中有一个喊着问："警察先生，你自己呢？你登在戏的节目里面么？"全场听到这句话都哄然大笑。叔本华以为一切笑话都可以作如是观。"登在节目里的才能演奏"是一个"概念"（conception），即通常所谓大前提。"警察的解释不在节目里"是一种感觉（perception），即通常所谓小前提。我们原来没有期望把这个感觉纳在上述的概念中去想，把它们混在一起是出于意料之外，所以引起我们发笑。依叔本华看，一切笑话都可以化成第一格的三段论法，其中大前提是不周延的，小前提是出于意料之外，仅含貌似真理的。

近代心理学家中赞成“乖讹说”者颇多，并且替它寻出实验的证据。我们都知道，呵痒最易使人发笑，尤其是被呵者为儿童。但是呵者一定是旁人。自己呵自己决不会发笑，如果呵者预先警告被呵者，说要呵他的某部体肤，然后再去呵它，他也不会发笑。但是说要呵他，作起势来忽然又停手不呵，他也会发笑。法国心理学家杜蒙（Léon Dumont）根据这种事实证明笑是起于失望和惊讶。美国心理学家马丁女士（L. J. Martin）曾经采用若干可笑的事物试验过六十人，同时把许多关于笑的学说解释给他们听，叫他们内省自己发笑时的经验，看哪一家学说最能解释笑的事实。大多数受验者都以为叔本华说为最圆满。笑既起于惊讶，则某种笑话既被人听惯变成熟烂陈腐之后，照理即不能再引人发笑。美国心理学家浩林司瓦兹（H. L. Hoelingsworth）在这方面曾经做过一番研究，据他的结论，可笑的事物都必有令人惊讶的成分。

这个许多哲学家和科学家所公认的学说可以完全解释笑和喜剧么？笑固有时起于意料之外的“乖讹”，但是出于意料之外的“乖讹”不尽能引人发笑。倍恩说过，残废人负重载，苍蝇陷油漆，五月飞雪，父不慈，子不孝，以及一切欺诈暴戾的行为都可以说是出于意料之外的“乖讹”，何以我们不觉得它们可笑呢？这是“乖讹说”的第一难点。有时在意料之中的事情也可以引人发笑。萨利说过，假如我们预先做好一个圈套，引傻子“上当”来开玩笑，他怎样“入彀”，怎样“落阱”，都是我们预料所及的，我们却仍发笑。《红楼梦》中

《王熙凤毒设相思局》一段故事就是一个好例。这是“乖讹说”的第二难点。但是它的最大难点还不在此。笑是突如其来、不假思索的。每个人不都是哲学家，我们就难说每个人在发笑时都存有康德所说的“预期”，或是叔本华所说的把“感觉”纳入“概念”里去思索。康德和叔本华的笑的心理学浑身都是理智主义，我们现在知道了，理智在心理上的威权并没有他们所想的那样浩大。所以我们对于这种完全根据理智的“乖讹说”，至多也只能承认它含有一部分真理，不能全盘接受它。

五

英国心理学家斯宾塞也是相信“乖讹说”者，但是不从理智的观点出发。从来学者都没有注意到笑的生理变化和心理变化的关系，斯宾塞才是研究这种关系的第一个人。我们讨论“艺术与游戏”时曾经提及他的精力过剩说。他的笑的学说还是根据精力过剩的原则。精力过剩时须求发泄于筋肉动作，而发泄的途径往往向抵抗力最小的一方面。我们的筋肉哪一部分抵抗力最小，最容易感受情感的变化呢？第一是语言器官。口部筋肉最细小，所以最便运动，情感微有变化，口部筋肉立刻就把它表现出来。其次是呼吸器官。情感兴奋时需要养化血液较多，所以呼吸比较急促。这两处筋肉都是所谓“抵抗力最小”的地方，所以过剩精力先从这两处发泄。发泄时于是有笑的容貌和声音。

但是我们何以恰在发笑时有过剩精力呢？斯宾塞以为这是

由于“下降的乖讹”（descending incongruity）。什么叫做“下降的乖讹”呢？我们最好举一个实例来说明。比如在玩马戏时，一位跳绳人一步跳过四匹马背，后面一位丑角也郑重其事地作势跟他跳，但猛然出于意料地停止，在马身上扫去一点灰。这种微细的动作和原来的浩大准备姿势太不伦不类，是一种“虎头蛇尾”的“下降的乖讹”。他原来作势跳马时，我们正聚精会神地期待一个重大事件，正准备大量的精力来看他显惊人的本领，结果他只在马身上扫去一点灰，我们原来所准备的精力便无所用而成过剩。这过剩的精力向抵抗力最小的颜面和呼吸器官发泄为筋肉动作，于是才有笑。有时事变超过期待，所准备的精力不敷应用。这是“上升的乖讹”，结果不是笑而是惊奇（wonder）。

斯宾塞的“下降的乖讹”说在近代影响颇大。立普斯和弗洛伊德两人的学说都是从它发挥出来的。现在先讲立普斯说。

斯宾塞从生理学观点立论，他所要解释的是笑何以发生；立普斯从心理学观点立论，他所要解释的是笑所伴着的情感。他的要旨在把康德的期望消失说和斯宾塞的精力过剩说合并起来。在他看，可笑的情境都生于“大”、“小”的悬殊。注意力正集中于“大”时，猛然跳出“小”来，它于是移注于“小”。这时的情感就是喜剧的情感，它却不纯是快感。专就质言，期“大”而得“小”的失望原来带有几分痛感。但是就量说，准备的心力多而花费的心力少，心中却有一种“绰有余裕”的快感。喜剧的情境都是“大”和“小”的对比，“大”者一定在先，“小”者一定在后，“小”独立不见其可笑，和“大”相形才见绌。喜剧的情境不可无“大”，但是可笑者不在“大”而在“小”。比如大人戴小儿帽，和小儿戴大人帽，同为可笑，而可笑的理由却不同。在看大人戴小儿帽时，我们先注意到人，预期这样大人所戴的帽子一定和他的身材相称，他的头上偏有一顶不伦不类的小儿的帽子在那里耸起。人的“大”把帽的“小”映得格外分明，所以可笑者是帽不是人。在看小儿戴大人帽时，我们先注意到帽，预期这样一顶大帽下面一定有一个身材相配的人，但是他偏在小孩的头上。帽的“大”把人的“小”映得格外分明，所以可笑者是人不是帽。

我们对于这个“言之成理”的学说应该如何看待呢？这要分两层说。第一层，专就笑的生理学来说，暂时还没有圆满的解释，斯宾塞说是比较近于情理的。不过批评“游戏起于精力过剩”说的理由，也可以应用来批评“笑起于精力过剩”说。如果笑由于精力发泄，精力既已发泄之后即不能有笑，而好笑者遇到可笑的事往往愈笑愈起劲，这显然难用精力过剩说来解释。第二层，专就笑的心理学而言，“下降的乖讹说”除了一般“乖讹说”所有难点之外还另有它的特殊的难点。可笑的“乖讹”不尽是下降的。伊斯特曼（Eastman）说过，上面作跳马势的丑角猛然停住替马扫去一点灰固然可笑，但是在扫灰之后他如果出于意料地又跳过马背，也还是可笑，这一次的乖讹却不是下降的。萨利在他的《论笑》里攻击立普斯说的理由也颇充足。在发笑时我们所注意到的是整个的情境，并没有工夫去分析它的部分的大小先后。笑是突如其来的，我们并不曾拿“大”的观念来比较“小”的观念。比如立普斯所引的实例，大人戴小儿帽和小儿戴大人帽，可笑者本都只是一个整个的乖讹的情境，立普斯强立分别，以为前例可笑者是帽而后例可笑者是人，实在不明白知觉的特质。萨利说这番话时，完形派心理学还没有出世，现在完形派心理学已明白告诉我们，知觉是先统观整体而后以整体定部分的，立普斯说更难成立了。

六

康德的期望消失说和斯宾塞的精力过剩说，就心境由紧张而弛缓一个意义说，和“自由说”（liberty theory）有关联。法国的彭约恩（Penjon）、英国的倍恩、美国的杜威和克来恩（Kline），都是主张“自由说”的代表。倍恩说：“笑是严肃的反动。我们常觉得现实界事物的尊严堂皇的样子是一种紧张的约束；如果突然间脱去这种约束，立刻就觉得喜溢眉宇，好比小学生在放学时的情形一样。”最难堪的约束就是心里本不想如此而面上却要扮得如此。如果心里觉得怎样，面上就表现怎样，那就是没有约束了。比如在做礼拜时，大家都很严肃虔敬地祈祷，猛然有一个人睡着打呼鼾，如果你真虔敬，自然厌恶他亵渎神圣，否则你会觉得他的呼鼾仿佛像沉闷天气中的偶然起来的凉风，给你一种轻松的感觉，使你从心里笑出来。礼节愈严重时，愈使人觉得些小的失仪为可笑。戎装盛服的军警，拘谨矜持的文吏，假扮面孔的伪善者，以及一切名存实去的礼俗制度和信仰都是极好的笑柄。这都由于我们以不是自然流露的严肃为苦事，一遇到机会就要把它摆脱。

推广一点说，现实世界和实际生活都是人生一种约束。笑也有时起于解脱这较广义的约束。现实世界是有条理法则的，所以乖舛错误常能引起我们发笑。现实世界好比一池静水，可笑的事好比偶然吹起的微波，笑就是对于这种微波的欣赏。文化和自然常处在对敌的地位。文化愈进步，生活愈繁复，约束也愈紧张，自然也就愈不容易呈现。现代人个个都不免带有几分假面孔，把自然倾向压下去，来受礼俗制度以及种种实际需要的支配。维持这种紧张状况须费大量心力，所以是一件苦事。在嬉笑戏谑时，我们暂时把面具揭开，来享受一霎时的自由人的欢乐，所以彭约恩说："笑是自由的爆发，是自然摆脱文化的庆贺。"

这个"自由说"和弗洛伊德派的学说颇相近，后当详论。笑有时是起于自由的恢复，兵士在剧战和久围之后最喜笑谑，就是一个明证。但是"自由说"也有时不能适用。严肃者处处严肃，并不因其常紧张而在笑中寻解脱；好笑者处处好笑，也不因其少紧张而无须发笑。我们终日劳作，晚间坐下休息，也是由紧张而弛缓。这时候如果有亲朋助兴，笑谑固然容易起来，如果单独一个人，就决不会发一阵狂笑来庆贺自由的恢复了。像柏格森所说的，笑不能离去社会的成分，由紧张而弛懈的变动虽是笑的助力，却不必是它的主因。

七

"精力过剩说"和"自由说"都隐含笑为游戏的意思。笑是不是一种游戏呢？英国萨利、法国杜嘉（Dugas）和美国莎笛斯都是主张笑为游戏说者。萨利说："我们在发笑时和在游戏时的心绪是根本相同的。"他分析许多可笑的情境，以为它们都有游戏的成分在内。"姑先就对于新奇怪诞的事发笑来说，这不全是由于游戏的冲动么？我们笑新奇怪诞，就由于暂时故意不把事认真，不顾到事物的实际上的、理论上的乃至于美感方面的性质和意象，专拿它们当玩具玩，以图赏心娱目。再譬如一位新来客破坏了一条规则，我们向他发笑，这也就是宣布这种错误并无妨碍，规则的破坏也可以当作一个笑柄来取乐。"莎笛斯说："可笑的事物都是属于玩具之类。小孩子们在拿玩具游戏时要跳着笑，这是常见的。成人也欢喜拿玩具来取笑作乐。不过他们的玩具是经过化装的，比较更为复杂罢了……玩具的性质随国别、年龄、环境而变迁，不过变来变去，都脱不去玩具的本色。我们借游戏取笑。游戏本能就是笑的原动力。"

同是从一个观点出发而所达到的结论往往相反，这是学问上一件很有趣的现象。譬如谷鲁斯和伊斯特曼也都是持"游戏说"者，但是一个把笑看作恶意的，一个把笑看作善意的。在谷鲁斯看，笑是争斗本能见于游戏，后来又加上乖讹的观念来助长势力。所以他的学说是"鄙夷说"、"乖讹说"和"游戏说"所混合成的。伊斯特曼则取麦独孤的本能定义做标准来分析诙谐（humour），以为诙谐就是一种本能，我们有诙谐本能，所以能拿游戏态度来看事物。连失意的事也可以变成快感的来源，只要我们能拿"一笑置之"的态度来看它。他说过这样一段很有意味的话：

> 穆罕默德自夸能用虔信祈祷使山移到面前来。一大群徒弟围着来看他显这种本领，他尽管祈祷，山仍是巍然不动，他于是说："好，山不来就穆罕默德，穆罕默德就去就山罢。"我们也是同样的竭精殚思来求世事恰如人意，到世事尽不如人意时，我们说："好，我就在失意事中寻乐趣罢！"这就是诙谐。诙谐就像穆罕默德走去就山。它的生存是对于命运开玩笑。

这种诙谐本能和合群本能是互相携手的。笑就是亲善的表示。"语言之外，笑是把社会联络在一起的最重要的媒介。它似乎是人类合群本能中一个要素，表示人不是甘于寂静躺在同类的身旁咀嚼的动物，表示合群是他的天然的活动，也是他的极大的快乐。微笑是普遍的欢迎符号，大笑是向碰到的朋友致敬礼，都是一种很确定的亲善的表示。笑就是说：'对，不错'，'好！''我和你同情'，'我看见你真高兴！'一声微笑是使两个人相接近的媒介，不笑就是明白的告别。"

伊斯特曼的这个学说不但和霍布斯的"鄙夷说"适相反，就是和柏格森的"笑为社会的惩罚说"也不相容。他的"笑为快乐的表现说"是和常识相符合的。达尔文研究笑的颜面表现，结论也是如此。它可以补救霍布斯和柏格森两说的欠缺。不过他把"鄙笑"置之不论，也是一个弱点。至于他和杜嘉、萨利诸人所共同主张的"游戏说"，也可以包涵"自由说"而却可以免去"自由说"的弱点，在近代各家学说之中可以说是最合理的。我们承认笑是一种游戏，不仅使游戏和艺术的关联更加显著，而且把笑的实用目的丢开，使嬉笑和诙谐的情感成为一种真正的美感。柏格森不承认笑为纯粹的美感，就因为他以为笑有改正丑拙言动一个实用目的，没有顾到笑的游戏性。

笑虽是一种游戏，却不完全和游戏是一件事，如萨利所说的。笑是不由人意的，突如其来的，被动的；游戏大半是有意的，主动的，可随时进行随时停止的。笑是人类所特有的（虽然少数学者说最高等动物也有能表现近于笑的面孔者，这究竟是例外）。游戏则为人和一般动物所公有的。我们可以说，笑是一种进化程度较高的游戏。真正的笑都是突如其来、不假思索的，所以也是形象直觉的结果。

八

现代关于笑和诙谐的学说除柏格森说之外，自然以弗洛伊德的“心力节省说”为最重要。我们故意把它留到现在才讲，因为它是“精力过剩说”、“自由说”、“游戏说”以及“鄙夷说”的合并，要先明白这几个学说，才能明白它的意义和价值。弗洛伊德在他的《诙谐和隐意识的关系》一书中并没有讨论全部喜剧心理学，他所讨论的只是其中一部分，就是关于诙谐的，尤其是以文字取巧的诙谐。

他分诙谐为两种，一是“无伤的诙谐”（harmless wit），一是“倾向的诙谐”（tendency wit）。所谓无伤的诙谐就是“不虐之谑”，专在字面取巧。它尽管含有很深的意义，我们所得的快感却只在它的技巧方面。它的技巧有多种，大体略似“梦的工作”，有时是“凝聚”，把几个不同的意义聚在一起，有时是“代替”，言在此而意在彼。这些技巧都根据“节省”一个原则，一个字可以用来包涵几个意义。海涅曾经说过这样的一个故事：“我坐在富翁劳特齐尔德的身旁，他待我像一个平辈一样，很famillionaire。”famillionaire这个字是两个字合并起来的，前半是familiar，意谓“彼此很熟，很亲热，用不着客气”，后半是millionaire，意谓“百万富豪”。他的意思是说：“他待我像一个老朋友，可是富豪的气派也还是在那里。”这两层意思在通常要用两句话说，现在用一个字就把它说得了无余蕴。我们初听famillionaire这个奇怪字时，预期它有一种新奇的意义，可是了解之后，它的意义却是我们所习见习闻的。这可以说是双料的心力的节省。我们的快感就是由这种节省得来的。弗洛伊德又说我们嗜好这种诙谐时，是“退向”到婴儿游戏时的心境。所以专就“无伤的诙谐”而言，弗洛伊德的学说是从“精力过剩说”和“游戏说”脱胎出来的。

在“倾向的诙谐”中，弗洛伊德才把他的隐意识说渗进去。“倾向的诙谐”像梦一样，是隐意识中的欲望浮到意识中求满足。倾向分两种，一种是“性欲的倾向”（sexual tendency），一种是“仇意的倾向”（hostile tendency）。满足性欲倾向的诙谐大半是淫猥的，针对异性而发，用意在挑拨性欲。一个女伶向一个求婚的富豪说她的心已许给别人了，富豪回答说：“马丹，我的希望并没有那样高！”那是淫猥诙谐的好例。满足仇意倾向的诙谐大半以压倒旁人来取乐。“我们嘲笑仇人时惹起旁观者发笑，他的失败就是我们的快感的来源。有一位牧师问美国释奴运动家菲利普斯（Phillips）说：“先生要救济黑奴，何不到南美洲去呢?”他回答说：“先生不是以救济灵魂为职业么？何以不到地狱中去呢?”这都是含有仇意的诙谐。这里弗洛伊德的意见似乎很近于霍布斯说。性欲倾向和仇意倾向都是和礼俗制度相冲突的，在平时很难直接出现，一出现就要被意识的“检察作用”压抑下去。这种压抑的支持须耗费不少的心力。在诙谐中我们采用一种取巧的办法，将性欲倾向和仇意倾向所用的言语或动作，以游戏态度出之，使倾向可发泄而同时又不至失礼违法，受社会的裁制。

倾向诙谐的快感是多方面的。一、像上述无伤的诙谐一样，它可以借文字技巧引起“游戏快感”。二、倾向的满足也是快感的来源。三、倾向诙谐对于心力是两重节省，第一重是像无伤的诙谐从技巧方面所得的节省；第二重是移除压抑所费心力的节省，这第二重节省所生的快感，弗洛伊德称为“移除快感”（removal pleasure）。压抑既移除，被节省的心力于是自由发泄，见诸颜面而为笑。在诙谐时说者自己大半不笑，笑的大半是听者，因为说者和听者的心力发泄的速度不同。说者的心力发泄，好比钟的弹簧逐渐开展出来，只能丁当丁当地慢响；听者的心力发泄，好比炮机被触，来势甚促，轰然一声地就爆发出来了。从这一段解释看，弗洛伊德的话大半是前人所已说过的。他的新贡献只在拿“节省心力”和“移除压抑”两层道理来解释过剩精力所由来。

我们现在就来分析“节省心力”和“移除压抑”两个观念。就大旨言，“移除压抑”就是“自由说”所说的由紧张而弛缓，所不同者只是这种紧张在弗洛伊德说中起于意识和隐意识的相持，这是弗洛伊德对于“自由说”所加入的新成分。这一个说法能否成立，以弗洛伊德的隐意识说全部能否成立为转移。这个问题过大，不是本编所能解决。至于“节省心力”这个观念颇有毛病。第一，“节省”不尽能引起快感。这一层道理莎笛斯已经详细说过。凡是科学上的定律都是“心理上的缩写”，用字有限而包涵事例无穷，可以说是一种最经济的表现法。但是它显然不是一种诙谐。“凡物下坠”、“生物进化”种种原则都不能令人发笑。弗洛伊德并没有替诙谐时的“节省”寻出一个特点来。莎笛斯说：“在美感的活动中，经济学原理是完全不能适用的。这里的原则是‘余力’，不是‘节省’。游戏的唯一目的都在表现余力。”第二，在诙谐技巧中心力实在并没有节省。比如上述 famillionare 例子，就有些像一个难字谜，很要费一番心力才能寻出它的意义。假如直截了当地说：“他待我像一个老朋友，不过还不免带有富豪气”，我们一听就懂得，心力节省得更多了。所以“节省”是很难成立的。

弗洛伊德的门徒扩充他的学说者颇多，最重要的是英国谷利格（Greig）。在他看，爱的冲动被阻碍，心里于是起移除这种阻碍的精力；这种精力供过于求，于是乃发泄而为笑。这种学说仍然是弗洛伊德说和斯宾塞说的合并。我们对于这两说已经详论，所以不必再详论谷利格说。

九

此外关于笑和喜剧的言论还很多。谷利格曾编过关于这个问题的书籍目录，总共有三百几十种之多。而 1923 年以后所出的书尚不在其列。这许多纷歧的意见决非本文所能详论，不过我们总算把重要的学说讨论得很详细了。在这些纷纷众说之中，究竟哪一说最为圆满呢？哪一说是，哪一说非呢？它们都是，它们也都不是。它们都是，因为它们都含有几分真理，都各能解释一部分的事实。它们都不是，因为它们都想把片面的真理当作全部的真理，都想把笑和喜剧复杂的事例纳在一个很简短的公式里面。萨利说过："关于喜笑的各种学说个个都不能推行无碍，就因为在'复杂原因'特别鲜明的领域中，它们偏要寻出一个唯一无二的原因来。"这是一句至为精确的话。笑的种类不同，笑的情境不同，发笑者和被笑者的性质不同，笑的原因也自然不一致。这个道理我们只要把诸家学说摆在一起来参观互较，就可以见出。

第一件很刺眼的事实就是：诸家学说往往是互相冲突的。霍布斯的"鄙夷说"和康德的"乖讹说"出世最早，影响也最大。它们一从情感出发，一从理智出发。后来学者如提倡"自由说"、"游戏说"、"隐意识说"以及"欢乐表现说"者都是从情感着眼；如叔本华、立普斯以及柏格森都是从理智着眼。柏格森并且说喜剧完全是理智的，和情感绝不相容。这是出发点的冲突。再就诸家互相比较来看，霍布斯把笑完全看作恶意的，伊斯特曼把笑完全看做善意的；柏格森说笑有实用目的，萨利说笑是一种游戏；多数学者以为笑是喜感，柏拉图和后来几位德国学者则以为笑之中杂有痛感；柏格森以为可笑的事物是生气的机械化，笑是社会对于个人的纠正，持"自由说"者则以为可笑的事物是板滞现实中所露的变化，笑是个人对于社会习俗的反抗；弗洛伊德以为笑由于心力的节省，莎笛斯以为心力本来有余裕才发泄于笑。这都是完全相反的。这种矛盾如果不能证明这些学说都是错误，至少也可以证明它们都不是全部真理，都各有缺点。

但是在这些互相冲突的学说中我们也可以见出关联来。康德的“乖讹说”流衍为斯宾塞和立普斯的“下降乖讹说”，斯宾塞的“精力过剩说”流衍为“自由说”和“游戏说”，谷鲁斯拿“游戏说”来沟通“鄙夷说”和“乖讹说”，“自由说”和“精力过剩说”又流衍为弗洛伊德的“移除压抑说”。柏格森的学说，就其注重惩罚丑拙一点而言，半近于霍布斯说；就其偏重理智一点而言，又半近于“乖讹说”。没有一个学说可以说是完全独立的，也没有一个学说可以说是和另一个学说是完全相反的。这种关联至少可以证明诸家学说并非不能互相调和补充。

总而言之，笑的原因甚多。像呵痒所引起的笑几乎纯粹是生理的。小儿的嬉笑由于欢乐，见朋友时的笑由于表示亲善。我们有时鄙笑仇人的丑拙的言动，有时对于自己的失败以“一笑置之”，表示自己比命运强悍，拿生命作玩具来戏弄。在大多数情境中笑都是一种游戏的活动，功用在使心境的紧张变为弛懈。笑有时是偏于情感的，仇意的诙谐和淫猥的诙谐都是要满足自然倾向。有时它偏于理智，情境的乖讹和文字的巧合都属于理智类的喜剧。笑是一种社会的活动，讽刺讥嘲的用意大半都是以游戏的口吻进改正的警告。喜剧家大半在无意识中都明白这些笑的来源，把它们利用在舞台上面，所以懂得日常生活中的笑，对于艺术上的喜剧也就能明白大要了。

笑的来源既不同，所生的快感也就不一致。笑的情感是否为美感呢？喜剧是否属于纯粹艺术呢？这是一个极难的问题。

如果肯定地回答，则我们分析美感经验所得的不带实用目的而观赏形象一个原则不尽能适用。如果否定地回答，则莎士比亚和莫里哀的许多作品都须被摈于艺术之外。我们已经说过，柏格森以为笑是社会对于丑拙言动的警告，含有实用目的，不能算是纯粹的美感，但是社会所以要对于丑拙言动加以惩责，便是要求生活的美备，便是一种美感的表现。英人伽瑞特（Carritt）也以为笑是美感的表现，是对于丑的不满。他说：

> 历来诸家解释可笑的特性，都以为它和美是相关联的，也是相冲突的，都以为它是一种丑陋或缺陷。至于缺陷事物之所以令人发笑者，则他们都以为我们觉得自己优胜，或是觉得自己能与这种缺陷事物相安。但是由此点更进一步，到厘定所说的缺陷、乖讹和优胜究竟是什么时，诸家的学说就彼此分歧，莫衷一是。有人说缺陷在理智方面，有人说缺陷在身体方面，又有人说缺陷在道德方面。在我看，它只是一种美感方面的缺陷。依据克罗齐的见解，凡是美感的缺陷都是由于表现不成功。感觉到美感的失败而对于丑陋起嫌恶时，唯一的救济的方法就是把它表现出来。所以如果可笑的事物确是美感的，那一定是由于它能表现我们对于丑陋的嫌恶……凡是我们想看成有表现性而实无表现性的东西都是丑陋，我们意识到它的欠缺而把这种意识表现出来就是喜剧。

这段话暗合我们在第十章所说的丑的定义，以及本章所引的亚理斯多德的“可笑性是一种丑”的原则，它和柏格森的学说也很相近。一言以蔽之，笑虽非一种纯粹的美感，而它的存在却须先假定美感的存在。把生命当作艺术看，言动的丑陋也引起我们的嫌恶和讪笑。就这个意义说，喜剧的情感自然可以说是一种美感了。不过这种讪笑虽有纠正丑陋的效用，而却不必预存一种有意识的目的。笑都是突如其来的，不假思索的，所以见到可笑的事物而发笑，自然可以说是直觉形象的结果。

附 录

近代实验美学

第一章 颜色美

拿科学方法来作美学的实验从德国心理学家斐西洛（Fechner，1801—1887）起，所以实验美学的历史还不到一百年。这样短的时间中当然难有很大的收获，不过就已得的结果说，它对于理论方面有时也颇有帮助。理论上许多难题将来也许可以在实验方面寻得解决，所以实验美学特别值得注意。我们在以下三章中约述近代美学对于色、形、声的实验。

实验美学在理论上有许多困难，这是我们不容讳言的。第一，美的欣赏是一种完整的经验，而科学方法要知道某特殊现象恰起于某特殊原因，却不得不把这种完整的经验打破，去仔细分析它的成分。譬如一幅画所表现的是一个完整的境界，它所以美也就美在这完整的境界，其中各部分都因全体而得意义。实验美学格于科学方法，不能很笼统地拿全幅画来做对象，须把它分析为若干颜色、若干形体、若干光影，然后再问它们对于观者所生的心理影响如何。但是独立的颜色、形体和光影是一回事，在图画中颜色、形体和光影又是一回事。全体和部分相匀称、调和才能引起美感，把全体拆碎而只研究部分，则美已无形消失。总之，艺术作品的各部分之和并不能等于全体，而实验美学却须于部分之和求全体，所以结果有时靠不住。把全幅画拆碎而单论某形某色以寻美之所在，也犹如把整个的人剖开而单论手足脏腑以求生命之所在，同是一样荒谬。因此，文学家和艺术家们听到心理学家们把文艺作品拿到实验室里去分析，往往嗤笑他们愚昧。在他们看，文艺作品都带有几分飘忽的神秘性，不是科学所能捉摸到的。拿科学来讨论文艺，好比拿灯光来寻阴影。

第二，个个人不一定都知道什么叫做“美”，但是个个人都知道什么叫做“愉快”。拿一幅画给一个小孩子或是一个乡下人看，问他的意见如何，他说“很好看”。他所谓“很好看”就是指“美”么？如果追问他一句“它为什么好看？”他说：“我欢喜看它，看了它我就觉得愉快。”通常人所谓“美”大半都是指“愉快”，他看得很惬意，所以就说是“美”。心理学家的毛病也往往就在不分“美”与“愉快”，所以在实验时不问：“你觉得它美么？”只问：“你欢喜它么？看见它觉得愉快么？”本来一般人不明白“美”和“愉快”的分别，你就是问到美不美，他心里也还是只想到愉快不愉快，所以心理学家就是换个字样来问，也并无济于事。美感虽是快感，而快感却不一定是美感。实验心理学只能研究某种颜色、某种形体或是某种声音最能引起快感，却不能因而就断定它就是美。如果他这样断定，他就不免堕入“享乐派美学”的谬误了。

我们研究近代美学实验时，心里应时常记起这两个要点。

在我们看，近代许多实验都忽视了这两个要点，所以它们的结果对于普通心理学虽颇重要，而对于文艺心理学则只能供给一点聊助参考的材料。

我们先讲颜色。在图画、服装、器皿和自然景物之中，颜色都是很重要的成分。近代画家对于颜色和线形的重要争论极烈。佛罗伦萨派颇重线形的布置，以为图画的要务在制图；威尼斯派和印象派都偏重颜色的配合，以为图画的要务在着色。颜色所生的影响随人而异，甲欢喜红色，乙欢喜绿色，各有各的偏好。这种偏好是怎样起来的呢？颜色心理学所要研究的就是这个问题。概括地说，颜色的偏好一半起于生理作用，一半起于心理作用。

生理的组织不同，颜色所生的影响也就随之而异。同是一个颜色，合于某个人、某民族或是在某年龄的生理组织，不必合于另一个人、另一民族或是另一年龄的生理组织，所以甲欢喜它而乙嫌恶它。从前心理学家大半以为颜色的偏好全起于心理的联想作用。例如红是火的颜色，所以看到红色可以使人觉得温暖，青是田园草木的颜色，所以看到青色可以使人觉得平静。这种联想作用我们在下文还要详论，它自然可以解释一部分的事实，但是有些颜色的偏好却与联想无关。初出世的婴儿没有多少联想，可是他对于颜色也有偏好。据拉塔（Latta）教授的实验，有一个生来盲目者后来经医生施用手术，把障膜割去，第一次张眼看世界，见到红色就觉得愉快，见到黄色就发晕。这决不是联想作用可以解释的。动物对于颜色也有偏好，阿米巴避红光不避绿光，就是一个好例。有一位科学家曾经用同数蚯蚓摆在中有一孔相通的两个盒子里，一个盒子含红光，一个盒子含绿光。他每点钟开盒检点一次，发现绿光盒的蚯蚓逐渐爬到红光盒里去。他又用同样方法证明蚯蚓欢喜青色甚于欢喜绿色。这样低等的动物在生理方面都有适应颜色的生理组织，在人类自不用说了。

据一般实验的结果，儿童大半欢喜极鲜明的颜色，红、黄两色是一般儿童的偏好。实验时大半用两种颜色纸或木块摆在儿童面前，看他伸手抓某种颜色，就把它记录下来。实验的次数愈多，结果自然也愈可靠。每两种颜色至少须实验两次，第二次须把左右的位置互换，因为在右手方的颜色比左手方的被抓的机会较大。瓦伦汀（Valentine）教授曾经用下列方法试验一个三月半的孩子。他把孩子摆在褥子上，自己用两手执两个着色的羊毛球站在他面前一英尺半路的地方让他看。他看到孩子的眼球向某颜色移转，就告诉助手把该颜色记下。他的眼球转去时，他又叫助手记录下来，把每转动的时间也记着。每一对颜色都给他看两次，每次的左右的次序不同，都以两分钟为限。隔一天他又另换一对颜色试试。总共他用了九种颜色，作了七十二次试验，所以每种颜色都和其他八种颜色相对比较过。他把孩子看每种颜色的各次的时间总数相加起来，和他看其余八种颜色各项的时间总数相较，得到下列的百分比：黄，百分之八十；白，百分之七十四；淡红，百分之七十二；红，百分之四十五；棕，百分之三十七；黑，百分之三十五；蓝，百分之二十九；青，百分之二十八；紫，百分之九。最鲜明的（就是含白的成分最多的）颜色都列在前面。

年龄渐大，颜色的偏好也渐改变。比利时心理学者在安特卫普城各学校实验儿童的色觉，发现四岁至九岁的儿童最爱红色，九岁以上的儿童最爱绿色。文齐（Winch）在伦敦试验过二千学童（从七岁至十五岁），叫他们顺自己的嗜好把黑、白、红、青、黄、绿六种颜色列出次第来，发现男生的平均次第为绿、红、青、黄、白、黑，女生的平均次第为绿、红、白、青、黄、黑。再就年龄的差异说，最幼的多爱红色，较长的多爱绿色，和比利时的结果相符合。在婴儿时期中颜色的偏好可以说全由生理作用；年龄渐长，联想作用便逐渐渗入。据实验的结果，乡间儿童比城里儿童较爱青色，这有一部分由于青色和草木的联想。女孩比男孩较爱白色，也由于白色和清洁的联想。

愈近成年期，颜色的偏好就愈受联想作用的影响，所以对于成人的颜色试验颇非易事。据实验的结果，美国大学生偏好白、红、黄三色；英国男子爱好颜色的次第为青、绿、红、白、黄、黑，女子的次第为绿、青、白、红、黄、黑。这两种结果显然互相冲突。这或因为种族和区域的差异。南欧和热带的人所好的颜色较鲜明，北欧和寒带的人所好的颜色较暗淡。这种分别只要拿意大利画和荷兰画相较，或是拿热带人的衣服和寒带人的衣服相较，便易见出。

各民族感觉颜色的能力往往随文化程度而变迁。古希腊《荷马史诗》中有“黄”字和“红”字，有意义较暧昧的“青”字，没有“蓝”字和“棕”字。在中国古书中，依我所记得的，“蓝”字最早见于《荀子》（“青出于蓝”）。其他各国古书中“蓝”字也少见。据近代学者的调查，许多蒙昧民族（例如 Madras 的 Uralis 和 Sholagas 两民族及 Murray 岛人）的语言中都只有“红”字和“黄”字，没有“蓝”字，“青”

字也很少见。因此有人以为“蓝”的色觉起来最迟。婴儿在九岁以下都不好蓝色，也许与种族史有关。至于迟起的原因有人以为是生理的。较原始的民族的眼膜“黄点”的色斑较强，蓝色光和青色光到眼膜时就被它吸收了。有人以为它是心理的。原始的民族不很注意青、蓝二色，所以没有替它们起名字。

颜色的偏好不仅因种族和年龄而异，就是在同一种族、同一年龄的人也有差别。以前各种实验大半都是窥测大多数人的普遍倾向，首先顾到色觉的个别的差异者要推布洛（他的“心理的距离”说已详第二章）。他的实验结果是对于美学颇有贡献的，不像从前的试验把“美”和“愉快”混为一谈，在一切颜色实验中它最为重要。他的方法和从前所用的也微有不同。从前人大半取两种或数种颜色叫受验者看，问他偏好哪一种。布洛每次只取一种颜色给受验者看，问他欢喜不欢喜，并且要他说出缘故来。他先后试验过四十三个成年人，每人都看过三十种颜色。结果他发现人在色觉方面可分为四类。

一、客观类（objective type）：这一类人看颜色只注意到它是否鲜明，是否饱和，是否纯粹。他的态度是理智的，批评的，不杂有丝毫情感的成分。他看到一种颜色，立刻就去分析它，看它的成分如何，有没有旁的颜色夹杂在内。他对于颜色的欣赏力最薄弱，对于许多颜色都不表好恶，听到旁人说某种颜色美，某种颜色丑，他只觉得茫然。他心中也有所谓“好颜色”，但是大半只指纯粹、饱和的颜色。他好像严守义法的批评家，拿预定的标准来批评颜色的好坏。

二、生理类（physiological type）：这一类人看颜色，偏重它的生理的影响。他说："我欢喜这种颜色，因为它很温和，看起来眼睛很爽快；我不欢喜那种颜色，因为它刺激太烈，令人头昏目眩。"这类人的偏好大半都很明显，欢喜强烈刺激者偏好红色，欢喜和平刺激者偏好青色。颜色对于他们都有温度，有些是"热"的，有些是"冷"的。有一个受验者看到浅蓝色时甚至于打寒颤。有时他们又觉得颜色有重量。深暗的颜色都很沉重，令他们倦闷，浅淡的颜色都很轻便，令他们欣喜。这类人极多。他们的欣赏颜色的能力虽较客观类稍强，但是他们的注意力集中于颜色的生理影响，对于美感的欣赏还是缺乏。

三、联想类（associative type）：这类人看颜色，往往立刻就想到和它有关联的事物，例如见蓝色联想到天空，见红色联想到火，见青色联想到草木。这种联想大半是很普遍的，红色的联想大半是火，蓝色的联想大半是天空。但是它有时也是个别的，例如有一位受验者见到黄青色就联想到金鸡纳霜。联想可以把以往附丽在某事物的情感移到和它发生联想的颜色上面去。所以颜色对于这类人所引起的情感往往很强烈。"记得绿罗裙，处处怜芳草"就是一个好例。从生理的观点看来是不常引起快感的颜色可以因情感的联想而引起快感。例如正蓝色向来比深暗的黄青色较悦目，但是据瓦伦汀的实验，有一个女子却取深暗的黄青色而不取正蓝色，因为深暗的黄青色使她联想到她所最爱的秋天景色。属于这类者女子居多。我们在第六章已讨论过联想和美感的关系，曾否认联想所引起的情感为美感。依布洛说，联想有种类的不同，其在美感上的价值自亦不能一致。譬如同是青色，甲见到它联想到草木，乙见到它联想到药水，甲和乙的情感在美感上的价值自不能相提并论；甲的联想带有几分客观性，多数看见青色都联想到草木；乙的联想却完全是主观的，偶然的。论理，甲比乙对于青色的反应较近于美感经验。联想愈客观愈近于美感。但是只是“客观”一个条件也不能组成美感。如果甲的情感真是美感，他的生于联想内容（草木）的情感须能和生于颜色（青色）的情感相融化，使颜色恰能表现联想内容的神髓。布洛分联想为“融化的”（fused）和“不融化的”（non-fused）两种。不曾和联想内容相融化的颜色所联想起的情感就不是美感。

四、性格类（character type）：在这类人看，每种颜色都像人一样，都各有特殊的性格。有些颜色是和善的，有些颜色是勇敢的，有些颜色是狡猾的，有些颜色是神秘的。他们和以上三类都不相同。他们对于颜色能发生情感的共鸣，不像“客观类”全用冷静的分析。他们觉得颜色自身能表现情感，不像“生理类”只觉得颜色能引起人的情感。譬如他们和“生理类”都说“黄色是一种畅快的颜色”，而意义却不同；他们觉得黄色自己畅快，而“生理类”则只觉得它能使人畅快。他们对于同样颜色的性格，往往彼此所见略同。颜色的性格对于他们常有很深的客观性，不像“联想类”全凭主观，飘忽无定，这个人见到青色联想到草木，那个人见到青色联想到药水。在他们看，颜色的性格大半是固定的。红色大半是活跃的，豪爽的，富于同情心的。蓝色大半是冷静的，深沉的，不轻于让旁人知道自己的。黄色是畅快的，轻浮的。青色是古板的，闲逸的，带有几分“中产阶级的气派”。两种颜色相配合时，所生的性格往往恰能调剂两种本色的性格。例如橙色是红、黄两色配合而成的，它一方面失去若干黄色所固有的轻便，一方面也失去若干红色所固有的豪爽。颜色都有性格，所以在文艺上和宗教上常有象征的功用。中国从前每朝代都有“色尚某”的规定，就是用颜色来象征一种性格。

颜色何以使人觉得它有性格呢？我们看见红色，何以觉得它活跃豪爽，富于同情心呢？各派学者对于这个问题有种种的解答。有人说它由于颜色和事物所发生的联想。这种解释显然不甚圆满，因为联想随人而异，而颜色的性格则许多人所觉得的都相同。属于“联想类”者常自己觉得某种颜色和某种事物可发生联想，属于“性格类”者并不觉得有这种联想存在。立普斯派学者用“视觉的移情作用”来解释。我们在第三章已见过，“移情作用”以类似联想为基础。象征派文学家常觉得每个字音都有颜色，便是类似联想的好例。例如 u 的声音常令人联想到深蓝的颜色。声音由听觉得来，颜色由视觉得来，两种经验的内容绝不相同。但是见蓝色和听 u 音时，两种经验在形式上却有几分类似；它们对于自我所生的影响都是很平静的，严肃的，深长的，所以它们能发生联想。见到红色感到豪爽的性格也由于这种形式上的类似，红色和豪爽人所引起的情感是相同的。见到红色，唤起我的豪爽的情思，我于是本移情作用把豪爽看成颜色的性格。

布洛承认颜色的性格起于移情作用，而却否认它起于类似联想。依他说，在见颜色具有性格时，我们先把物对于我所生的生理的影响移还到物的本身上去，然后再把物理的性质（如温暖、沉重、力量等）译为心理的性格（如和蔼、豪爽、狡猾等）。比如大红色本有很强烈的刺激性，受验的如果只觉得这种强烈的刺激因而发生快感或不快感，他就只属于“生理类”。“性格类”由“生理类”再进一步。他把物我的界限忘去，把本来在我的印象混为物的本质，使强烈的刺激经“外射作用”移到颜色本身上去，于是本来在我的强烈刺激的感觉遂变为在颜色的力量。这所谓“力量”还只是一种物理的性质。属“性格类”者又把这种物理的性质译为心理的性格，于是有“活跃”、“豪爽”等感觉。同理，红色本来是“暖”色，“暖”是在我的感觉，我把它移到色的本身上去，于是红色便变为“暖”的东西，次又把这物理的“暖”译为心理的性格，于是红色便“富于同情心”了。照这样看，属“性格类”者感觉颜色时恰能做到我们在第三章所说的“物我的同一”。他以整个的心灵去观照颜色，而却不自觉是在观照颜色，以至于我的情绪和色的姿态融合一气，这是真正的美感经验。所以布洛以为在上述四类人之中，“性格类”最能以美感的态度欣赏颜色。

以上都是个别颜色的研究。艺术作品单用一种颜色的很少。用颜色最多的艺术是图画，图画大半都是把许多颜色配合在一块。配合的次第和美感的关系亦极密切。颜色的配合有一条极重要的原理，就是布洛所说的“重量原理”（Weight principle）。依这个原理，较深的颜色应该摆在较浅的颜色之下，如果把浅色放在深色之下，我们就觉得上部太沉重，下部基础太轻浮，好像站不稳似的。比如把一丈高的墙壁从中腰平分，用深红和浅红两种包纸来糊它，我们总欢喜把深红糊在浅红之下；如果深红糊在浅红之上，我们就嫌轻重倒置，觉得不爽快。这个重量原理是画家和装饰家所必须注意的。

布洛常用各种颜色的形状来试验颜色的重量原理，比如有两个面积角度都相等的三角形叫做甲和乙（如下图），它们都从中腰平分，然后着两种深浅不同的颜色，使在甲形占上半的浅色在乙形占下半，在甲形下半的深色在乙形占上半。布洛使受验者比较甲乙两形，问他喜欢哪一个，并且叫他说出理由来。他试验过五十人，发现多数人都欢喜甲形而不欢喜乙形。他们大半说甲形比较稳定，乙形上半太沉重，下半太轻浮，令人生首尾倒置的感觉。

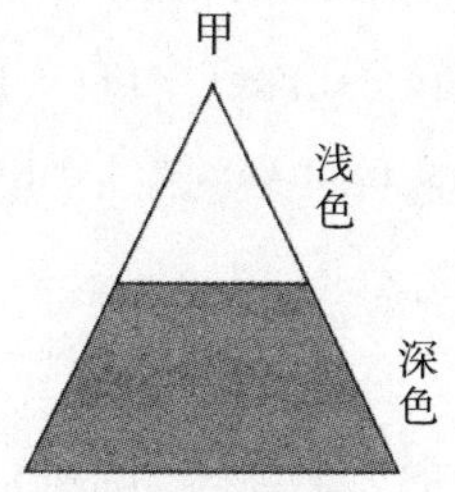

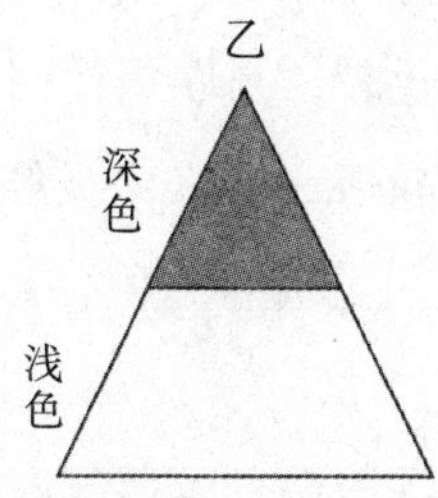

事实是如此，它的理由何在呢？颜色何以使人生重量感觉呢？浅色在深色之下何以看起来不稳定呢？多数受验者对于这种问题都茫然不能作答。有一部分人说它起于联想作用。我们在自然界中常见深色在下，浅色在上，海的颜色通常较深于天的颜色，山脚的颜色通常较深于山顶的颜色。我们对于上浅下深习以为常，猛然间看见习惯的次第颠倒过来，便不免感觉不快。颜色的重量原理即起于此。布洛举出两条理由，证明这种联想说不能成立。第一，在自然界中浅色并不常在深色之上。例如一片金黄色的麦浪和一座葱翠的丛林相邻接，从这一方看，深色固然在浅色之下，可是从反对的方面看，深色却在浅色之上。浅色的墙壁上面盖着深色的屋顶也是很寻常的。第二，从实验的结果看，重量原理和联想原理也常相冲突。例如一个圆形上半着蓝色，下半着青色，常使受验者联想到蔚蓝的天空笼盖着青绿的山水，可是在发生这种联想时他就不觉得颜色有重量，就不觉得它上重下轻。有时同一受验者对于同样的颜色配合可以发生两种不同的反应。他说："如果把它看作一个小坡，我觉得甲形和乙形没有什么分别，可是如果不起联想，只把它当作一种形体看，我却欢喜甲形"，从此可知重量原理和联想原理是不相容的。依布洛的意见，重量原理完全起于数量的比较，与联想作用并无关系。在深红中红的颜料比在浅红中的较多，深红比浅红更红。这种"较多"、"更红"的感觉就是引起重量感觉的。我们无意中拿"重轻"来翻译"多寡"。

不但深浅两种颜色配合在一块可以见出颜色的重量，就是个别的颜色单独看起来也有轻重的分别。黄色和青色比蓝色和紫色较浅，所以单看起来黄色和青色是轻的，蓝色和紫色是重的，颜色的性格也有时起于重量感觉。金黄色是很轻的，所以看起来像是很灵活快乐；深蓝色是很重的，所以看起来很严肃沉闷。

颜色的配合不仅要顾到上下左右的位置，还要顾到色调的种类。据法国效佛洛尔（Chevreul）的研究，凡是颜色在独立时看起来是一样，在和其他颜色相配合时又另是一样。换句话说，两种颜色相配合时，它们本来的色调都要经过若干变化。例如红色摆在黄色旁边时，红色便微带紫色，黄色便微带青色。所以有些颜色宜于相配合，有些颜色不宜于相配合。什么颜色才宜于相配合呢？据一般科学家的研究，最宜于的配合的是互为补色的两种颜色，补色（complementary colour）就是两种色光相合即成白色的颜色。红色和青色、蓝色和黄色都是补色。所以绘画着色时，红色和青色宜于摆在一块，红色和黄色不宜于摆在一块。画家往往于青色山水的背景上面加上穿红衫的妇女，就是要使全画的色调带有生气。冬天花瓶里插冬青叶果，叶是青色，果为红色，彼此相得益彰，所以非常雅观。如果只有青叶，或是只有红果，印象便比较呆板。这就是补色相调和的道理。

补色何以能互相调和呢？我们何以欢喜看互为补色的颜色摆在一块呢？据格兰特·亚伦（Grant Allen）的解释，补色的调和起于生理作用。如果我们注视红色物过久至于疲倦时移视白色天花板，则在板上仍能见出原物的“余像”，不过它的颜色由红变而为青。反之，如果我们注视青色物过久至于疲倦时移视白色天花板，则在板上亦仍能见出原物的“余像”，不过它的颜色由青变而为红。这件事实就可以解释补色相调剂的道理。注视红色物过久时，网膜上感受红色的神经就要疲倦，但是周围感受青色的神经仍未使用，仍甚灵活，所以移视天花板时，感受红色的神经因疲倦而休息，而感受青色（红色的补色）的神经则继之活动，所以原物的“余像”为青色。换句话说，青色可以救济感受红色神经的疲倦，红色也可以救济感受青色神经的疲倦。因此，任何两种补色摆在一块时，视神经可以受最大量的刺激而生极小量的疲倦，所以补色的配合容易引起快感。

第二章　形体美

一、严格地说，凡是美的事物都必具有一种形体。图画、雕刻、人物、风景，固不用说，就是音乐的节奏也可以说是形体的变象，所不同者形体是空间上的配合，节奏是时间上的配合而已。形体的单位为线。线虽单纯，也可以分别美丑，在艺术上的位置极为重要。建筑风格的变化就是以线为中心。希腊式建筑多用直线，罗马式建筑多用弧线，“哥特式”建筑多用相交成尖角的斜线，这是最显著的例。同是一样线形，粗细、长短、曲直不同，所生的情感也就因之而异。据画家霍加斯（Hogarth）的意见，线中最美的是有波纹的曲线。近代实验虽没有完全证实这个说法，曲线比较能引起快感，是大多数人所公认的。

同是单纯的线，何以有些能引起快感，有些不能引起快感呢？最普通的解释是筋肉感觉说。依这一说，眼球在看曲线时比较看直线不费力，所以曲线的筋肉感觉比较直线的筋肉感觉为舒畅。如果这一说可靠，则形体美的欣赏完全是感官的快感。但是斯屈拉东（Stratton）和瓦伦汀（Valentine）都反对这一说。他们举了三个反证。第一，我们寻常对于眼球运动并不能意识到。比如深夜里有一微光射在墙壁上，光虽然是固定的，我们看来却常觉它移动，这就由于我们把自己没有意识到的眼球运动误认为光的运动。如果我们对于眼球筋肉的一动一静都能意识到，就不会发生这种错觉。第二，我们把眼睛闭起，随意转动眼球，无论转得如何轻便，我们也决不能得到欣赏美线形的快感。这也可以证明筋肉感觉和美感是两件事。第三，斯屈拉东曾用照相机摄取眼球在看曲线的运动路径，发现它并不循曲线运动的轨道（如第一图），而是跳来跳去，忽断忽续，忽曲忽直，结果有如第二图。第一图是所看的曲线，它是很秀美的；第二图是看这条曲线时眼球运动所成的线形，它是很零乱的。如果所看的曲线如第三图，则眼球运动所成的线形如第四图。第三图曲线颇陋劣，与第一图曲线相差颇远，但是第四图的线形和第二图的线形却没有多大分别。这些事实都足证明筋肉感觉说不能解释从美线形所得的快感。纵或筋肉感觉是这种快感的一种助力，却不能成为主因。

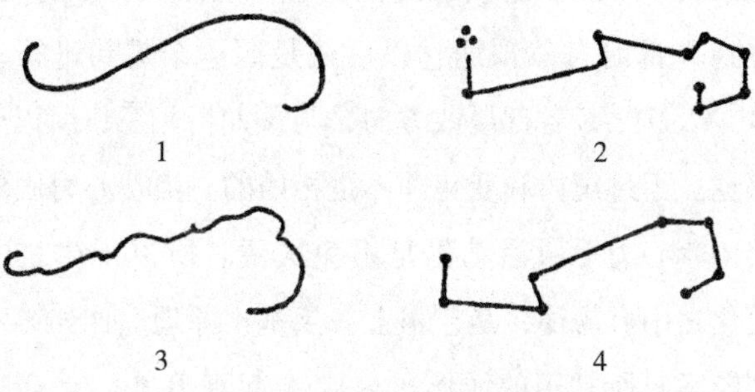

然则单纯的线形所引起的快感和不快感究应如何解释呢？它的原因是很复杂的。

第一，它是节省注意的结果。有规律的线比杂乱无章的线容易了解，所耗费的注意力较少，所以比较能引起快感。有规律的线是首尾一致的。看到它的首部如此，我们便预期它的尾部也是如此；后来看到它的尾部果然如此，恰中了我们的预期，注意力不须改变方向，所以不知不觉地感到快感。丑陋的线没有规律，我们看到某一部分时，不能预期其他部分应该如何，各部分无意义地凑合在一起，彼此并没有必然的关联，我们预期如此，而结果却如彼。注意力常须改变方向，所以不免失望。这个道理可以拿第五、第六两图来说明。

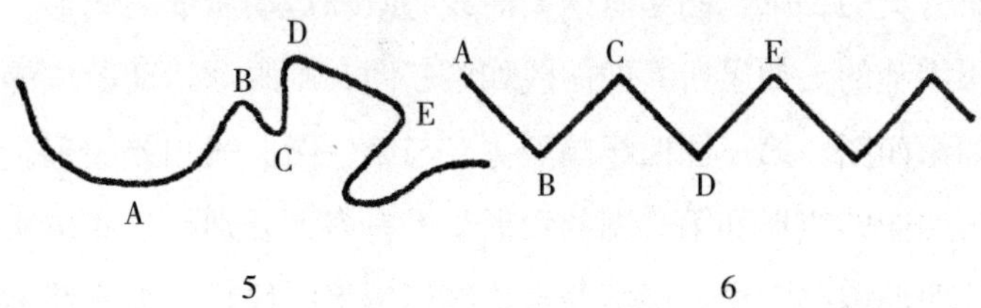

第五图是不能引起快感的，它起首是弧线，是有规律的。我们看到 A 部时自然预期它以后还是照这个规律进行，可是它到 B、C、D、E 各部屡改方向，与预期恰相反，所以引起不快的感觉。不过规律和变化并不是相妨的。浪费心力固然容易引起厌倦，心力无所活动仍是不免厌倦。所以规律之中寓变化，变化之中有规律，是艺术上一条基本原理。比如第六图就是在制图案时所常用的线形。它从 A 起到 B 止，是守直线的规律的，由 B 点它忽然离开这个规律，转走另一方向，这是和预期相反，不免惹起若干惊异。不过它到了 C 点随即取 A—B 的方向和长度走到 D，心力也因之由活动而恢复平衡。这样寓变化于规律时，变化的结果不是失望，不是挫折注意力，而是打消单调，提醒注意力。

第二，线形所生的快感有时由于暗示的影响。我们欢喜秀美的线纹而不欢喜拙劣的线纹，因为秀美的线纹所表现的是自然灵活的运动，拙劣的线纹所表现的是不受意志支配而时遭挫折的运动。比如乘脚踏车或划船，在初学时都不免转动不如人意，本来可以走直路，因为手脚不灵活，往往不免东歪西倒；但是练习既久，手腕娴熟之后，便可驾轻就熟、纵横如意了。生活中一切活动都可以作如是观。有时环境如炼钢，可以在指头回绕；有时能力不可应付环境，一举一动都不免流露丑拙。我们看到秀美的线觉得快意，就因为它提醒我们的驾轻就熟、纵横自如的感觉；看到拙劣的线觉得不快，就因为它提醒我们的东歪西倒、一无是处的感觉。这都由于潜意识的暗示作用。

第三，我们在第四章已经说过，知觉事物常伴着模仿该事物的运动，看线形也是如此。例如看曲线时筋肉就不知不觉地模仿曲线运动，看直线时筋肉就不知不觉地模仿直线运动。筋肉运动有难易，所生的情感即随此为转移；易则生快感，难则生不快感。例如第七图 A 和 B 同是斜线，而多数人却觉得 A 比 B 较易生快感；C 和 D 同是曲线，而多数人也觉得 C 比 D 较易生快感。这就因为它们有顺反的分别，筋肉因为习惯的关系，描画 A 和 C 比描画 B 和 D 较顺便。

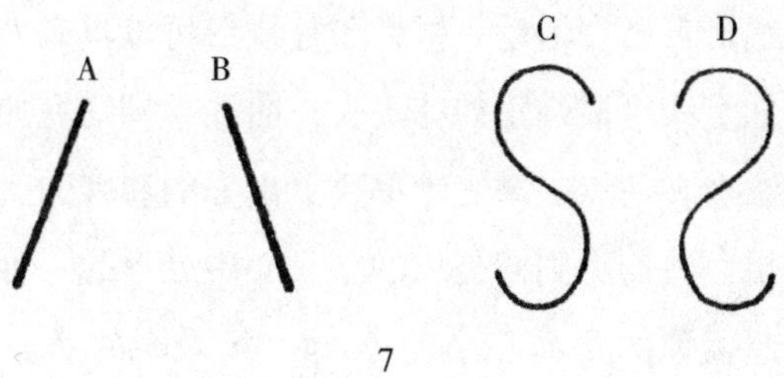

7

不过据马丁（J. Martin）的实验，模仿动作对于线形所生的情感究竟能影响到如何程度，还是一个疑问。她曾叫一百个学生画侧面人形，结果有八十八个学生都把面孔画得向左。原始民族的画像也大半是面孔朝左。我们就可以根据这些事实断定朝左的画易起快感么？她又常拿作幻灯影片的侧面像叫五十个学生看，先使它们向左，后又把它翻转过来向右，问他们最欢喜哪一种，结果有二十五人欢喜朝左的，十五人欢喜朝右的，余十人不觉到分别。她检查过五十三册名画集，发现朝左的像和朝右的像在数目上相差并不甚远。照这样看，模仿动作虽有影响也很微细，它可以作助力，不可以作主因。

第四，我们虽不赞成旧心理学家以联想作用解释一切美感经验，但是却不否认联想可以影响美感。在看线形时，联想作用常是一个要素。据塞格尔（J. Segal）的实验，同是一个线形让同一个人去看，所生的联想不同，所生的情感也就随之而异。例如第七图斜直线 A 或 B，在把它看作画歪了的垂直线时，受验者觉到不快感；在把它看作向上斜飞的箭头时，他就觉到快感。这里显然可以见出联想的影响了。

第五，立普斯所说的“移情作用”（详第三章）对于线形所生的情感影响也颇大。我们往往把意想的活动移到线形身上去，好像线形自己在活动一样，于是线形可以具有人的姿态和性格。例如直线挺拔端正如伟丈夫，曲线柔媚窈窕如美女。中国讲究书法者在一点一划之中都要见出姿韵和魄力，也是移情作用的结果。我们见到柳公权的字，心中就浮起一种劲拔的意象，见到赵孟頫的字，心中就浮起一种秀媚的意象。这个意象本在我的心里，我却把它移到笔划本身上去。移情作用是美感经验的要素，凡是线形可以引起移情作用，大半都可以引起几分美感。

二、以上都是说简单的线形。一条简单的线所引起的情感，其原因已如此复杂，联合数线而围成一空间，其美感的因数自然更难分析了。美的形体无论如何复杂，大概都含有一个基本原则，就是平衡（balance）或匀称（symmetry），这在自然中已可见出。比如说人体，手足耳目都是左右相对称的，鼻和口都只有一个，所以居中不偏。原始时代所用的器皿和布帛的图案往往把人物的本来面目勉强改变过，使它们合于平衡原则。我们看第八图几个拟物形的图案就知道。

8 原始陶器的图案

此外如希腊瓶以及中国彝鼎都是最能表现平衡原则的。在雕刻、图画、建筑和装饰的艺术中，平衡原则都非常重要。

我们何以欢喜平衡、匀称的图形呢？有一派学者以为它像简单的线形一样，也应该拿筋肉感觉来解释。我们看匀称的形体时，两眼筋肉的运动也是匀称的，没有某一方特别多费力，所以我们觉得愉快。这一说也被斯屈拉东辩驳过。据他用快镜摄影的结果，眼睛看匀称形体时所走的路径并不是匀称的。例如下列第九图是眼睛看第十图瓶形时运动的路径，在第九图中看不出第十图的平衡原则，是很显然的。

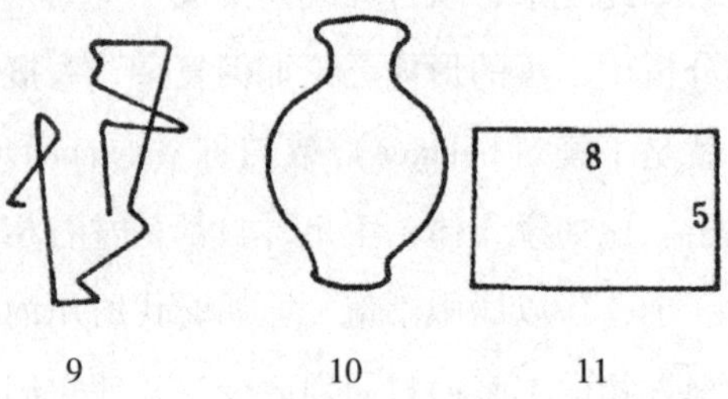

9　　10　　11

有一派学者以为我们欢喜匀称，由于在潜意识中见出它的数理的关系。这个学说发源于古希腊数学家毕达哥拉斯，在美学思想上影响颇大。实验美学发源于斐西洛。斐西洛的实验就是从研究形体的数量关系入手。在各种形体中我们所最欢喜的是长方形，所以窗、门、书籍等都是长方形。长方形的两边的长短也各各不同，究竟长边和短边成什么比例才能引起美感呢？从达·芬奇起，历来画家都以为在最美的长方形中，短边

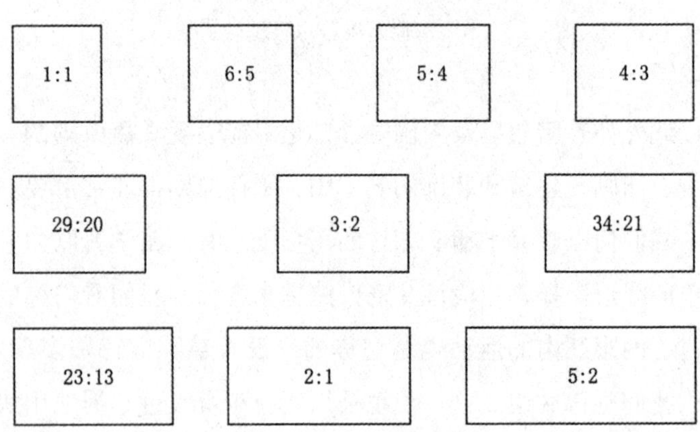

12 斐西洛的方形试验（原形五分之一）

和长边的比例须与长边和长短两边之和的比例相等，这就是说，短边和长边须成1∶1.618 或5∶8（如第十一图）。他们把这种比例叫做“黄金分割”（golden section）。斐西洛用白纸板剪成十个面积相同（六十四平方厘米）而两边长短有变化的方形（如第十二图），把它们摆在黑板上面，次序是随意定的，每试验一次，次序即更换一次，使形体和部位的影响消去。他叫受验者在它们之中选择一个最美的和一个最丑的出来。每一次选择算一分。如果受验者同时选择两个形状，则每个形状得半分，同时选择三个形状，则每个形状得三分之一分，余类推。他费了许多年的精力，总共试验男子228 人，女子119 人，结果如下表：

长短两边比例	选取的数目		选取的数目		选取数的百分比	
	男	女	男	女	男	女
1∶1	6.25	4.0	36.67	31.5	2.74	3.36
6∶5	0.5	0.33	28.8	19.5	0.22	0.27
5∶4	7.0	0.0	14.5	8.5	3.07	0.00
4∶3	4.5	4.0	5.0	1.0	1.97	3.36
29∶20	13.33	13.5	2.0	1.0	5.85	11.35
3∶2	50.91	20.5	1.0	0.0	22.33	17.22
34∶21*	78.66	42.65	0.0	0.0	34.50	35.83
23∶13	49.33	20.21	1.0	1.0	21.54	16.99
2∶1	14.25	11.83	3.83	2.25	6.25	9.94
5∶2	3.25	2.0	57.21	30.25	1.43	1.68
总数	228.00	119.00	150.00	95.00	100.00	100.00

从这个结果看，多数人欢喜长短两边成 34∶21 比例的长方形（表中用 * 符号标出的），这恰是“黄金分割”的比例。斐西洛以后，韦特默（Witmer）、安基耶（Angier）、拉罗（Lalo）诸人依法实验，所得的结果大致相同。

多数人何以特别欢喜“黄金分割”呢？有一派学者说，我们欢喜两边含“黄金分割”的长方形，并非欢喜这形体本身而是欢喜它所含的数学的比例。我们在潜意识中把它的长短两边相加起来，和长边比较，见出长短两边之和与长边的比例，与长边与短边的比例适相等。这种条理、秩序的发现就是快感的来源。他们以为听音乐所得的快感也是如此。我们在潜意识中比较音波的震动数，发现它们的数量的比例，所以觉得高兴。这种学说显然是很牵强的。同是一个比例在形体中为美而在音乐中却不一定为美。比如有两个音，一个震动数为一百二十八次，一个震动数为二百零七次。这个比例很近于“黄金分割”，而它们在一块却不和谐。这件简单的事实即足推翻数理说了。

依我们看，“黄金分割”是最美的形体，因为它能表现“寓变化于整齐”这个基本原则。太整齐的形体往往流于呆板单调，变化太多的形体又往往流于散漫杂乱。整齐所以见纪律，变化所以激起新奇的兴趣，二者须能互相调和。“黄金分割”一方面是整齐的，因为两对边是相等的；一方面它又有变化，因为相邻两边有长短的分别。长边比短边较长的形体很多，而“黄金分割”的长边却恰长到好处，无太过不及的毛病，所以最能引起美感。它是有纪律的，所以注意力不浪费；同时它又有变化，所以兴趣不致停滞。

三、代替的平衡。平衡的形体易引起美感，已如上述；但是有时不平衡的形体也很美观。在第一流的图画、雕刻之中，真正左右平衡、不偏不倚的居极少数。不但如此，真正左右平衡、不偏不倚的作品往往呆板无生气。然则平衡原则不是不可靠么？依美国文艺心理学家帕弗尔（Puffer）的研究，凡是貌似不平衡的第一流作品其实都藏有平衡原则在里面。她把这种隐含的平衡叫做“代替的平衡”（substituted symmetry）。“代替的平衡”在图画上极为重要，现在我们来详加解释。

我们先说帕弗尔的实验。她用一块蒙着黑布的长方形木板摆在受验者的面前。板的左边钉上一个长八厘米、宽一厘米的固定的白纸板。右边另有一个长十六厘米、宽一厘米的可移动的白纸板。受验者须将可移动的白纸板摆得和固定的纸板相平行。远近由他自己定夺，但是要使两个纸板所成的形体最美观。以后她又把长纸板改为固定的，使受验者依同法把短纸板摆在最美观的位置。她试验过许多人，发现他们大半把长纸板摆得离中央较近，短纸板摆得离中央较远，有如第十三图——这种摆法便含有代替的平衡。好比一条长板，中心安在一个石凳上面，左右恰相平衡，如果它一头坐着一个小孩，另一头坐着一个大汉子，大汉子须坐在离中心较近的位置，小孩须坐在离中心较远的位置，木板才能保持原有的平衡。因此，帕弗尔把长板叫做重线，短板叫做轻线。就表面说，长线和短线离中心的距离不等，不能算

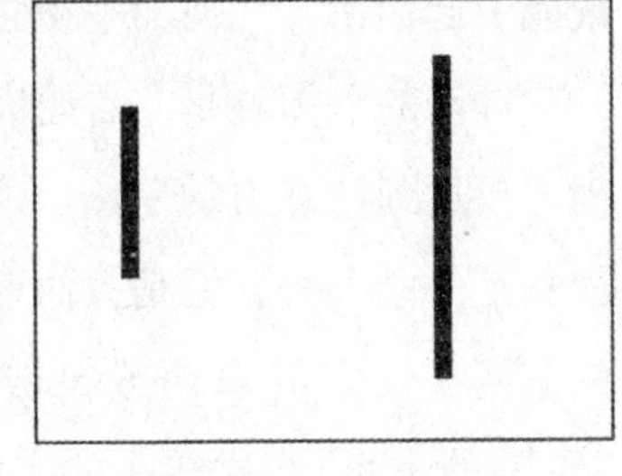

13

是平衡，但是根据机械的平衡原则，轻物本来比重物离中心须较远才能保持平衡，所以长线比短线摆得离中心较近，实在还是遵守平衡原则的。

如果不用纸板，一边用简单的画片，一边用面积相等的白纸，则大多数人把画片摆得比白纸离中心较近；如果两边都用画片，只是画中情景有简繁的分别，则大多数人也把较繁的画片摆得比较简的画片离中心较近。这都由于简单的东西较轻，繁复的东西较重。用两件东西摆在一个固定的平面之上，如果要把它们摆得美观，轻的东西须离中心较远，重的东西须离中心较近。这就是“代替的平衡”的原则。

但是这个轻重标准是如何规定的呢？我们何以把长线叫做重，短线叫做轻，繁复的画叫做重，简单的画叫做轻呢？我们何以看到这种轻重远近相称的布置就觉得愉快呢？帕弗尔的解释以谷鲁斯的“内模仿说”为根据。依她看，美感的愉快都起于“同情的模仿”。我们看形体，常不知不觉地依本能的冲动去描摹它的轮廓，冲动起于动作神经，传布于筋肉，筋肉系统和神经系统都是左右对称的。平衡的形体所唤起的左右两边的冲动也是相称的，神经和筋肉的活动都依天然的节奏，所以最能引起愉快，几何的平衡之心理的解释如此。

冲动的平衡就是左右筋肉动作的平衡，也就是注意力的平衡。要达到注意力的平衡，形体的左右两方大小远近都相等，固然是一个办法，但是大而近，小而远，也是一个办法。较大的东西、较繁的东西或是较有趣味的东西（总而言之，较“重”的东西），比较小的东西、较简的东西或是较乏味的东西（总而言之，较“轻”的东西）都较易引起注意力。如果较轻的东西和较重的东西距离中心都相等，则注意力全在较重的东西上面，结果就是心理上的不平衡了。如果要使轻的东西所引起的注意力和较重的东西所引起的注意力恰相平衡，则较轻的东西一定须摆在离中心较远的地位，因为距离中心愈远，所需的注意力也愈大。总而言之，近而重的东西所引起的注意力是自然的，远而轻的东西所引起的注意力是勉强的，这两种注意力质不同而量则相等，所以彼此能相平衡。再拿前面近的画片和远的白纸为例，眼睛看近的画片，自然能产生注意力，因为它本身有趣味；白纸平滑单调，不能引起自然的注意，所以须摆远一点：距离既隔得较远，眼睛看它时眼球的筋肉必须经过一番转动，所以它所唤起的注意力能够与画片所引起的注意力相平衡。

代替的平衡在图画中极为重要。帕弗尔曾经研究过一千幅名画，发现每幅画后面都含有代替平衡的原则。各种图画之中大概都有五个要素。一为体积（mass），指画中人物所集中的地方，即着墨最多的一部分。二为情趣（interest），即观者注意力所最易集中的地方，例如人物的动作。三为注意的方向（direction of attention），指画中人物注意所指的方向，大半表现于视线。四为线的方向（direction of line），画中线纹大半是倾斜的，它向某一方倾斜，线的方向就集中在那一方。五为远景（vista），指距离较远的背景。如果在画的中央定一条想象的垂直平分线，则这五种要素常平均分布左右两方，使所引起的注意力左右平衡。例如人事画中体积偏左者则注意的方向往往偏右，风景画中体积偏左者则远景往往偏右，以求左右两方无畸轻畸重的毛病，这就是用代替的平衡。

第三章　声音美

一、英国文艺批评学者佩特（W. Pater）说过，一切艺术到精微境界都求逼近音乐；因为艺术须能泯灭实质与形式的分别，而达到这种天衣无缝的境界的只有音乐。这个道理是一般美学家所公认的。叔本华把音乐认为最高的艺术，因为其他艺术只能表现意象世界，而音乐则为意志的外射。图画所不能描绘的，语言所不能传达的，音乐往往能曲尽其蕴。它的节奏的起伏，音调的宏纤，往往恰合人心的精微的变化。个人的性格、民族的特征以及时代的精神都可以从音乐中窥出。中国古时掌政教的人往往于音乐歌谣中观民风国俗，就是这个道理。音乐不但最能表现心灵，它也最能感动心灵。其他艺术感动人心常不免先假道于理智，有了解然后有欣赏，音乐固然也含有理智的成分，但是到极精微的境界，它能直接引起心弦的共鸣。能受音乐感动的人不必明白音乐的技巧。音乐所表现的往往是超乎理智所能分析的。在诸艺术之中，音乐大概是最原始的，不但蒙昧民族已能欣赏音乐，即飞禽走兽也有音乐的嗜好。瓠巴鼓瑟，游鱼出听，这并不是不近情理的传说。

但是音乐也是最难的艺术。它的感动人心的力量大多数人都能体验到；可是如果问它何以有这么大的力量，精确的答案却不易寻出。一曲乐调奏完时，满场人都表示满意，可是满意的理由彼此却不一致。这个人说它唤起许多良辰美景的联想，那个人说它引起柔和悱恻的情感，另一个人则夸奖它的抑扬开合布置得很周密，很完美。各人所见到的美不同，于是音乐的美究竟何在，遂成为美学上的最大疑问。历来美学家对于音乐有两种不同的意见：表现派说，音乐之所以美者在能表现情感和思想；形式派说，音乐之所以美者在它的本身形式之完备，情感和思想是偶然的，不必要的。要了解音乐，第一关就要了解这个争执的意义。我们姑且慢些讲学理，先来研究近代实验美学对于音乐所研究得来的证据。

二、近代实验美学所最注意的就是音乐，所以对于音乐研究的成绩之丰富远过于其他艺术。关于音乐的实验材料可区分为四大类：（一）关于听音乐者的反应的分别，（二）关于音乐与想象的关系，（三）关于音乐与情感的关系，（四）关于音乐与生理的关系。

关于听音乐者的类别，英国剑桥大学教授马尧斯（C. S. Myers）的工作最值得注意。在前章讨论颜色美时，我们见过布洛的实验，知道在颜色方面，审美者有四类的分别。据马尧斯的实验，听音乐者也可以分为同样的四类。他选出六种名曲的留声机片在受验者的背后开放。每张片子都须听过两次。受验者于听完第一次之后把音乐所引起的感想说出。第二次开放时留声机上附加一种机器，如果受验者觉得某一段没有听清须再听时，可以把该段重新开放一次。这次他须用速记法把心中感想仔细记下。从十五个受验者内省所得的报告中，马尧斯分析出下列四类：（一）主观类，即布洛所说的生理类。这一类人专注重音乐对于感觉情绪和意志的影响。他们在报告里说："通篇都是一种很平静的感觉，好像游水似的，我仿佛想倒卧下来，顺着水流去。""仿佛是临死时的情境，我觉得生命向外流出。""感到非常愉快，身体内部随音乐扩张起来了，因此很兴奋，呼吸忽然也停住了。”（二）联想类，这一类人专注意到音乐所引起的联想。音乐的美丑以联想起来的事物愉快与否为断。他们在报告里说：“我仿佛坐在皇后的大厅里。一位穿红衣的女子在拉提琴，另外一位女子在对着琴谱唱歌。那位拉琴者面容很凄惨，她生平一定有什么失意的事。”“开场时满台都是人，显出一种很辉煌喧扰的样子。他们都穿着戏装。后来一位歌者从室内走到台右，说了一段很生动的恋爱故事。”（三）客观类，这一类人专拿一种客观的标准来批评音乐本身的技巧。他们在报告里说：“我觉得第二号角的声音太洪亮。到第三节有四弦琴时它又嫌不够清朗。”“在贝多芬的作品中我们应该注意他的极大的反称，尤其是有动性的反称。他的‘上升调’是我最爱听的。”“这位提琴手用颤声总是太过火。”（四）性格类，这一类人把音乐加以拟人化，乐调都各有各的性格，有些是快乐的，有些是悲惨的，有些是神秘的。他们在报告里说：“它本想显出高兴的样子，但是终于很悲惨。”“有些部分带着悔悼的声调。”“它好像在惹我笑。”

这四类人的美感的程度，依马尧斯看，以性格类为最高，次为客观类及联想类，主观类最低。音乐专家大半属于客观类，这是由于训练的影响，他们平时注意偏向技艺方面，于是把情感和联想都压抑下去了。他们的态度是批评的而不是欣赏的。一般人能听音乐大半只注意它所引起的联想。注意力集中于联想事物时就不免忽略音乐本身，所以联想所生的快感往往不一定是美感。但是联想有偶然的，有与音乐性质有密切关系的。如果联想起的情境与音乐能化成一气，忻合无间，它就能增大音乐所引起的美感了。主观类的毛病，在只注意到自己所受的音乐影响，而致忽略音乐本身的形式。这种态度不是欣赏的，因为他没有在艺术和实际人生中维持一种适当的距离。性格类的审美程度比其他三类都较高，因为他们一方面没有联想类和主观类忽略音乐本身的毛病，同时又不像客观类因过重音乐形式而不能发生情感的共鸣。只有性格类才能达到美感经验中物我同一的境界。

美国美学家浮龙·李（Vernon Lee）曾举行过类似的实验，不过她的目的和方法都比较简单，她先假定听音乐的经验不外两种，一种是只顾到音乐本身，一种是顾到音乐所联带的意义。她请受验者自省属于哪一类，她以为我们只要知道听者的心理变化如何，便可以研究音乐的性质。因此她向受验者问道："音乐使你感到趣味时，你觉得它本身以外另有一种意义呢？还是觉得音乐只是音乐，别无所有呢？"据她的报告，肯定的答案和否定的答案各居半数。肯定音乐别有意义的人们所谓"意义"大半是很模糊隐约的，只有少数人在音乐背面见出整幅的情景或是整篇的故事。否定音乐别有意义的人们大半只留意形式的配合如起承转合、抑扬顿挫等。欣赏力较大的人们大半都否定音乐于本身以外别有意义。这是一件最可注意的事实。

三、多数人虽然对于音乐为门外汉，不能得到音乐所应给的特殊美感，却真能嗜好音乐。他们所玩味不舍的并不是音乐本身而是音乐所引起的幻想。他们常常把音乐的节奏翻译成很生动的情节或是很鲜明的图画。诗人尤其易犯这种毛病。意大利戏剧家阿尔菲耶里（Alfieri）尝说他的作品大半是在听音乐之后结构成的。歌德听门德尔松（Mendelssohn）弹奏一曲巴赫（Bach）作品之后，惊赞道："这真是堂皇典丽！我仿佛见到一队衣裳齐楚的豪贵人踏大步下一个巨大的台阶。"海涅（Heine）在《翡冷翠的几夜》一篇散文里描写他在意大利听音乐的经验，尤其是一幅光怪陆离的图画。李东川的《琴歌》、《听董大弹胡笳》、《听安乐善吹觱篥》几首七古都是中国描写音乐的名作。其中警句如"月照城头乌半飞"、"长风吹林雨堕瓦"、"黄云萧条白日暗"等都只是描写音乐所唤起的联想。白香山的《琵琶行》中"大珠小珠落玉盘"、"铁骑突出刀枪鸣"诸句也是如此。

这一类的人大半以为玩味音乐所引起的意象就是欣赏音乐。法国小说家司汤达（Stendhal）甚至于说："一切叫我注意到它本身的音乐在我看都是下乘。"从上面马尧斯和浮龙·李的实验看，我们可以知道这句话恰和事实相反。法国心理学家里波（Ribot）的实验尤足证明玩味意象和欣赏音乐是两回事。他问过许多人在听音乐时或是回忆某乐调时心中是否现出关于视觉的意象。他把表戏情的音乐特别除开。结果他发现听音乐的人可分两类。一类是有音乐修养的，音乐对于他们很少能引起意象。他们说："我绝对意想不到什么视觉的印象，我浑身被音乐的快感占着，我完全在听觉世界里过活。我根据自己的音乐知识去分析各部分的呼应，但也不过于仔细推敲。我只留心乐调的生展。"一类是没有音乐修养而欣赏力平凡的。他们在听音乐时常发生很鲜明的视觉的意象，因为玩味意象，他们的注意于是不能集中于音乐。里波以为想象本有两种，一种是"造形的"（plastique），一种是"流散的"（diffluente）。"造形的想象"以知觉为中心，宜于图画，因为它能产生极明确的意象；“流散的想象”以情感为中心，宜于音乐，因为它所产生的意象虽极模糊而却常深邃微妙。古典派、“帕尔纳斯派”（Parnasse）和写实派重客观的艺术家大半富于“造形的想象”，浪漫派、象征派和印象派重主观的艺术家大半富于“流散的想象”。这两种想象常格格不入。想象属于造形类者欢喜把迷茫隐约的东西变成固定清晰的，所以在听音乐时常把耳所闻者译为目所能见的图画。音乐家在作乐制谱时心理过程恰与此相反。人事和物态本来是很固定明晰的，印入音乐家心里之后，便酝酿成一种不易描绘的情调，这种情调译为音乐的语言，便成乐谱。

四、音乐与幻想的关系是很值得研究的。同是一曲乐调，甲听之起一种幻想，乙听之又另起一种幻想。然则音乐和它所引起的意象之中是否毫无关联呢？据英人盖尔尼（Gurney）的研究，凡一种乐调唤起某事物的意象时，它的节奏大半和事物的动作有直接类似点。描写类音乐大半如此。瓦格纳取鸟语入乐曲，肖邦取急雨堕瓦声入乐曲，都是著例。有时音乐虽不直接模仿事物的音调，却可从节奏起伏上暗示事物的性质和动作。例如飘荡幽婉的舞曲常暗示仙女，沉重低缓的舞曲常暗示巨人。普赛尔（Purcell）用下降调暗示特洛伊城（Troy）的衰落，也是以节奏象征动作。乐曲的命名也是唤起联想的一个主因。例如以溪流、瀑布、铃声、驰马、荡舟为名的音乐自然容易唤起这些事物的意象。以晚景、月夜、晴景为名的音乐自然容易唤起这些时候所常有的情调。

如果一曲乐调不是完全模仿外物声音的，又没有固定的名称暗示联想的方向，则听者所生的意象必人人不同。美国梵斯华兹（Farnsworth）和贝蒙（Bemont）两教授常叫一班学图画的学生听两曲性质不同的乐调，每次都随时把音乐所引起的意象画在纸上。乐调和作者的名称都不让学生们知道。拿这些图画来比较，各人所起的意象彼此很少类似点。但是有一点是很值得注意的，在听同一乐调时所作的图画其中情景虽各各不同，而情调和空气则很相近。乐调凄惨时各图画的空气都很黯淡，乐调喜悦时各图画的情调都很生动。从这个事实看，我们可以见出音乐虽不能唤起一种固定意象，却可以引起一种固定的情调。同样的乐调常发生同样的情调，不过各人由这情调所生的意象则随性格和经验而异。据弗洛伊德派心理学者说，幻想都是意识欲望的涌现，所以幻想中的意象都象征情欲中一种倾向。照这样说，音乐激动意识时，被压抑的欲望化装涌现，于是才有意象。化装尽管不同，而化装所掩盖的欲望，则为原始的，普遍的。

五、与音乐所引起意象这件事实密切相关的还有一个很奇怪的现象，就是“着色的听觉”（colour hearing）。有一部分人每逢听到一种音调常立刻联想起一种颜色，同是一个音调而各听者所联想起的色觉往往不一致。据奥特曼（Ortman）的实验，有些人听高音生白色的感觉，中音生灰色的感觉，低音生黑色的感觉。有些人从低音到高音顺次生黑、棕、紫、红、橙、黄、白诸色觉。据德拉库瓦（Delacroix）教授的报告，他曾见过一位瑞士学生每逢听提琴的声音，都仿佛见到一条波动的黑色蓝边的长带，嗅玫瑰花的香气时也起同样的幻觉。他所喜欢的东西都带着蓝色。例如他第一次看见《密罗斯爱神》的雕像，和听柴可夫斯基的悲歌时，他眼里都看到蓝色。此外他又遇见一个受验者听到瓦格纳的《歌师曲》的引子时发生黑色、红色和金黄色的幻觉。据说瓦格纳《歌师曲》的引子是在莱茵河上观日落之后得到灵感而谱成的，可见听者所起的金黄色的幻觉并非偶然了。这种“着色的听觉”现象的原因何在，学者还没有定论。有一派人以为它是生理的，他们说，听觉神经和视觉神经混合才呈这种现象，不过这还是揣摩之词。法国象征派诗人尝根据这种现象发挥为“感通说”（correspondance）。依他们看，自然界中声色形象虽似各不相谋，其实是遥相呼应的，由视觉得来的印象往往可以和听觉得来的印象相感通，所以某一种颜色可以象征某一种形象或是某一种音调。兰波（A. Rimbaud）尝做一首十四行诗拿颜色来形容A、E、I、O、U五个母音，就是象征派的一种信条。

六、近代实验美学对于音乐与情绪的关系所得的成绩，比音乐和想象的研究尤其丰富。音乐对于情绪的影响是古今中外诗人们所常歌咏的。不但在人类，连动物也有音乐的嗜好。瓠巴鼓瑟，游鱼出听，这种传说在一般人看来或近于荒唐，但是据美国音乐心理学者休恩（Schoen）所援引的实例，它却有很多的实验证据。他们在动物园里奏提琴，同时观察各动物的反应，曾记载下来这样的结果：蝎舞动，随音调的扬抑而异其兴奋程度；蟒蛇昂首静听，随音乐的节奏左右摇摆；熊兀立静听；狼则恐惧号啼；象常喘气表示愤怒；牛则增加乳量；猴子点头作势。从这些实例看，我们可以知道音乐的感动力是极原始极普遍的。达尔文以为音乐的起源在异性的引诱，所以在动物中以雄的声音为最洪亮最和谐，弗洛伊德派学说颇近于此。

音乐所引起的情绪随乐调而异，每个乐调都各表现一种特殊的情绪。这种事实古希腊人即已注意到。他们分析当时所流行的七种乐调，以为 E 调安定，D 调热烈，C 调和蔼，B 调哀怨，A 调发扬，G 调浮躁，F 调淫荡。亚理斯多德最推重 C 调，因为它最宜于陶冶青年。英人鲍威尔（E. Power）曾作同样的研究，以为近代音乐所用的各种乐调在情绪上所生的影响如下：

C 大调 纯粹坚决的情调，纯洁，果断，沉毅，宗教热

G 大调 真挚的信仰，平静的爱情，田园风味，带有若干谐趣，为少年所最爱听

G 小调 有时忧愁，有时欣喜

A 大调 自信，希望，和悦，最能表现真挚的情感

A 小调 女子的柔情，北欧民族的伤感和虔敬心

B 大调 用时甚少，极嘹亮，表现勇敢、豪爽、骄傲

B 小调 调甚悲哀，表现恬静的期望

升 F 大调 极嘹亮，柔和，丰富

升 F 小调 阴沉，神秘，热情

降 A 大调 梦境的情感

F 大调 和悦，微带悔悼，宜于表现宗教的情感

F 小调 悲愁

两音合奏时，其和谐程度视音阶距离的远近为准。通常以八阶（即 C’— C”）为最和谐，二阶（即 C’— D’）为最嘈杂。每个音阶也各表现一种特别的性格与情感。据休恩所引意大利学者的报告，音阶和它的影响如下：

短二阶 悲伤，痛悼，退让，焦躁，疑虑

长二阶 较短二阶稍愉快，仍带严肃气

短三阶 悲伤，愁苦，骚动，有人以为它表示平静、满意及宗教热

长三阶 欣喜，颜色，勇敢，果决，自信，发扬

四阶 满足，欣喜，颜色，力量，发扬，间带伤感

五阶 反应甚多，通常为平静、欣喜，间带伤感

六阶 和悦，力量，勇敢，胜利

短六阶 通常是静穆

长六阶 通常表示满意、柔情、希望，间带伤感

七阶 骚动，不满意，惊讶，幻觉

短七阶 不和谐，疑虑

长七阶 不和谐，疑虑，间或表示希望、信仰

八阶 完美，成就，间或表现招邀、焦躁或哀悼

从这个表看，音阶虽各有特殊的影响，而却没有定准。二阶、七阶本来是两种嘈杂的音阶（dissonances），所以影响很明白，其余如五阶、四阶、长三阶等所生的影响并不确定。音乐的影响应从整个乐调研究。如果单研究独立的音阶，则所得结论不能适用于全体乐调。独立的音阶是不能成为乐调的，和其他音阶并用时，则受其他音阶的影响，不能保存其在独立时的特性。所以上面所述的结果在科学上价值甚小。

七、在听音乐时各人所注意的要素往往不同，有人偏重节奏，有人偏重布局，有人偏重音色，有人偏重其他要素。音乐家作曲对于这些要素也往往有所偏好。美国心理学家华希邦（M. F. Washburn）和狄金生（G. L. Dickinson）尝把音乐快感的来源分为节奏（rhythm）、旋律（melody）、布局（design）、谐声（harmony）及音色（tonecolour）五种。她们用

182 种名曲测验许多学音乐的学生。发现这五种要素之中以旋律为最重要，依次而降为节奏、谐声、布局、音色。旋律在一般音乐家中都占第一位，只是在韩德尔（Händel）、勃拉姆斯（Brahms）、德彪西（Debussy）诸人作品中才占第二位。节奏在勃拉姆斯的作品中占第一位；在海顿（Haydn）、贝多芬、舒曼、肖邦、门德尔松诸人作品中占第二位；在巴赫、莫扎特、瓦格纳、李斯特、德彪西诸人作品中占第三位。布局没有音乐家把它摆在第一位的，它在巴赫和莫扎特的作品中占第二位，在韩德尔、海顿、贝多芬诸人作品中占第三位。谐声只在德彪西的作品中占第一位，在瓦格纳的作品中占第二位，在舒曼、肖邦、门德尔松、李斯特、勃拉姆斯诸人作品中占第三位。音色只在韩德尔的作品中占第一位，其余音乐家都把它放在第三、四位以下。从这个实验中她们又另外推出两个结论：一是含快感来源（即指以上五种）愈多的音乐，所引起的快感也愈大；二是最兴奋和最平和的音乐发生最大快感，中平的音乐影响最小。

八、关于音乐与情绪的实验要推美国宾汉（W. V. Bingham）、休恩（M. Schoen）诸人所做的规模为最大。他们用 290 种名曲留声机片，在三年之中（1920—1923）先后测验过两万人。他们得到下列几条重要的结论：

1. 每曲乐调都要引起听者情绪的变迁。

2. 同一乐调在不同时间给许多教育环境不同的人们听，所引起的情绪变迁往往很近似。

3. 情绪变迁的大小与欣赏力的强弱成比例。

4. 乐调的生熟往往能影响欣赏程度的深浅。但是欣赏力愈强者愈不易受生熟差别的影响，欣赏力愈弱者愈苦陌生的新音乐不易欣赏。

5. 听音乐者可分三类：欣赏力弱者欣赏时甚少，欣赏的强度也甚小；欣赏力平庸者欣赏时甚多，欣赏的强度却甚小；欣赏力强者欣赏时甚少（因为慎于批评），但是欣赏的强度却很大（因为了解技艺）。

6. 情绪的种类与欣赏的强度无直接关系，惟由和悦而严肃时比由严肃而和悦时所生的快感较小。

7. 对于乐调价值的评判与欣赏的强度成比例。

8. 音乐只能引起抽象的普遍的情调如平息、欣喜、凄恻、虔敬、希冀、眷念等，不能引起具体的特殊的情绪如愤怒、畏惧、妒忌等。

九、音乐所以能影响情绪者大半由于生理作用。

关于声音的生理基础，学说颇多，以德国心理学家海尔门霍兹（Helmholtz）的为最圆满。我们知道，听觉器官分外耳、中耳、内耳三部分。音波来时，外耳任收集，中耳任传达，内耳任接收。这三部分器官尤以内耳为最重要。内耳又分三部分，外部为三个半规状管，借中耳的骨状体与鼓膜相连，中部为前庭，内部为螺状体。螺状体之中盛满液体，其中有一条带状基膜。听觉神经即散布在这条基膜上，音波入耳孔时先引起基膜的震动，这个震动传到螺状体，引起其中液体的震动，听觉神经受这震动的刺激，传到脑的听神经中枢，于是有音乐的感觉。所以真正的听觉器官只是内耳的螺状体。近代心理学家尝把动物的螺状体设法移去，结果该动物即失其听觉作用，可为明证。但是音的高低是怎样感觉到的呢？依海尔门霍兹说，螺状体的基膜好象钢琴，钢琴上弦子排列由左而右，愈左愈长，愈右愈短，所以它们发的音愈左愈低，愈右愈高。每条弦子都只能发一种音。螺状体的基膜是夹在两条软骨中间的，下部甚窄，愈近螺顶愈阔，基膜上面横列着无数细胞纤维，纤维的两端都嵌在夹着基膜的软骨里，所以愈在基膜窄部愈紧张，愈在基膜阔部愈松弛，每条神经纤维即相当于一条琴弦，只能吸收一种音波。长而松的纤维吸收低音，短而紧的纤维吸收高音。换句话说，每条神经纤维就是一个共鸣器。根据物理学的原理，每一个共鸣器只能和一种音共鸣。听神经纤维也是如此。某纤维只能和每秒震动三百次的音波共鸣，某纤维只能和每秒震动六百次的音波共鸣，都不能稍有改变。如果有“纯音”的可能，在它入耳时，就只有一条听神经纤维行使其机能，在无数复音入耳时，好比几个琴弦同时被弹一样，就有无数听神经纤维行使其机能。人的螺状体基膜上共含两万四千条听神经纤维，所以在理论上有听两万四千种音的可能。

近代科学家有人拿狗来试验，发现狗的基膜下部毁坏时即不能听高音，上部毁坏时即不能听低音。又有人拿几尼亚猪来实验，给一种震动数固定的单调音接连让它听数星期，以后它就不能听该音调。它死后，我们如果检验它的基膜，就可以发现担任听该音调的纤维已腐烂，这就由于该纤维行使机能过久，缺乏休息和营养，所以失其作用。如果实验用的音很高，则腐烂的纤维常在基膜下部；如果实验用的音很低，则腐烂的纤维常在基膜上部。这种实验是海尔门霍兹的学说一个有力的证据。

但是音乐实不仅能影响听神经，还可以影响周身的筋肉和血脉的运动。近代实验美学家应用种种仪器测验音乐对于血液循环及脉搏起伏的影响也颇可资参考。据斐芮（Feary）、斯库普秋（Scripture）诸人的研究，声音都可以使筋肉增加能力，迅速的和愉快的音乐尤其可以消除筋肉的疲劳。孟慈（Mentz）发现凡在音调完全和谐时，音的强度猛然更换时以及一曲乐调将终结时，血脉和呼吸都变慢；在听者注意分析乐调时，血脉和呼吸都变快。比纳（Binet）和库地耶（Courtier）的结论与此稍不同。他们都说一切音的刺激都可以增加血脉和呼吸的速度，不过在听不调和的音阶、大音阶以及音阶迅速更换时，血脉和呼吸的速度变得更快。据福斯特（Foster）和干伯尔（Gamble）的研究，听音乐时的呼吸和平常工作时的呼吸速度并无分别，不过平时呼吸有规律，听音乐时呼吸大半没有规律。斐拉芮（Ferrari）拿疯人和健全人来比较，发现只有疯人在听音乐时血脉的起落才直接受音乐的影响，他以为这是由于疯人的心脏失去控制作用。据海依德（Ha M. Hyde）的报告，悲伤的音乐可以使血脉速度变缓，愉快的音乐可以使血脉速度变快，生理的变迁和心理的变迁是相平行的。她以为愉快的音乐对于病有治疗的功效。康宁（L. Corning）也说患神经病的人在听音乐之后病势可略减轻。古希腊常用音乐来治疗病症，亚理斯多德曾说音乐有“发散”（catharsis）的功效。音乐何以能治病，科学家尚无满意的解释，但是它的功效大半是生理的，则已为一般人所公认。

十、近代实验美学对于音乐所得的结果大致如此。在理论方面，我们前已提及，近代美学家对于音乐有表现派和形式派的分别。表现派以为音乐是情感的流感，音乐家和诗人一样，心中都有一种深厚的感情要表现出来，不过他们所用的工具不同，诗人表情用文字，音乐家表情用乐调。音乐的好坏以其所表现的感情深浅为准。这种学说在中国从来没有人置疑过。《乐记》中有一段话把这个道理说得最透辟：“乐者，音之所由生也，其本在人心之感于物也。是故其哀心感者其声噍以杀，其乐心感者其声啴以缓，其喜心感者其声发以散，其怒心感者其声粗以厉，其敬心感者其声直以廉，其爱心感者其声和以柔，六者非性也，感于物而后动。”在西方思想史中这种学说在近代才盛行。叔本华是一个先导。他的音乐定义是“意志的客观化”（the objectification of will），其他艺术表现心灵都须借助于意象，只有音乐才能不假意象的帮助而直接表现意志。德国大音乐家瓦格纳根据叔本华的哲学，倡音乐表情之说，以为凡可以音乐表现者同时也可以文字表现，于是开近代“乐剧”（music drama）的先河。这种音乐表情说与当时浪漫主义的文学主张相吻合，都是注重情感，薄视古典派的明晰的形式。浪漫时期的音乐大半迷离隐约，没有明确的轮廓，就是受表现说的影响。

赞成表现说者大半以为音乐与语言同源。语言的音调往往随情感变化而起伏，所以同是一句话在怒时说出和在喜时说出的语调不同。语言背后本已有一种潜在的音乐，正式的音乐不过就语言所已有的音乐加以铺张润色。持此说最力者在法有格列屈（Gretry），在英有斯宾塞（Spencer）。斯宾塞尝说，音乐是一种“光彩化的语言”（glorified language）。他以为情感可影响筋肉的变化，而筋肉的变化，则可以影响音调的宏纤、高低、长短。照这样看，乐器所弹奏的音乐是由歌唱演化出来的。

就常识说，音乐表现情感说似无可置疑，但在近代极受形式派的攻击。形式派首领是德国汉斯力克（Hanslick）。他曾著一书，叫做《音乐的美》，用意在反驳瓦格纳的音乐表情说。在他看，音乐就是拿许多高低长短不同的音砌成一种很美的形式。在其他艺术之中形式之后都有意义，在音乐之中则形式之后绝对没有什么意义。音乐的美完全是一种形式的美。听音乐的人须能把全曲乐调悬在心眼面前，仔细玩味它的各部分抑扬开合的关系，才能见到音乐的美。音乐能引起情感，固然是事实，但是音乐的美却不在它能引起情感。“严格地说，凡美都无所为，因为它除形式之外即别无所有。形式尽管可以有用场，可是就其为形式而言，自身以外实别无目的。如果审美能引起快感，这是影响，和美的本身不是一件事。我示人以美时，目的尽管在引起他的快感，但是这个目的与美的本身却不相干。美纵然不能引起任何情感，纵使没有人去看它，它却仍不失其为美。换句话说，美虽是为给观者以愉快而存在的，至其可否存在却不依赖它能否给人以愉快。”这是艺术上形式主义的一段最明显的供词。

英人盖尔尼（Gurney）也反对音乐表现情感说。他以为音乐的美不在情感，就如美人的美不在她的忧喜。他引了许多大音乐家的话来证明“表现说”的无稽：

> 贝多芬埋怨人对于他的作品曲为解说，曾经说许多很酷毒的话。但是要寻关于这个问题的联贯的主张，自然要去看门德尔松和舒曼一班文人派音乐家的著作。门德尔松说：“如果你问我在制某乐谱时心里所想的是什么，我只能说，那恰是该谱制成时的形样……”从此可知音乐本

身以外的观念和情感都非必要了，——至少在门德尔松是如此。舒曼对于在音乐中寻文字的意义之意见，可从下面的话看出：“批评家们老是想知道音乐家自己所无法用文字说出的东西，他们对于所谈的东西往往连十分之一也没有懂得。天！将来有一天人们不再问我们在神圣的作品之后隐寓什么意义么？把第五阶辨别出来罢，别再来扰我们的安宁！”“贝多芬谱田园交响曲所冒的危险，他自己知道的。画家们因此把贝多芬画在一条小河旁边坐着，捧着头听潺潺的流水，这是多么荒谬！”“人们总以为音乐家在制谱时，先准备好纸笔，打定主意来作描写的工作，来表现这样，表现那样，这实在是大错。不幸得很，这恰巧是柏辽兹（Berlioz）所做的勾当，而且有许多人因为他专做这种勾当而去捧他！”

这番话不但是攻击表现说，对于音乐起于语言一说也可以说是一个打击。音乐起于语言说本来很难成立。据德国华拉歇克（Wallaschek）的研究，野蛮民族所唱的歌调毫无意义，他们却欢喜唱它，欢喜听它，都只是因为音调和谐。儿歌也是如此。格罗塞（E. Grosse）在《艺术源始》里也说：“原始的抒情诗最重的成分就是音乐，至于意义还在其次。”从此可知语言和音乐是两件事，语言有意义，了解语言就是了解它的意义；音乐无意义，要欣赏它，只要能觉得它的音调和谐就够了。不但如此，乐调的高低是有定准的，语调的高低是无定准的；音乐所用的音是有限的，断续的，语言所用的音是无限的，联贯的。这个道理，斯徒夫（Stumpf）早已说过，也是证明音乐和语言并没有直接的关系。音乐既不是一种语言，就不能算是一种表现情感的艺术了。

表现派和形式派的争执大要如此。他们都似持之有故，言之成理，我们究竟何去何从呢？从上述各实验看，我们很难偏袒某一派。从表现派说，每个乐调和每个音阶既都各有特殊的情感，而同一乐调在许多听者所生的情感既又相近似，则音乐表现情感之说有证。说到究竟，凡是关于音乐与情感的测验大半都以表现说为出发点。反之，从形式派说，如果音乐表现固定的情感和意义，则听者所生的意象不应人各一样，毫不相谋，而发生联想也就是了解音乐所表现的意义，也就是欣赏音乐；但是据实验结果看，同一乐调可以引起许多不同的幻想，联想类听者和主观类听者对于音乐的欣赏力又极薄弱。这些事实都与表现说不甚符合。然则形式派与表现派的争执，究应如何解决呢？

我们在第一章分析美感经验时已详细说过，一切艺术都是抒情的表现，都是实质和形式婚媾后所产的宁馨儿，有实质而无形式则粗疏，有形式而无实质则空洞，音乐自然也不能跳开这个公例，离开情感，单靠形式而存在。专在形式上下功夫而不能表现任何情感的音乐，究非上品。大音乐家如贝多芬、瓦格纳、巴赫诸人的作品都有很深厚的情思在后面，这是多数人所公认的。绝对否认音乐为表现的艺术，这实在是形式派的误解。不过表现派以为音乐所表现的是固定的具体的情思，说贝多芬的《第九交响曲》用意在证明神的存在，说他的《田园交响曲》是描写某处的田园的风味，这也是没有明白音乐的真使命。德拉库瓦教授说得好：“音乐把情感加以音乐化。”

音乐确实是表现情感的，但是像其他艺术一样，它所表现的并非生糙的情感。生糙的情感通过音乐之后，好比泥水通过渗沥器，渣滓脱尽，仅余精萃。音乐仅摄取诸个别情感的共相，它所表现的只是情感的原型，好比名理范围里的由普遍化及抽象化得来的概念。概念隐括诸个别事物的意义，却不带诸个别事物的殊相。音乐所表现的也是如此。譬如一曲音节响亮、节奏飞舞的音乐所表现的只是一种欣喜焕发的情调，有人听见发生行婚礼时的情感，有人听见发生奏凯旋时的情感，有人听见觉得它是表现春天的景象，有人听见觉得它是描写少年英雄的豪情胜概。这些都是特殊的固定的具体的情思，却同具欣喜焕发的情调。音乐只能表现这种普遍的抽象的情调，却不能表现特殊的具体的情思。由普遍的抽象的情调而引起特殊的具体的情思，这是由全体到部分的联想。一般人因为听某种乐调起某种特殊的情感或意象，便以为该种乐调就是表现该种特殊的情感或意象，这是陷于以偏概全的误谬，犹如看到一幅青色的图案画联想到某一棵松树，便说该图案表现那一棵松树，同是一样无稽。梵斯华兹和贝蒙叫一班学音乐的学生在听音乐时随时将所生的意象画下，结果各画所表现是不同而情调则一致。宾汉和休恩诸人发现音乐只能表现平息、凄恻、欣喜、虔诚、眷念一类的普遍的情调，而不能表现愤怒、畏惧、妒忌一类的特殊的情绪。这些实验都足证明我们的见解。

简要参考书目

一、目录

Croce：Aesthetic 及 Lalo：Esthètique 均附有详细目录。关于各专题的最近的发展可参看美国每年出版的《心理学引得》（*Psychological Index*）所引的论文和专著。

二、重要原著

1. Kant：*Critique of Judgment*（Meredith 的英译本。参看 V. Basch：*Étude sur l'esthètique de Kant*）。

2. Schopenhauer：*The World as Will and as Idea*，Book Ⅲ。

3. Schiller：*Letters on Aesthetic Education*（参看 V. Basch：*La Poétique de Schiller*）。

4. Hegel：*Philosophy of Fine Art*（Osmanton 的英译本，初学者可缓读。参看 Stace：*Philosophy of Hegel*）。

5. Tolstoy：*What is Art*。

6. Croce：（a）*Aesthetic*，（b）*Essence of Aesthetic*（Ainslie

的英译本，参看 Wildon Cart：*Philosophy of Croce*）。

7. Carritt：*Philosophies of Beauty*（美学名著集，最便初学）。

三、入门书籍

1. Langfeld：*Aesthetic Attitude.*

2. Reid：*A Study in Aesthetics.*

3. Vernon Lee：*The Beautiful.*

4. Münsterberg：*Principles of Art Education.*

5. Puffer：*Psychology of Beauty.*

6. Santayana：*The Sense of Beauty.*

7. Carritt：*The Theory of Beauty.*

8. Delacroix：*Psychologic de l'art.*

四、专题要籍

1. Edward Bullough：Psychical Distance，*British Journal of-Psychology*，1912（距离说）。

2. Vernon Lee and Thomsow：*Beauty & Ugliness*（此书载有 Lipps 的移情说的节译）。

3. K. Groos：（a）*The Play of Animals*，（b）*The Play of Men*（内模仿说，游戏与艺术）。

4. Clive Bell：*Art*（最雄辩的形式主义宣言）。

5. Richards：*Principles of Literary Criticism*（传达问题与价值问题）。

6. Spencer：*Principles of Psychology*，II（游戏与艺术）。

7. Grosse：*Origin of Art*（艺术起源）。

8. Ribot：*Essai sur l'invention Créatrice*（有英译本，创造的想象）。

9. Paulham：*Psychologie de l'invention*（创造的想象）。

10. Prescott：*Poetic Mind*（创造的想象）。

11. Downey：*Creative Imagination*（创造的想象）。

12. Dixon：*Tragedy*（悲剧）。

13. K. T. Chu：*The Psychology of Tragedy*（附有关于悲剧心理学的详细书目）。

14. Bergson：*Le Rire*（有英译本，论喜剧）。

15. Greig：*The Psychology of Laughter and Comedy*（附有喜剧心理学详细书目）。

16. Bradley：*The Sense of Sublime*，*Oxford Lectures on Poetry*（论雄伟）。

17. Spencer：*Essays*（论秀美）。

18. Bergson：*Essai sur données immediates do la Conscience*（论美感经验及秀美）。

19. Guyau：*l'Art au point de Vue Sociologique*（艺术与社会关系）。

20. Bosenquet：*Hestory of Aesthetics*（美学史）。

再版附记

这部书印行之后，承许多读者给以好评，有些学校哲学系和艺术系专修科已采用它为课本。这些鼓励引起我让它出再版的意思。第一版中有错字二十余，已承北京大学同学刘禹昌君替我勘正。常风君劝我加上一个参考书目录，使有志作进一步研究的人们有途径可寻。我原有一个很详细的书目，怕它占篇幅太多，所以没有付印。读者既然觉得这是本书的一个缺陷，我所以趁再版的机会设法来弥补它。现在附加的书目力求简要，因为书开得太多了，徒眩读者的心目，反而阻碍进一步研究的企图。

1937 年 2 月北平慈慧殿附录